破解黃光國難題的知識論策略

陳復、黃光國　主編

陳復、黃光國、林耀盛、張蘭石
夏允中、陳泰璿、張峻嘉　　著

作者簡介

陳復（主編，第一、六、十三章）

宜蘭大學博雅學部副教授

黃光國（主編，第二、五、七、九、十二、十四章）

臺灣大學心理學系名譽教授

林耀盛（第三、四章）

臺灣大學心理學系教授

張蘭石（第八、十、十一、十五章）

閩南師範大學心理學系副教授

夏允中（第十、十一、十五章）

高雄師範大學諮商心理與復健諮商研究所教授

陳泰璿（第十、十一、十五章）

玄奘大學宗教與文化學系碩士

張峻嘉（第十、十一、十五章）

高雄師範大學佛法與科學研究室特聘研究員

主編序

　　本書《破解黃光國難題的知識論策略》係集結我們思源學會的同道們三年多來的研究與辯論內容。早在 2016 年底，主編之一的黃光國自臺灣大學心理學系退休，其學生共同舉辦「黃光國教授『榮進』學術研討會」的時候，即期待與會者能對自己過去的學術研究工作提出「不留情面」的批判，並告知將會盡其所能詳盡答覆。因此，主編之一的陳復首先提出「黃光國難題」來直問黃光國在結合中華文化內涵於發展華人本土社會科學（包括本土心理學）的過程裡，如何能精確闡釋中華文化的特徵，從而真正完成學術現代化工程，自此就開始這場波瀾壯闊的思想路線大辯論。

　　首先，黃光國根據自己和李維倫、林耀盛、葉光輝、陳復等人持續對話的內容，撰寫成《儒家文化系統的主體辯證》一書，書中回顧臺灣心理學本土化運動在過去三十年間曾經出現過的五種「文化主體策略」，並從科學哲學的角度分別加以批判，該書第一章即是探討陳復所提出的「黃光國難題」。當時，陳復即寫出多篇論文來批評黃光國的論點，並提出各種新觀點，黃光國則每篇都寫論文來回應，並引起許多中青年學者陸續跟進討論，包括：林耀盛、張蘭石、夏允中、陳泰璿、張峻嘉等，都提出各種尖銳的問題，並指出破解「黃光國難題」的可能策略。

　　這其間最核心的問題莫過於知識論的思考。由於中國傳統的學問本來著重於「主客合一」，然而如果沒有階段性使用「主客對立」的語言型態，將思考指向的目標對象化，藉此構築概念來獲取客觀知識，則我們將無法完成具有現代意義的學術。當時，大家的討論無不圍繞在釐清抽象概念的正誤，從而獲得可信的知識基礎，更希望建構出能精確闡釋儒釋道文化的理論，因此訂出這部書名，實屬其來有自。本書最可貴的精神資產，不僅僅是學者間

不同觀點交織的火花，甚至不只是學者的深刻反省與自我批判，而是這些不同思路的辯論並未絲毫減損彼此深厚的情誼。

這或許即是從「知」（觀念）與「行」（實踐）兩個層面出發，徹底在落實最新型態的「中西會通」與「儒佛會通」吧？經由這些辯論的過程，思源學會的同道們對儒釋道思想談的「自性」逐漸獲得共識，並從不同角度思索如何發展出相應的現代學術語言，來建構華人本土社會科學，後來更進而正式成立「中華本土社會科學會」此一學術組織（簡稱思源學會），特別著重凝聚學者，共同探索華人本土社會科學的理論架構與在地實踐，關注如何根據華人社會的實況研究與推動相應的自主學術，並向社會大眾和國際社群介紹最新的學術成果。

這三年來，經由黃光國的號召，臺灣的北、中、南、東各大學每月輪流舉辦「華人本土社會科學社群學術研討會」，邀集人文與社會各領域的學者來主講或座談，仔細討論當前學術如何長年面臨概念被自我殖民的困境，其帶來的深刻影響，並討論解決的路徑。能獲致這些豐碩的學術成果實屬不易，本書即是這項成果中最精緻的展現。對一位學者最大的尊敬，就是以最嚴厲且嚴謹的方式批判他的思想，當他的思想經過各種觀點的沖刷而經得起考驗，他就完成自己來到人間的慧命。我們都應該踏在這樣的道路上，「黃光國難題」已是我們共有的學術難題，期待本書的拋磚引玉，能號召更多學者完成自己來到人間的慧命。

陳復、黃光國

2019 年 2 月 1 日

目 Contents 次

第一章 黃光國難題：如何替中華文化解開戈迪安繩結
　　　（陳復）　　　　　　　　　　　　　　　　001

第二章 「自我」與「自性」：破解「黃光國難題」的策
　　　略（黃光國）　　　　　　　　　　　　　　029

第三章 「榮進」之後：黃光國難題，我們的難題
　　　（林耀盛）　　　　　　　　　　　　　　　067

第四章 坦塔洛斯的困題：思「反」心理學，批判社群革
　　　「心」（林耀盛）　　　　　　　　　　　　079

第五章 「心性」與「文化的考古」：敬答林耀盛
　　　（黃光國）　　　　　　　　　　　　　　　091

第六章 修養心理學：黃光國儒家自我修養理論的問題
　　　（陳復）　　　　　　　　　　　　　　　　119

第七章 由「關係主義」到「修養心理學」（黃光國）　145

第八章 文化傳承與典範轉移之一役：華人宗教研究上的
　　　黃光國難題（張蘭石）　　　　　　　　　　183

第九章 華人宗教研究的典範移轉（黃光國）　　　　201

第十章 黃光國難題：自性的有無
（陳泰璿、夏允中、張峻嘉、張蘭石） 221

第十一章 黃光國難題再三問：如何定義自性、如何修養、
如何進行社會科學研究
（張峻嘉、夏允中、陳泰璿、張蘭石） 241

第十二章 榮格心理學與自性難題（黃光國） 265

第十三章 破解黃光國難題：如何構築清晰的知識論策略
（陳復） 293

第十四章 傳承儒家的進路（黃光國） 323

第十五章 儒釋道「自性」思想的視域融合與理論化
（張蘭石、張峻嘉、陳泰璿、夏允中） 339

第一章　黃光國難題：如何替中華文化解開戈迪安繩結

陳復

第一節　前言：把握住黃光國闡釋的核心觀念

　　在學術領域裡，常見不同的專業有著界線井然的觀念壁壘，很難展開對話。黃光國教授（以下簡稱黃光國）是華人學術圈裡較罕見願意跨領域來探索學術議題，並將該探索獲致的結論推廣到社會層面，希望構築學術與社會雙向溝通橋梁的學者。他是社會心理學專家，卻將社會心理學的範圍極大化，從本土心理學的角度擴展到整個社會科學領域，冀圖架構「華人本土社會科學」。但本土心理學相對於當前主流心理學研究的對象主要為白人，值得反省後者架構出來的心理學知識同樣只是來自某個特殊的文化群體，其視野何嘗不是來自典型的歐洲中心主義（eurocentrism）？本土心理學的目標就是正視不屬於歐美社會的文化傳統，研究各種不同的文化群體在日常生活中發展出來的心理樣貌，並從中觀察其面臨到某些共同問題，提出合理的解答。黃光國特別看重傳統儒家思想對解答這些共同問題提供的觀念資源，同時，由於傳統儒家思想的涵蓋面向不僅在文化心理層面，各種人文學術領域與社會科學領域都可藉由傳統儒家思想展開其詮釋工作。黃光國希望重新詮釋儒家思想，藉由精確理解華人社會人際關係運作的文化心理，並輻射到人文學術領域與社會科學領域各面向，裨益中華文化完成其第三次理性化歷程，這就是他冀圖架構「華人本土社會科學」的背景視域。

　　中國本來具有非常豐富的心理學思想，但心理學作為獨立的學術領域卻

是民國後的事情。當時基於清末內憂外患的局面，中國知識分子覺得傳統文化已無法解決「亡國滅種」的危機，需要全盤學習西方文化才能救亡圖存，如欲徹底掃除中國政治與社會的弊病，只有拿西方文化來反對傳統文化，這種二元對立的文化觀念，使得移植過來的心理學充滿著「科學主義」（scientism）的調性，並具有「糾正」傳統文化現象的意義，諸如：創辦北京大學心理實驗室（全中國第一個心理實驗室）、後來成為中國現代心理學奠基人的陳大齊，本身就是五四運動的參與者，率先從實證主義（positivism）出發，使用心理學中的樸素唯物觀點，對靈學利用扶乩來宣傳神鬼這類迷信思想展開嚴厲批評。確實，在二十世紀中葉前，行為主義（behaviorism）長期作為國際心理學的主流，民國初年的中國心理學領域同樣深受其影響，例如：郭任遠關於雞啄食胚胎的經驗與訓練貓不吃老鼠的實驗研究，都受到國際心理學的高度重視，他認為「行為主義者的責任是得像物理學家描述機械運動那樣精確地描述行為」，並因取消心理學的本能說，引發美國哈佛大學心理學系系主任威廉麥獨孤（William McDougall）的反擊，撼動美國心理學領域。

　　這種將心理學自然科學化的研究傾向，因著中華民國政府遷臺，大批具有科學主義意識型態的知識分子來到臺灣，同樣深刻影響臺灣心理學領域的發展，例如：長年主張「全盤西化」的始祖胡適，其深刻主導與影響華人的學術思潮，來到臺灣後持續從實證主義的角度大談科學精神與科學方法，其要點最終只歸諸「拿證據來」這種簡單的口號，對臺灣心理學領域的影響就變成黃光國口中只有「實證」而沒有「邏輯」的「素樸實證主義」（native-positivism），意即只是徵引外國研究工具，將其量表和問卷翻譯成中文，針對某個很細微的現象檢驗信度與效度，來獲致「不具認知意義」的瑣碎結論，但卻沒有理論架構與邏輯思考的歷程，更沒有真正直面社會並解決正面臨的問題。

　　面對這種全盤西化卻喪失學術主體的景況，最早有楊國樞於 1988 年召集臺灣各大學與研究機構的同仁組成「本土心理學研究群」，並於 1991 年在臺灣大學心理學系成立本土心理學研究室，積極推展心理學的本土化工作，

探討與累積華人本土心理學的研究成果。他由早期第一階段希望重新驗證美
國心理學的研究發現，探討中華文化中獨特的心理現象，修改美國心理學的
各種理論觀念、研究方法與研究工具，使其適用於華人，裨益在中華文化中
架構新理論，發展出適用於華人的新方法與新工具；到後來第二階段旨在架
構真能貼合華人知行的心理學知識體系，藉此適當了解、詮釋、預測與改變
華人的心理與行為，有效增進華人的生活適應並解決華人的社會問題，最終
將儒家文化、基督教文化與回教文化做基石，來統整架構出人類心理學（hu-
man psychology）或全球心理學（global psychology）（楊國樞，1993；黃光
國，2011，頁 120-121，頁 129-131）。

　　楊國樞希望將儒家文化、基督教文化與回教文化統整架構出人類心理學
或全球心理學，這固然已看見當前人類文化主要是由前面三大文明系統在影
響不同地理範圍裡的社會與其生活，然而本土心理學面臨的最大困境，莫過
於當學者討論「本土心理學」這個概念時使用的是複數（indigenous psychol-
ogies），而發展出多種版本的心理學（multiple psychologies），這顯然違背
科學的簡約原則（principles of parsimony）。如果不只最基本的三大文明，人
類社會由這三大文明延伸出來的文化都有自己的本土心理學，那人類到底會
有幾種本土心理學呢？而在某個社會文化中發展出來的本土心理學，對其他
社會文化中的人類而言具有什麼意義？最後，這些本土心理學如何避免成為
「新偽裝的科學種族中心主義」（scientific ethnocentrism in a new guise）
（Poortinga, 1996）？文化心理學家理查德（Richard Shweder）提出很著名的
觀點，他認為文化心理學主張「一種心智，多種心態；普世主義，考量分殊」
（one mind, many mentalities；universalism without uniformity）（Shweder,
Goodnow, Hatano, LeVine, Markus, & Miller, 1998, p. 871），其「心智」指「人
類認知歷程實際或可能的概念內容的整體」（totality of actual and potential
conceptual contents of human cognitive process）；其「心態」指「被認知與被
激發的心智子集合」（that cognized and activated subset of mind），意即心態
或許呈現各種樣貌，但其內在的心智並無不同，不同文化都在塑造人類心理

「共同的深層結構」，反映出人類共同的心理機能，如此就能獲致「人類心理學」或「全球心理學」的目標。

　　黃光國對本土心理學的重要貢獻，就在於他將這種普世心理學內蘊著人類心理共同的深層結構，特別稱作「關係主義」（relationalism），將其作為預設的社會科學理論與相關研究典範，最終有別於歐美社會特別「怪異」（weird）架構出「個人主義」（individualism）的思維，另闢蹊徑成為其他國家的學術主流。之所以會被稱作「怪異」，其說法來自 2010 年三位英屬哥倫比亞大學的教授在《自然》與《行為科學》發表的研究報告指出：在 2003 至 2007 年間的心理學研究中，96%的樣本來自美國和其餘西方諸國，其人口只占全世界人口總數的 12%；這些來自高教育水準（educated）、工業化（industrialized）、富裕（rich）與發達（developed）的樣本，和全世界其他地區的廣大人口相較，其心理傾向非常特殊，故將其稱作「怪異」的樣本（Henrich, Heine, & Norenzayan, 2010a, 2010b）。西方社會中，基督新教（protestantism）經過公民解放（civic emancipation）的過程造成的社會結構，加深個人自由、選擇權利與自我實現這些個人主義的心理叢結（psychological syndrome），例如：歐裔美國人的個人主義傾向比其他族裔高。與個人主義相對的概念是「集體主義」（collectivism），這是美國人基於對自己文化特徵的認知，依照「我們不是那樣的人」想像其他世界的文化。但集體主義這種「無所不包」的概念意涵來呈現各種不同的文化差異，在理論意義層面顯得模糊不清，只能解釋從個人主義角度對「異己」（non-self）的投射，從對照他人（antithetical other）的意識型態表徵中抽象與形構出來，卻無法精確指出人類更普遍展現有關自我的型態（黃光國，2011，頁 164-171）。

　　由於黃光國同意本土心理學最重要的學術使命，就是運用西方社會科學的研究方法，將文化的深層結構揭示出來，使其由「潛意識的結構」轉變成為「意識的結構」，再將其當作參考架構，發展各種不同的心理學理論到本土社會的生活世界中從事實徵研究，故他將英文的「self」翻譯成「自我」，並指出這是一種心理學層次的概念。其作為經驗匯聚的中樞（locus of experience），在各種不同的情境脈絡中，能作出不同的行動與實踐，並可能對自己的行動與實踐展開反思。對於該自我的運作，他將其稱作「自我的曼陀羅模型」，意指個人在成長的過程中，會針對自己置身的外在世界，學習到各種不同的「知識」（knowledge）內容，在從中使用「知識」內蘊的「智慧」（wisdom），前者包含邏輯性、技術性與工具性的認知基圖（schemata）；後者則包含行動能力（action competence）與社會能力（social competence）。以自我作為主體（subject）在其生活世界中，首先會有對「自我的認同感」（sense of self-identity），意識到自己與他人的明顯不同，當其展開「世界取向的反思」（world-oriented self-reflection）時，基於個人的偏向，會從其「個人知識庫」（personal stock of knowledge）中，選取其自認合宜的目標與方法來付諸行動與實踐，並因把自己當作反思覺察的客體，而將自己置放於社會群體裡，從而獲致「社會認同感」（sense of social identity），這就是「自我的雙元性」（duality of self）。當人只作為生物性的「個體」（individual），受到各種慾望的拉扯，在生活世界中的行動與實踐遭到阻礙或挫折時，他會經歷到負面情緒，並產生企圖控制外界的奮鬥。然而，當其展開前面所說的「世界取向的反思」，發現往日習得的知識已不足以克服外在世界中的障礙時，他就不得不要用自己的智慧向「社會知識庫」（social stock of knowledge）搜尋資料，進而再展開「行動取向的反思」（action-oriented self reflection），思考如何採取行動與實踐來恢復主體和世界間的平衡，使得自己最終成為社會性的「人」（person）。「自我的曼陀羅模型」如圖 1-1 所示（黃光國，2015，頁 90-100）。

榮格（Carl Gustav Jung, 1875-1961）將意識的中心主體稱作「自我」（ego）；超越該主體並呈現生命整體的存在稱作「本我」或「自性」（self）。前者來自意識，後者常來自個人潛意識（personal unconscious）甚至集體潛意識（collective consciousness），潛意識是意識的母體，自性則使得心靈獲得完整（劉耀中，1995，頁 47-54，頁 129-132）。筆者比較疑惑：當黃光國將「self」翻譯成中文的「自我」，並將「self」賦予社會性的意

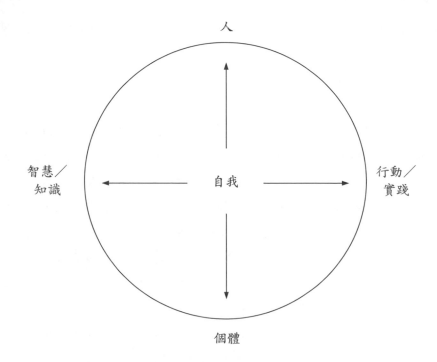

圖 1-1　自我的曼陀羅模型

資料來源：黃光國（2015，頁 92）

義，那將如何理解人有個往內指向心靈、更具有生命整體性的「本我」或「自性」呢？這不只是翻譯問題，更是個哲學問題。黃光國不使用「本我」或「自性」來翻譯「self」是有意的作法，因為他只有對生命整體性的「本我」或「自性」做出擱置，才能不討論「self」的終極性意義，將其下降到社會性的存在，這是筆者對黃光國將「self」稱作「自我」的理解。然而，當我們只採取社會性的路徑來思考「自我的曼陀羅模型」，殊不知「曼陀羅」（mandala）的本意是指宇宙森羅萬象且圓融內攝的本質，從該本質出發成為個人匯聚與修持能量的中心點，象徵著心靈的整體性，這層「天人合一」的核心意涵，在黃光國的「自我的曼陀羅模型」裡面無法看見，儘管筆者觀察黃光國不會不了解這層義理（黃光國，2015，頁 85-88），但這是否正來自黃光國設計

該模型尚不具有「本我」與「自性」的意涵，故產生的重大觀念缺陷呢？

　　筆者由此合理推測黃光國的想法：當人由生物性的「個體」蛻變成社會性的「人」，他就不再只是「個體我」（individual self），而變成「關係我」（relational self），這就開始發展出「關係主義」的生命狀態。對黃光國而言，孤冷的「個體我」無法置身於社會，「關係我」作為與社會互動的主體，更符合社會運作的事實，且「關係主義」類通於自然環境的結構，比「個人主義」更符合人類心智的深層結構。何友暉就曾指出：中華文化裡的「自我」就是這種「關係性自我」，意即人我疆界模糊、自我與他人同體、對他人的存在有著高度的覺察，並在現象世界中區隔化開變成「在他人關係中的自我」，其進而觀察日本文化與菲律賓文化，覺得這同樣可用來認識亞洲人對自我的身分認同（Ho, 1991, 1993）。筆者理解亞洲人如會有這種「人我合一」的傾向，正來自於順著「天人合一」這一脈絡的擬態與延伸，然而如不釐清這層根本意義，「人我合一」的關係我就會果真成為「無自性的自我」或「無本我的自我」，且不只「人我疆界模糊」，更面臨「本末疆界模糊」的困境。當「本末疆界模糊」，人未曾意識到「天」這層終極意義，其負面影響就是「本末倒置」，關係本身只朝向「利益交換」，而無關於「道義成全」。筆者從這個角度來觀察黃光國探討有關「關係我」的實質內容，其由社會心理學的面向架構出一套「人情與面子的理論模型」（theoretical model of face and favor），將人與人的互動角色界定為「資源請託者」（resource petitioner）與「資源支配者」（resource allocator）。當「資源請託者」請求於「資源支配者」，令後者將其掌握的資源做有利於前者的配置時，「資源支配者」心中想到的第一件事情就是「關係判斷」，他要思考的問題是：「他和我彼此間有什麼樣的關係？」這層思考就是「本末倒置」的思考，但或許極可能就是當華人置身在「不識道義」卻「只見利益」的情境裡常有的思考。黃光國將人與人的關係依據衡量利益的輕重到底會「朝向他人」或「朝向自己」這兩種不同傾向，各自將其稱作「情感性成分」（expressive component）與「工具性成分」（instrumental component），並區隔成「情感性關

係」、「工具性關係」，還有居於兩者間的「混合性關係」。資源支配者在面對這三種關係，各會有「需求法則」、「公平法則」與「人情法則」這三種不同的心理歷程，意即當個人與這三種不同關係的他人交往時，他都會衡量自己得付出的「代價」（cost）與他人會做出的「回報」（repay），最終並計算交易的「後果」（outcome）。黃光國繪製該理論模型的結構，如圖1-2 所示（黃光國，2009，頁 107-114）。

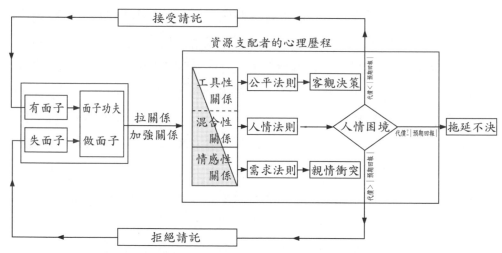

1.自我概念　2.印象裝飾　3.角色套繫　1.關係判斷　2.交換法則　3.心理衝突

圖 1-2　人情與面子的理論模型

資料來源：黃光國（2015，頁 64）

在這三種關係中，「情感性關係」與「混合性關係」兩者間用實線隔開，「混合性關係」與「工具性關係」兩者間用虛線隔開，前者表示「情感性關係」與「混合性關係」存在著一道不易突破的「心理界線」（psychological boundary），意即屬於「混合性關係」的人很不容易突破這道界線，轉變為「情感性關係」；虛線則表示「工具性關係」與「混合性關係」兩者間的「心理界線」並不明顯，經過攀拉關係或加強關係這些「角色套繫」的動作，

屬於「工具性關係」的人可能會加強彼此間的「情感性成分」，而變成「混合性關係」。這是人類心智中有關社會關係的深層結構，其實適用於各種不同文化，尤其「報」是種普遍存在於人類社會中的規範，更是任何文化都公認的基本道德，人類的社會關係莫不建立在「報」的規範上。中華文化中的「需求法則」、「公平法則」與「人情法則」都是「報」該一規範的衍生，其主要差異在於適用的人際關係範疇不同，「報」的方法與期限就跟著有所不同。黃光國舉例說明，中國家庭依照「需求法則」來發展的情感性關係，同樣適用於「報」的規範，諸如：「養兒防老，積穀防饑」，就蘊含著父母預期孩子回報的意思（黃光國，2009，頁114-115）。從這個角度出發，我們或許才能理解黃光國闡釋關係主義的觀念要旨，但當關係主義完全是個人利益在不同關係裡的衡量與決斷時，其衡量與決斷的主體就在自我，且該自我並無「天人合一」的終極意義，卻有「人我合一」的社會意義。如果黃光國對中華文化裡人際關係的詮釋無誤，這就頗值得思索：該自我產生的關係主義，因基於個人利益在不同關係裡的安頓，是否只是個人主義思維在亞洲文化的亞型變化呈現呢？如果父母與孩子的情感性關係只是來自「需求法則」，這將如何解釋絕大多數父母生育孩子，其當下犧牲與付出完全不計孩子後來是否回報的事實？這層來自「天性」（或如孟子講「天爵」的義理）的層面如果不考量進去，關係主義將徹底變成「利益關係主義」而不是「道義關係主義」。如順著這個脈絡發展，當我們批評西方文化個人主義思維具有特殊性甚至怪異性，或許就變得不再有立足點。

　　筆者從這個角度來觀察，就不難理解為何認同與追隨黃光國理念的團隊成員夏允中會另闢蹊徑，轉而由佛陀證悟的「無我」（nonself）來探索含攝佛教的心理學理論，而架構新的「無我心理學」（nonself psychology），來與西方文化的「自我心理學」（self psychology）分庭抗禮（Shiah, 2016）。但，黃光國基於儒家思想內在結構談的「人情與面子的理論模型」，此自成脈絡的系統性學說，肯定不會是有關於儒家思想根源型知識的「文化形態學」（morphostasis），而是有關於儒家思想發展型知識的「文化衍生學」（morphogenesis），但該發展型知識到底是基於儒家思想本來面目而來的「嫡傳正宗」，抑或是別開生面的「別子立宗」呢？請容筆者先不立即回答這個問題，卻來回顧儒學思想史曾經出現的一則公案。魏晉南北朝時期，由於佛學大舉東傳中國，儒家思想常被佛教學者批評欠缺高明義，使得唐朝時期雖有政府藉由科舉倡導經學裨益於統治的世道（實則當經學被世家大族壟斷，詩賦反而成為科舉取士的重點項目），思想領域卻被闡釋自性的佛學獨擅風潮，其間或有道教中人標舉道術來對抗佛教，然不論如何，佛道兩大宗教都已然深植人心，儒家士人（如韓愈者）不顧流俗批評佛老罔顧於人倫，然因當日的「聖學」只有社會性意義，而無終極性意義，使得儒學沒落的實況更顯得積重難返。宋明儒學再興，由北宋道學始祖周敦頤首先融合佛道兩家思想，開始闡釋儒家思想有關於天理與人心的終極意義，經由程灝與程頤的闡釋，直至南宋朱熹闡釋出理學，最終才確立儒家思想的高明義，使得儒學獲得大興。朱熹對儒學的闡釋誠然是「文化衍生學」的發展型知識，從這則公案來觀察黃光國闡釋的「自我的曼陀羅模型」，如果該自我內涵最終只有社會性意義而無終極性意義，夏允中接著轉向談佛教思想的「無我心理學」，就是希望將只有社會性意義的「self」提高到具有終極性意義的「nonself」，但這只能說是華人本土社會科學建構過程裡有關含攝文化心理學自然而然的發展。

第二節　黃光國難題：科學哲學的認識與釐清

　　黃光國不可能不知道中華文化具有濃厚「天人合一」的傾向，然而他長期在思想領域面對「內外交逼的處境」。對內而言，他完全知道甚至深度體會中華文化有著藉由「冥想」（meditation）來「悟道」的傳統，這種修養心性的傳統正是「天人合一」傾向的落實，藉由操練各類具冥想意義的工夫，人因此領悟並活出自身的天命，而完成有智慧的人生。筆者曾與其相談，聽聞他講到自己類同於修養心性的各種親身經驗。然而，或許正如孔子當年的

很多親身經驗尚可見諸於《孔子家語》，卻未見諸於《論語》，置身在充滿西方文化殖民意義的學術環境，作為倡導華人本土心理學的先驅者，由於話語權的受限，黃光國並無法直接回歸前面這個傳統來闡釋自己的學說，因為這個傳統並不具有「現代意義」，尤其沒有與其內容相符應的學術語言能展開嚴謹的學術討論。對外而言，西方文化具有濃厚「天人對立」或「主客對立」的傾向，該傾向來自古希臘人在靜觀（theoria）這種宗教儀軌中，展開個人面對整個世界的「沉思」（contemplation），該沉思必須採取一種客觀態度，使得人作為「超然的觀察者」（a detached spectator），穿越變動不居的表象世界，看見背後永恆不變的「真理」（truth），引領人類發展出真實而完滿的存在（being）。這整個過程只是探索萬物的道理，而不是改變它們，從中獲得有關理型世界的知識，這是種濃厚的「理論心態」（theoretical attitude），獲得的內容古希臘哲學家就將其稱作「科學」（science；logo），而不再只是具有相對性的主觀意見（doxa）。這樣的觀念後來與基督教的文化傳統結合，「上帝」是個超越的概念，個人與上帝間有著無法跨越的鴻溝，人雖然不能用自己的理性來認識上帝的「本體」，卻能轉向現實世界，觀察各種不同對象，建構出對這些不同對象的認識，且不斷索問其最終共同指向的本體，這是種主客對立的研究法（黃光國，2014，頁 22-23，2015，頁 182-183）。

因此，面對天人議題這個層面，黃光國選擇一條「由外向內」的學術發展路徑，意即承認「沉思」的辦法，冀圖由自身的理論心態來探討中華文化，最終架構出「科學微世界」（scientific microworlds），藉由其學術語言完成華人本土社會科學，來促進中華文化的現代化。人本來有著具體的「生命世界」（life world），其豐富性根植於個人直接經驗的感受，並在日常生活中對這些經驗做出各種不同的解釋、組合與反應，屬於前邏輯性與前工具性的存有論領域。然而，按照理論心態的思維，人希望控制與開發自然，就無法不從事於宰制性的建構（dominative construction），這就是「科學微世界」會產生的原因。「生命世界」來自「本質性思考」（essential thinking）

（Heidegger, 1966），屬於生活在同一文化的人在歷史長河中使用的自然語言，這與「科學微世界」來自「技術性思考」（technical thinking）完全不同，後者是科學家為達到特定目的而製作出來的手段或方法，藉此獲得自然的能源，其不具有永恆性，科學家在該世界中使用的系統性知識，與自己在日常生活中使用的知識完全不同。當科學家本來的特定目的完成，或更換新的特定目的，他們就會展開截然不同的建構過程，因此「科學微世界」的主導，正是現代社會的發展如此瞬息萬變且日新月異的主要原因（黃光國，2015，頁 158-165）。如果「科學微世界」的有無被視作現代化最核心的指標，當黃光國想循此角度從事中華文化的現代化，就面臨著極其重大的困難。因為中華文化對永恆性的回歸，使得該文化的核心價值就在不斷探索何謂「道」，並將「道」轉化出整體性的智慧（我們可稱「道即智慧」的思維，這個「即」有「就是」的意思），作用於日常生活中。而這正是中華文化的最主要特徵，本不需要將「道」分化出系統性的知識（我們可稱「知識即道」的思維，這個「即」有「靠近」的意思），「轉化」的路徑使得「天道就是人道」，意即給出智慧，該智慧具「有道性」；「分化」的路徑使得「人知靠近真知」，意即給出知識，該知識具有「無道性」，因為知識畢竟不如智慧就是「道本身」，其建構的系統只是在完成人類「自圓其說」或「自得其樂」的世界，拿「無道」的手段或方法，想呈現「有道」的內容，終令其被當前社會承認其價值與意義，如拿莊子的寓言來譬喻，這究竟是在「拾筌捕魚」，抑或是替「渾沌開竅」？

　　黃光國承認，人在「生命世界」中採取的世界觀通常會詢問並回答諸如「我是誰」、「我的人生處境是什麼」、「我為什麼會受苦」與「解救的方法是什麼」這些問題，藉此釐清人類的本性，說明個人與外在世界的關係，並了解人在世界中的歷史處境，然而「科學微世界」並不具備這種機能。黃光國認為，人類會因不同的需求，經由不同主題的引導，建構出諸如「倫理世界」、「美感世界」與「宗教世界」這些不同層面的「微觀世界」（micro world），在黃光國的認知裡，中華文化都有這些不同層面的「微觀世界」，

唯獨沒有具備科學意義的「微觀世界」。中國果真沒有具備科學意義的「微觀世界」嗎？黃光國完全了解李約瑟（Joseph Needham）長年研究指出，中國直到十五至十六世紀前在科學上的發展一直比西方文化發達，但這種科學是種「有機體的科學」（organismal science），在希臘傳統裡，「有機體」（organism）就具有「整體」（wholeness）的意思，此來自西方文化裡有關宇宙起源論的理解，世界本是個有機的整體（organic whole），追尋著本質性的原則來發展，除探索宇宙如何開始外，並探索自然現象之存在與成長的本質，從中釐清其本質性的原則如何實現。然而，如果按照《易經》來看其宇宙論並不是宇宙起源論，因為其只是使用陰陽五行的概念來解釋宇宙間諸般事物的現象，並沒有不斷探索現象後面的本質性問題，因此黃光國認為李約瑟對中國科學的認識只是種「同情的了解」，卻不是「相應的了解」（黃光國，2015，頁 185-192）。

　　李約瑟提出著名的「李約瑟難題」（Needham Problem）：「儘管古代中國對人類科技發展做出各種重要貢獻，但為什麼科學和工業革命沒有在近代中國發生，使得現代科學出現於西方，而不是在中國？」對於黃光國而言，他除了並不覺得李約瑟講中國有著「有機體的科學」是事實外（這種否認，意味著他認為中華學術不曾有任何概念意義的「科學微世界」之存在），對於該誤稱「有機體的科學」曾經對人類產生如何重大的貢獻，他同樣不大在意（儘管他並不否認中國曾經有某些重大科技研發的事實），他最在意的是中國社會正面臨著現代化困境，這個困境的產生來自華人學術界毫無「科學微世界」的概念與社群，使得思想層面無法徹底完成其現代化進程。如欲建構這個「科學微世界」，就得要認識與釐清建構該世界背後相應的哲學，才能完成「科學微世界」深根於華人社會的工作，而這就需要探索何謂「科學哲學」（scientific philosophy）。他將一生的全部學術研究歷程，都丟到自己提出來的「黃光國難題」（Hwang Kwang-Kuo Problem）裡，其主題：「儘管中國曾經創造豐富的思想，對人類文明的永續發展做出巨大貢獻，但中國的思想如果要再創輝煌的新一章，重新成為引領人類文明發展的引擎，就需

要通過對科學哲學的認識與釐清,創造性展開華人本土社會科學的詮釋工作。」該主題面臨方法論(methodology)層面的巨大困難:「如何將中華文化本質具有『天人合一』的思想傳統,傾注『天人對立』的階段性思辨過程,從『生命世界』中開闢出具有科學哲學意義的『微觀世界』。」

　　筆者據此理解:黃光國是拿「知識即道」的手段來重新詮釋「道即智慧」的傳統,意即該傳統的內容本身就是個「道」,有賴於建構知識來盡可能認識,藉此完成「文化衍生學」的工作,這同時是種具有現代意義的「經學集註」。科學哲學的發展脈絡相當龐雜,黃光國提出從「多重哲學典範」(multiple philosophical paradigms)的角度展開對科學哲學的詮釋,這個多重哲學典範的範圍甚廣,他本不預設其概念獲得擴張的可能性,但對其個人而言,其實質內涵結合建構實在論與批判實在論,能對西方心理學發動「心理學的科學革命」(scientific revolution in psychology),取替本來極其怪異的心理學理論,徹底解決本土社會的問題(黃光國,2011,頁 162-187)。建構實在論的理論核心為「兩重實在論」(two types of reality),其從自然與人設兩種角度,區隔出兩種「實在」:首先是「實在的本身」(reality itself),接著是「建構的實在」(constructied reality)。建構實在論認為,人類的全部認知都藉由語言來展開,因而強調語言的重要性。但,不同科學領域架構不同的術語,各自有不同的論述型態來貼靠著實在,其結果是每個科學都拿各自的語言,發展出不同的理論,並各自完成其「微觀世界」,因此如將不同微觀世界做個總和,擴大科學社群的視域,最終就能獲得「建構的實在」(黃光國,2013,頁 426-428)。批判實在論的理論核心為「先驗實在論」(transcendental realism),其主張科學研究的對象既不是經驗主義的現象,更不是人類強加於現象的建構,其屬於持續存在,並在我們知識外獨立運作的實在結構(real structure)。科學活動的目標旨在覓出產生現象的結構性機制(generative mechanism),該知識在科學活動中產生出來,科學既不是自然的表象,更不是人類製作出來的產品;科學和實在兩者各有結構,持續分化並不斷變異,且後者獨立於前者而存在(黃光國,2013,頁

442-453）。由此可知，不論是建構實在論或先驗實在論，黃光國將「天」的意義放在對實在本身或實在結構的討論，並將「人」的意義放在語言建構出自成系統的觀念。該觀念的建構過程不應著重於「個人」來做探索的基本單位，而應該著重「關係」來做探索的基本單位，尤其社會現象的發生，常只有由其間的社會脈絡出發，才能理解有關於個人的任何事實，尤其尊重與承認文化對觀念模塑具有無遠弗屆的影響，這使得人並不是實證研究視野裡的客體，而是展開該研究的主體，他認識的對象不僅包括外在的客體，更包括他對自身的認識過程，這使得「人文科學」成為可能，更能從中架構出相應的「本土社會科學」。生命世界與微觀世界透過多重哲學典範作為研究方法，從關係主義的視野獲得融貫，不斷相互交融影響，如圖 1-3 所示。

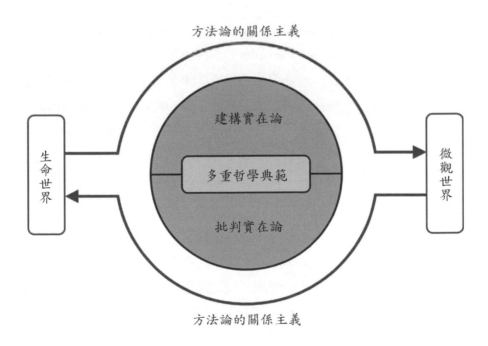

圖 1-3　方法論的關係主義

　　因此，黃光國學說的建構過程，來自於對「黃光國難題」的解答過程。他希望華人學術能擺脫西方文化的學術霸權長期殖民的現象，不再只是淪落成邊陲化的社會，從事著「原裝設備加工」（original equipment manufacturing, OEM）的下游學術工作（黃光國，2013，頁 2-6），而最終恢復中華文化對華人社會本來無遠弗屆的影響（或者說，將這層本來無遠弗屆的影響事實「正位」成學術研究的對象，而不再只是拿西方理論生吞活剝硬搬來詮釋華人社會），甚至揭露中華文化本來比西方文化更具有普世性價值。他使用「關係主義」來解釋人的自我深層結構，藉此說明西方文化植基於「個人主義」對自我認識的片面性與孤立性，並承認華人本來自具的生命世界，將其作為滋養關係主義的基石，從而建構具科學哲學意義的微觀世界；該微觀世界獲得的認識，卻同時滋養著生命世界，深化生命世界對自身認識的內涵。這整個建構過程中，黃光國承認最終有個「恆常自明存在」的實在，其具有超越於個人的先驗性（transcendentality），持續在生命世界與微觀世界的交融共構裡產生實際的影響，既使得生命世界的現象變動不居，更使得微觀世界的觀察流轉不息。人無法徹底掌握，卻能不斷經由內觀或外觀來展開合理推測，這種合理推測來自畢竟「人」無法成為「天」，使得個人無法完整洞悉上帝的意旨〔因中華文化沒有「三位一體」（Trinity）意義的上帝概念，或者直接稱作實在本身〕，但人正需要這個無法完整洞悉的事實，才能使得文化不斷因這個合理推測的過程，向前獲得豐富的發展。上述就是黃光國使用「天人對立」的階段性思辨過程，並特別採取何友暉談的「方法論的關係主義」（methodological relationalism，意即社會現象的事實與原則無法化約到關於個人的知識上，其由無數個人形成的關係、群體和機構中滋生出來，並獨立於個人特徵外）（黃光國，2014，頁 71-72），接回中華文化本質具有「天人合一」的思想傳統，讓其本來「生生不息」的特徵，藉由這套具有多重哲學典範意義的科學哲學，來重啟文化運轉的法輪與慧命，而完成中華文化的現代化歷程。

　　這誠然是黃光國苦心孤詣探索如何完成中華文化的現代化，而提出的具

體解決辦法。然而，「黃光國難題」卻沒有辦法如此輕易獲得解決，最關鍵的問題就在黃光國雖然完全明白中華文化本質具有「天人合一」的思想傳統，但卻沒有給予該思想傳統相符應的深度重視，這使得「知識即道」的「道」本身並未獲得清晰的認識。黃光國希望把握住儒家思想做主體，統合三教並吸納西方科學哲學的菁華思想，從嶄新的概念詮釋裡拓展「中學為體，西學為用」的向度，重塑「儒家人文主義」的學術傳統，將本來具有「普遍性」的儒家價值理念建構成形式性的理論，意即從多重哲學典範的角度來建構「含攝文化的理論」（culture-inclusive theory）（黃光國，2015，頁 vii），並使用「自我的曼陀羅模型」來重新詮釋儒家思想，繼續由「文化衍生學」的層面來發展有關先秦儒家思想的「文化型態學」，這對黃光國來說，完成儒家思想的第三度蛻變，就是完成中華文化的現代化。然而，他從社會心理學的角度來認識儒家思想，側重於釐清儒家思想的倫理面向，因此其「自我的曼陀羅模型」具有社會性意義（只要是具有相對性的倫理，遵守該倫理與否就純粹只是個別文化脈絡裡的規範議題，更不要說相同的文化在不同的時間與空間，面對倫理都有相應的因革損益），卻不具有終極性意義，然而這不正就是「天人合一」的核心內涵？如果黃光國能更深刻體認到「天人合一」的核心內涵，使得人的「自我」不再是「自我」，而能經由精神修養擴充格局，不只讓「人我疆界模糊」，更進而讓「天人疆界模糊」，意即該「自我」的容量具有「本我」或「自性」的內容，筆者合理推測其有關「人情與面子的理論模型」，就不會再只從資源配置的角色（請託者與支配者）來思考，得出「只見利益」卻「不識道義」的看法了。但，基於他秉持著西方文化傳統裡「人不能成為天」的綱領，使得他其實對中華文化本質具有「天人合一」的思想傳統只是種「虛無的承認」，甚至有著「存而不論」的傾向，這使得「黃光國難題」的無法解開，其癥結竟來自於「黃光國自己」。當黃光國對「天人合一」只做虛無的承認，且其理論「見利不見義」，他的學術成果與儒家思想「重義輕利」的本來面目已有重大差異，未來在整個中國儒學發展歷程裡，如荀子主張「性惡論」般（荀子講的「性惡」只是社會性意

義的習性，不如孟子講「性善」具有終極性意義的自性），最終只會被視作
「別子為宗」，而無法成為「嫡傳正宗」。

第三節　戈迪安繩結：解開黃光國難題的辦法

　　亞歷山大（Alexander the Great）在西元前 334 年打敗波斯後，來到小亞
細亞中西部一個古國佛里幾亞（Phrygia）的首都「戈迪安」（Gordium）過
冬。在戈迪安街道的中心有個供奉宙斯的神殿，在神殿中擺放著一輛古老的
戰車，戰車上纏著累世流傳的「戈迪安繩結」（Gordian Knot），傳說誰能解
開繩結，誰就能統治天下。亞歷山大仰天大笑說：「要解開繩結很容易。」
說完，便拔出寶劍，將繩索砍成數段。這時天空一陣雷聲，好像宙斯都同意
這辦法。中華文化如何擺脫傳統與現代這兩端長達一百五十餘年的困縛與纏
繞，徹底獲得新生，對人類文明的永續發展繼續做出巨大貢獻，這何嘗不是
屬於中華文化的「戈迪安繩結」？如果誰能簡潔俐落地解開這條繩結，誰就
是有志於「混同東西」的亞歷山大，宙斯都將欣然表示嘉許。黃光國當然不
是替我們打上「戈迪安繩結」的第一人，但他從學術層面突顯「戈迪安繩結」
的長期存在，再賦予「黃光國難題」的角度來詮釋「戈迪安繩結」，使得該
繩結變得更難解開。為何筆者在前面指出「黃光國難題」的無法解開，其癥
結竟來自於「黃光國自己」呢？關鍵的概念困境，就來自黃光國完全從西方
哲學的角度來理解「先驗」（transcendental）與「超驗」（transcendent）：
前者是指「在經驗前面」，如終極的實在；後者是指「超越於經驗」，如神
秘的體驗。當這兩個概念成為相對的概念，那就不難理解為何黃光國會指出
只有「先驗的存在」，而不能有「超驗的存在」。當人自認有「超驗的存
在」，就會出現「人成為天」的顛倒夢想，此時科學肇基於「天人對立」從
而發展出「主客對立」的思維將不復存在。
　　但，如果中華文化本質具有「天人合一」的思想傳統，該內涵並不適宜
拿「超驗的存在」這種概念來理解的話，黃光國的疑慮還能繼續存在嗎？黃

光國承認上帝是個超越的概念，華人並沒有如基督教那般鮮明的上帝意識，這並沒有成為人展開本質性思索的對象（黃光國，2015，頁 184-185，這點是否屬實，當然值得繼續細論）。如果順著這個脈絡來說，自然就不會有「人」與「天」這麼深層的鴻溝，更無法有「人成為天」這麼巨大且複雜的天啟奧義（或顛倒夢想）。不論「人」對「天」是否有做本質性思索，中國思想裡的「天」對「人」而言，並不是「可望不可及」的存在，「人」與「天」本來有自然流動交通的精神意境，其間具有「人天共構主體」的主體際性（intersubjectivity），這點不能不重視。筆者發現，這裡面來自黃光國對中國思想最精湛的心性觀念有著重大誤解，儘管這本來並不是黃光國個人的問題，而是宋明儒學衰落四百餘年後存在於華人社會的普遍現象。中國思想的性質本來不是西方哲學裡的「理型論」（或稱觀念論，idealism）或「物質論」（materialism）能簡單歸類（在中國過去七十年來，常見使用「唯心論」或「唯物論」這種「二元對立」的說法來從事於政治鬥爭，這其實是對該兩詞彙不精確的翻譯，更不是「心物合一論」的大團圓說法能含混其辭做出歸類），因為「天人合一」的重點並不是「人成為天」，這種說法立即會被影射成「個人能了解上帝的意旨」，或甚至說成「個人能成為上帝」。重點在「天人」獲得「合一」，這個「一」（the One）是指「心體」，心體不是優先於現象的「理型」，更不是看得見摸得著的「物質」。心體在儒學有各種稱謂，最早如孔子晚年講「仁」來取替自己早期講「禮」，就已經意識到禮節只是種外在的倫理規範，而無法徹底安頓人心，任何禮節需要再經過仁愛的自覺與收攝，才能真正發揮其意義。孔子表示：「克己復禮為仁，一日克己復禮，天下歸仁焉。為仁由己，而由人乎哉」（《論語・顏淵》第十二）（謝冰瑩，1988，頁 194-195）。他還說：「仁遠乎哉？我欲仁，斯仁至矣」（《論語・述而》第七）（謝冰瑩，1988，頁 144）。孟子講「性善」，開始拿水會自然往下漂流來譬喻並指稱「性」的本質光潔，他說：「水信無分於東西，無分於上下乎？人性之善也，猶水之就下也。人無有不善，水無有不下」（《孟子・告子》上）（謝冰瑩，1988，頁 566）。後來，南宋的陸

九淵進而講「發明本心」，他說：「學苟知本，六經皆我註腳」（《陸九淵集》卷三十四）（陸九淵，1981，頁 395）。陸九淵指稱的「我」，並不是指個體的「自我」（ego），而是「自性」（self），拿他自己的詞彙來解釋就是「本心」，早在他 13 歲的時候，就已經領悟這幾個觀念。〈年譜〉記他說：「宇宙內事，乃己分內事；己分內事，乃宇宙內事。」還說：「宇宙便是吾心，吾心即是宇宙。」又說：「宇宙不曾限隔人，人自限隔宇宙」（《陸九淵集》卷三十六）（陸九淵，1981，頁 483）。這種個人與宇宙的交通感，都只有在悟得自性後才能明白，此際天人內外被打通，再沒有限隔，這就是「天人合一」的實際體會。但，「人」是開創與「天」共構主體際性（合一）的源頭，這個源頭就是心靈實體，這才能體現儒家一貫面向天道的人文精神，更是「儒家人文主義」的真正學術傳統。

王陽明（1472-1528）經由龍場大悟體會到自性，〈年譜〉記其體會說：「始知聖人之道，吾性自足，向之求理於事物者誤也」（《王陽明全集》卷三十三）（王陽明，1995，頁 1228）。重點就在「吾性自足」這四個字的體會，他首度領會出「自性」這個本體的存在，後來進而使用「良知」來稱謂自己的體會，他說：「良知是造化的精靈。這些精靈，生天生地，成鬼成帝，皆從此出，真是與物無對。人若復得他完完全全，無少虧欠，自不覺手舞足蹈，不知天地間更有何樂可代」（《傳習錄》下卷第六十一條）（王陽明，1997，頁 139）。這裡說「自不覺手舞足蹈」，就是在指因為悟得良知的剎那獲得的狂喜，前面會說「造化的精靈」，就是在指良知是創生的源頭，他使用「這些精靈」的詞彙來指良知，意謂全部的萬有裡都有良知，這就是中國思想獨特的「心體論」（nousism，古希臘字「nous」指「心靈」，筆者覺得結合該字自創英譯會更適合）。心體是終極的實在，該實在連結著「天」與「人」這兩端，這固然可從研究層面展開主客對立的討論，但如藉由各種工夫體驗來領會著「合一」，這誠然是種「冥契主義」（mysticism），卻絕對不能輕易稱作「神秘主義」（occultism）。冥契主義的理路就是藉由做工夫來把握本體，這雖然不同於理性主義（rationalism），卻還是

種基於理性的觀點來探索的角度，其主要著重於釐清何謂「開悟」（enlight-ment）或「啟悟」（illumination）。雖然這種經驗本身不可能離開感性經驗，尤其人是在用他的身體去悟道，他必然會有來自於感官知覺的刺激，然而這並不是說冥契主義就是主觀的角度，甚至有研究者指出，客觀感是全部冥契經驗共同的特色。

黃光國將冥契主義與神秘主義混淆，將冥契經驗直接等同於神秘經驗，使得他無法看見「工夫論」（kungfuism，「kungfu」是中國特有武術，其內涵精神與儒者的工夫論相通，故採取該字來自創英譯較適合）作為精鍊心體的存在意義，誤把對內修養當作對外通靈（筆者聽聞黃光國講到自己類同於修養心性的各種親身經驗都屬於此類經驗），甚至視這種「宇宙整體意識」屬於原始思維型態（黃光國，2015，頁 163）。看不見心體論完全不同於理型論與物質論的獨特性，將「終極的實在」放在「天」而沒有放在「人天共構主體」，這就是他無法對中華文化本質具有「天人合一」的思想傳統展開「實有的承認」的心結。如果擱置心體論且不談工夫論，不從裡面挖掘出內在豐富的「生命世界」，從中作為建構「微觀世界」的資源（尤其是有關於科學哲學的「微觀世界」，心體論出發同樣有相應的科學微觀架構），讓中國思想的精湛內容貢獻於人類文明，尤其裨益於科學哲學的繼續向前發展，那就很難落實「中學為體，西學為用」，沒有承認心體論作為中華學術的「體」，我們該如何操作西方學術的「用」呢？這難免會有如王陽明在〈詠良知〉這首詩中說：「拋卻自家無盡藏，沿門持缽效貧兒」的境況。「黃光國難題」面臨的真正難題，就在他的兩段論點：後半段的論點旨在通過對科學哲學的認識與釐清，傾注「天人對立」的階段性思辨過程，從「生命世界」中開闢出具有科學哲學意義的「微觀世界」，創造性展開華人本土社會科學的詮釋工作。筆者完全同意這個策略性的作法，我們確實不能再逃避「天人對立」的研究課題，直接繼續只訴諸「天人合一」這條路徑對心體的體驗工夫（卻不對該工夫展開主客對立的研究工作），就能輕易解開這道「黃光國難題」，但筆者同樣要指出：如果黃光國對中國思想的認識（尤其是後期宋

明儒學的認識）如同李約瑟對中國科學的認識只是種「同情的了解」卻不是「相應的了解」，且不能對「天人合一」這條路徑有「實有的承認」，而繼續將「證得心體」直接與通靈經驗劃作等號（儘管黃光國本人對此類經驗抱持著善意的態度），通靈經驗就中華文化大傳統裡的儒者對此尚且不取，但沒有涵養與擴充心體的意識，顯然無法直接會通中國思想的核心動脈，引領中華文化的現代化歷程。因為他對前半段的論點認識未清，無法「實有的承認」中華文化本質具有「天人合一」的思想傳統，並仔細梳理如何從該傳統轉化出相應的華人本土社會科學，使得他殫精竭慮構思出來的「黃光國難題」，反而變成替中華文化長期面臨的「戈迪安繩結」再打上更難纏的死結。即使我們有辦法從理論層面替中華文化解開「黃光國難題」，更會面臨著實務層面的困難：華人如何在「生命世界」中傾注「天人對立」的階段性思辨過程，使得「生命世界」中具備「微觀世界」的思維土壤，真正指向並完成具有普遍性的現代儒家生活，茁壯與綻放華人本土社會科學的燦爛花朵？

筆者會展開科學哲學的研究，首先來自 2009 年在臺灣師範大學科學教育中心做博士後研究員，長期訪談臺灣科學教育開創者趙金祁教授（以下簡稱趙金祁），與其合作一年半的光陰，共同將訪談內容與畢生作品整理成《趙金祁回憶錄》（趙金祁、陳正凡，2011）與《趙金祁科教文集（上）（下）》（趙金祁，2011a，2011b），這使得筆者不只有機會參與研究趙金祁哲學，更同時有機會參與架構趙金祁哲學。趙金祁念茲在茲某種融合科學哲學與人文哲學的新科學教育觀念，該觀念特稱作「求如」。「求如」本來是民國早期的哲學家金岳霖在《論道》這本書裡的觀念，該書的第八章「無極而太極」裡，金岳霖在第十六條表示：「太極為至，就其為至而言之，太極至真，至善，至美，至如。」這裡說的「太極」，對金岳霖來說旨在滿足個人對這些古典名詞的情感，因此使用這類出自先秦時期的《易經》而被宋明儒學家大加闡發的觀念（金岳霖，2005，頁 15）；按照筆者的理解，這個名詞的意思就是指科學領域討論的「絕對真理」（absolute truth）。為什麼金岳霖說太極的內容是「至真，至善，至美，至如」呢？這個問題本身，還可

從兩個角度發問：(1)為什麼太極的內容會是「至真，至善，至美，至如」呢？(2)為什麼太極的內容，除了「至真，至善，至美」外，還要講「至如」呢？筆者覺得前三者（至真，至善，至美）是指太極體現出的不同面向，縱然太極本身是個具虛無性質的「有」（金岳霖同樣有這個看法，如果按照《易經》的說法則可稱作「大有」，因為太極這個「根本有」能創生萬物的「現象有」，這是全部存在的源頭與究竟），然而太極只要甫發作，就會有「至真，至善，至美」的不同面向，儘管就太極自身來說並沒有任何區別（金岳霖，2005，頁 182-183）。

　　金岳霖覺得人在日常生活裡要辨別真、善與美，這是我們維持生活的方法，然而在太極裡，因各種事情最終「勢歸於理」（事物的發展傾向總歸於其內含共相的統攝），全部的命題都會四通八達呈現共相的關聯，使得太極的「真」是太極本身，太極的「善」是太極本身，太極的「美」同樣是太極本身，這三者並沒有任何區別，更進而使得太極本身總還是太極本身。太極本質是「絕對的存在」（這就是絕對真理的意旨），真就是美，美就是真，這些同樣都是善。但是，金岳霖會特別再講「至如」，畢竟「道莫不如如」（筆者理解這是指「道體」本身始終呈現的祥和，道體就是太極），但與太極這個絕對的存在相反，萬物的日常生活裡常有各種「情不盡性」與「用不得體」的現象（筆者理解這是指馳騁屬性本來的慾望，卻因沒有符合本體的運作，而呈現違常乖張的行徑），萬事萬物其實就自身而言都不完全自如。在失衡的狀態裡，無法獲得安寧與休息，無時不是處在相當緊張的狀態，釀就整個環境的動盪失序，儘管就太極本身而言，萬事萬物莫不完全自如。金岳霖主要是由整個宇宙的角度來思考，為何太極的屬性需要在「至真，至善，至美」外加個「至如」的觀點呢？這自然是對其內容作出的重要補充，表示太極就是個大自在，並針對萬事萬物「情不盡性」與「用不得體」的現象作出解釋，但是金岳霖並沒有突顯人在宇宙間面臨的問題，這或許與他長期對人類的現實表現感到悲觀所致（金岳霖，2005，頁 188-189），使得他講「自如」畢竟有點冷性的氣息；但作為科學哲學家，尤其基於科學教育家對社會

的使命感，趙金祁反而由整個人間的角度來思考：他覺得人活著如果「情不盡性」、「用不得體」與「勢不依理」，就會感覺不自在，這就不能自如。個人面對日常生活，應該反過來依循「情要盡性」、「用要得體」與「勢要依理」三個原則來奮勉，人依循這三個原則生命內具的精神狀態，趙金祁稱作「求如」，因此該三個原則就特別將其稱作「求如三原則」〔three principles of authenticity and unperturbedness，趙金祁本人將「求如」翻譯成「精確」（authenticity）與「沉著」（unperturbedness）的合稱〕（趙金祁、陳正凡，2011，頁 3-28）。

　　黃光國指出，趙金祁因知道其在臺灣大學講授科學哲學，希望筆者來訪問黃光國，藉此了解科學哲學在臺灣的最新發展，這的確是事實。然而，趙金祁發展出「求如」的科學哲學觀念已在退休後，並同意筆者指出「求如」這個觀念即是王陽明晚年指出的「無善無惡心之體」，其掃清儒家沉重的道德教條對人生命的綑綁，發現人應該洞見心體本身，把握住這個內在的絕對實體，而不是執著在具有特殊時空脈絡認知裡的善與惡（而這就是相對倫理）。當人涵養絕對實體在事上磨鍊，因把握住「求如三原則」，坦然承擔世間的各種困難，最終能獲得祥和的心境，即使過程中其生命實踐不見得能輕易被世人理解，都不會影響心靈的怡然自得（趙金祁、陳正凡，2011，頁 22-26）。這個具有內攝性的思維，能洗滌人的心靈，帶來個性的解放，獲得生命的自在，進而帶來社會的安寧，這就是心學素來講「內聖」與「外王」合一的思維旨趣。中國這四百餘年來，最後一脈具有原創性的思想，就是明朝中期由王陽明闡發的心學；其曾經風行中國，不只作為一門具有心靈覺醒意義的學術，更深刻影響明朝的政治與社會。明朝滅亡後，縱然有亡國遺民繼續從事思想的廓清（如顧炎武、黃宗羲與王船山這些清初三大家），但大體上都籠罩在清朝禁錮思想的封閉環境裡，直至清末，西學東漸完全衝垮中華學術傳統為止。由清朝至民國這段歷史，對中華文化的負面影響至巨。可惜在清末民初的時空背景裡，中國與日本面臨著迥然不同的內外環境因素，使得日本人普遍相信心靈的覺醒；中國人則普遍相信物質的掌控，這使得日

本秉持著心學做其思想的動能，接納科學的實證而謀得國家的富強，即使在戰後，整個社會依然很快獲得復興，但中國卻陷溺在大科學主義（great scientism）的崇尚裡，拒絕心靈的省察而帶來國家的災難，即使在戰後都不得喘息，繼續因國家的裂解而各自在兩岸呈現精神的荒蕪。任何有識者都會深感困惑：問題的癥結究竟出在哪裡（趙金祁、陳正凡，2011，頁 26-27）？

在筆者來看，問題正出在崇尚科學已經是個社會共識的現實處境裡，沒有熟悉科學領域的哲學家，願意架構出科學與人文能溝通的橋梁，詮釋出具有前瞻性的科學哲學與人文哲學，引領華人離開大科學主義的迷思。如果我們已具有科學哲學的背景知識，並能藉此開展出對個別學術領域的詮釋，卻不能根據自己文化的實際需要，持續由不同學術領域探索人面臨的問題，對應發展出能解決問題的人文哲學，那我們的學術就無法真實紮根在社會裡，帶來中華文化的持續更新，相信這才是學術本土化的真正意義。趙金祁率先由科學教育家的角度來闡釋「求如」，經由筆者與其交相對話的過程裡，我們共同得出這個結論：人在往外尋覓絕對真理的過程裡，不能不往內把握心靈實體的自覺，這就是在回應中華文化本質具有「天人合一」的思想傳統，並傾注「天人對立」的階段性思辨過程，從「生命世界」中開闢出具有科學哲學意義的「微觀世界」，並不斷依循著「求如三原則」，將「微觀世界」獲得的內容回饋給「生命世界」，讓這兩個世界相互交會引流，而對中華文化的現代化歷程產生極其重大的影響，並徹底替中華文化的繼往開來，揮劍砍斷「戈迪安繩結」。趙金祁與黃光國都是筆者極其敬重的大師級前輩學人，筆者的學術思想都深受這兩位大師的滋養，黃光國評論趙金祁與自己早年都採取「研究生輪流報告」的辦法來講授科學哲學，這件事情就華人如何架構科學哲學的發展歷程而言，實屬無關痛癢的枝微末節，反而如果黃光國能同意心體的實際存在，並願意從理論的高度下降到實務層面，告訴我們在面對人情事理時該如何秉持與應用「求如三原則」，其「人情與面子的理論模型」就不會有「只見利益」卻「不識道義」的困境，而「黃光國難題」更不會是個「無解的大哉問」。但，如果黃光國不能同意這些論點，解鈴不見得

只能是繫鈴人，未來繼承其開創的思想路線，就極有可能會繼續發展出夏允中講的「無我心理學」或筆者講的「自性心理學」（或稱「本我心理學」，並無不可）。筆者的「自性心理學」是儒家心理學脈絡裡的心學心理學，夏允中講的「無我心理學」則是佛教心理學，然而「無我心理學」其「無我」究竟講的是大乘佛教的「自性」或小乘佛教的「空性」，這點尚有待於詳細釐清。筆者講的「自性心理學」則與西方心理學本來就有的「自我心理學」並不是相衝突的內涵，而是將「自我」由顯意識的社會層面回索到潛意識的心靈層面，藉由涵養心體來擴大格局。不論如何，這完全不是「道術將為天下裂」，我們兩人提出的不同觀點，都是在面對黃光國講的「自我的曼陀羅模型」其「自我」只有社會性意義卻沒有終極性意義，而繼續深化其意涵，並最終希望「道術將為天下統」，意即重新發展「智慧即道」的中華學術傳統。筆者很感謝黃光國願意秉持著開放的態度來面對這個討論，希望這個討論不僅是屬於我們華人本土社會科學學派內部的路線大辯論，畢竟「黃光國難題」如同巨大探照燈般標示出一條前無古人的路徑，有賴於我們有識者想出真正有智慧的辦法，來解開「戈迪安繩結」，而這著實需要後面的學者繼續順此路徑探索，共謀全體華人社會的心靈復興，藉此重整與提振人的素質，帶來人類社會的大同。

〔本文曾刊載於《本土心理學研究》第 46 期，第 73-110 頁〕

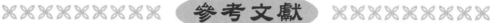

參考文獻

中文部分

王陽明（1995）。**王陽明全集**。上海市：上海古籍出版社。

王陽明（1997）。**傳習錄**。臺北市：黎明文化公司。

金岳霖（2005）。**論道**。北京市：中國人民大學出版社。

陸九淵（1981）。**陸九淵集**。臺北市：里仁書局。

黃光國（2009）。**儒家關係主義：哲學反思、理論建構與實徵研究**。臺北市：心理。

黃光國（2011）。**心理學的科學革命方案**。臺北市：心理。

黃光國（2013）。**社會科學的理路**（第三版）。臺北市：心理。

黃光國（2014）。**倫理療癒與德性領導的後現代智慧**。臺北市：心理。

黃光國（2015）。**盡己與天良：破解韋伯的迷陣**。新北市：心理。

楊國樞（1993）。我們為什麼要建立中國人的本土心理學？**本土心理學研究，1**，6-88。

趙金祁（2011a）。**趙金祁科教文集（上）**。臺北市：臺灣師範大學科學教育中心。

趙金祁（2011b）。**趙金祁科教文集（下）**。臺北市：臺灣師範大學科學教育中心。

趙金祁、陳正凡（陳復）（2011）。**趙金祁回憶錄**。臺北市：臺灣師範大學科學教育中心。

劉耀中（1995）。**榮格**。臺北市：東大圖書公司。

謝冰瑩（主編）（1988）。**新譯四書讀本**。臺北市：三民。

英文部分

Heidegger, M. (1966). *Discourse on thinking*. NY: Harper and Row.

Henrich, J., Heine, S. J., & Norenzayan, A. (2010a). The weirdest people in the world?

Behavioral and Brain Sciences, 33(2-3), 61-83.

Henrich, J., Heine, S. J., & Norenzayan, A. (2010b). Beyond WEIRD: Towards a broad-based behavioral science. *Behavioral and Brain Sciences, 33*(2-3), 111-135.

Ho, D. Y. F. (1991). Relational orientation and methodological relationalism. *Bulletin of the Hong Kong Psychological Society, 26-27*, 81-95.

Ho, D. Y. F. (1993). Relational orientation in Asian social psychology. In U. Kim & J. W. Berry (Eds.), *Indigenous psychologies: Research and experience in cultural context* (pp. 240-259). Newbury Park, CA: Sage.

Poortinga, Y. H. (1996). Indigenous psychology: Scientific ethnocentrism in a new guise? In J. Pandey, D. Sinha, & D. P. S. Bhawuk (Eds.), *Asian contributions to cross-cultural psychology* (pp. 59-71). Thousand Oaks, CA: Sage.

Shiah, Y. J. (2016). From self to nonself: The nonself theory. *Frontiers in Psychology, 7*, 12. doi:10.3389/fpsyg.2016.00124

Shweder, R. A., Goodnow, J., Hatano, G., LeVine, R., Markus, H., & Miller, P. (1998). The cultural psychology of development: One mind, many mentalities. In W. Damon (Ed.), *Handbook of child psychology* (Vol. 1) (pp. 865-937). New York, NY: John Wiley & Sons.

第二章　「自我」與「自性」：破解「黃光國難題」的策略

黃光國

　　2011 年，在高雄醫學大學心理學系夏允中的引介之下，筆者開始到高雄戒治所，協助他們提出一個整合式的理論架構，以整合他們內部正在實施的各項心理輔導方案，並推動以「內觀」作為核心的戒治輔導計畫。此後，即開始在高雄醫學大學、高雄師範大學、彰化師範大學、中山大學、宜蘭大學組織研究團隊，與成員們一起討論如何以科學哲學作為基礎，建構本土社會科學理論。

　　筆者在退休前，鼓勵各地的研究團隊成員，針對筆者的研究取向提出批判，並由筆者負責回應。事後，筆者將李維倫、林耀盛、葉光輝等人之間的辯證性對話，整理成《儒家文化系統的主體辯證》一書，主張「社會科學本土化」的目的，是要彰顯「文化系統、研究者、被研究者以及學術社群」等四重主體性，筆者的研究取向旨在彰顯儒家文化系統的主體性。筆者在退休前，於國外書籍及學術期刊發表的論文將近五十篇，根據 Research Gate 的統計，論文被引用了 2,951 次，可以說明筆者個人的學術主體性。退休之後，筆者的最大心願是提高本土學術社群論文發表的國際能見度，並建立臺灣社會科學學術社群的主體性。要做到這一點，對過去的研究取向勢必要有所調整。但，我們未來要努力的方向是什麼？

　　在筆者學生為筆者所辦的退休學術研討會上，陳復比照「李約瑟難題」的說法，首先提出「黃光國難題」的概念，事後並寫成了〈黃光國難題：如何替中華文化解開戈迪安繩結〉這篇相當精彩的論文。

第一節　「黃光國難題」的提出

　　這篇論文不僅對筆者過去所作的學術研究工作，做了提綱挈領式的回顧，而且對筆者未來的研究方向，提出了許多尖銳的問題。由於陳復（2016）的論文回顧了筆者過去完成的主要研究工作，筆者特地將其摘要列於此處：

> 　　黃光國從「多重哲學典範」（multiple philosophical paradigms）的角度展開對科學哲學的詮釋，賦予華人本土社會科學發展過程中無法繞開的「黃光國難題」（Hwang Kwang-Kuo Problem）。該主題面臨方法論層面的巨大困難，就在於如何將中華文化本質具有「天人合一」的思想傳統，傾注「天人對立」的階段性思辨過程，從「生命世界」（life world）中開闢出具有科學哲學意義的「微觀世界」（micro world）。黃光國希望把握住儒家思想做主體，統合三教並吸納西洋社會科學的菁華，從嶄新的概念詮釋裡拓展「中學為體，西學為用」的向度，重塑「儒家人文主義」的學術傳統，將具有「普遍性」的儒家價值理念建構成形式性的理論，意即從多重哲學典範的角度來建構「含攝文化的理論」（culture-inclusive theory），並使用「自我的曼陀羅模型」（mandala model of self）與「人情與面子的理論模型」（theoretical model of face and favor）來重新詮釋儒家思想，繼續由「文化衍生學」（morphogenesis）的層面來發展有關先秦儒家思想的「文化型態學」（morphostasis），終至完成儒家思想的第三次現代化。

▣ 社會科學的片面性

陳復說得一點也不錯。筆者過去所要破解的「黃光國難題」，主要是在「科學哲學的認識與釐清，以便利用西方科學中各種不同的典範，來克服華人心理學所遭遇到的各項難題」。筆者以「多重哲學典範」（Hwang, 2015），建構出「儒家倫理與道德的結構」。由於這是支撐住華人生活世界的「先驗性形式結構」，所以我們可以它作為「硬核」，以建構出一系列「含攝文化的理論」，作為研究者從事實徵研究的指引。

由於建構「含攝文化的理論」是心理學史上前所未有之事，是「心理學的第三波」（Hwang, 2016），它在本質上是採用西方「主／客對立」的取徑，將「天人合一」的文化傳統「客體化」或「物化」（reification）（Hwang, 2011a），所以筆者在從事這項工作的時候，始終堅持德國古典社會學大師 Max Weber（1894-1920）在其《社會科學方法論》（*The Methodology of the Social Sciences*）一書中所提出的一項重要原則：社會科學研究有其「片面性」（one-sidedness）（Weber, 1949），必須把不相干的層面暫時擱置。因此，當筆者以心理學傳統的思維方式，建構「含攝文化的理論」，以形成「關係主義」的「研究綱領」（scientific research programme）或「研究傳統」（research tradition）之時（Hwang, 2009, 2012）；或是以普世性的「自我的曼陀羅模型」或以「人情與面子的理論模型」詮釋先秦儒家經典，以彰顯儒家的「文化形態學」時，確實是把中華文化傳統中的一些重要層面給「暫時擱置」了。

▣ 戈迪安繩結

這些重要層面，就是陳復（2016）在其摘要中所說的：

> 因黃光國對「自我」的詮釋只有社會性意義，且從利益角度來詮釋儒家思想，沒有看見儒家思想特有的「心體論」（nousism）與

「工夫論」（kungfuism），使得黃光國首先得解決自己預設的困境，才能幫忙我們解決「黃光國難題」。面對傳統與現代這兩端反覆的困縛與纏繞，中華文化長期面臨著「戈迪安繩結」（Gordian Knot），如果不對其「天人合一」的思想傳統徹底展開「實有的承認」，則「黃光國難題」就會替中華文化的繩結再打上更難纏的死結。筆者從理論層面到實務層面結合儒家的心學思想，提出趙金祁針對科學哲學提出的「求如三原則」（three principles of authenticity and unperturbedness），希冀對思考如何解決「黃光國難題」，並替中華文化解開「戈迪安繩結」新闢蹊徑。

這段簡短的「摘要」涉及了兩個重要層面：第一是宋明時期陸九淵、王陽明一系所發展出來的「心學」；第二是趙金祁所提出的「求如三原則」。這兩個層面必須用目前筆者正在撰寫的兩本書才能作詳盡的析論。析論第一個層面的書是《良知理性的重構：論中、西會通（一）》，另一個層面則是《超越與實在：論中、西會通（二）》。在本章中，筆者將先針對陳復（2016）在〈黃光國難題：如何替中華文化解開戈迪安繩結〉一文中所提的「自性」問題，於「自我的曼陀羅模型」中，加入中華文化的考量，以之作為發展「修養心理學」的基礎。

第二節　「自我」與「自性」

針對本土心理學發展的需要，筆者曾經建構出一個普世性的「自我的曼陀羅模型」（黃光國，2011；Hwang, 2011b），說明文化傳統與個人行動之間的關聯。這個理論所關注的焦點，是自我在其生活世界中所採取的行動。在這個理論模型中，「自我」是指業經社會化而具有反思能力的個人，其生活世界可以用曼陀羅內圓外方的結構圖來表示（如圖 1-1 所示）。

▣ 「八面體」的形式結構

以外方內圓的平面圖為基礎所建構出的〈自我的曼陀羅模型〉，其實只是代表個人在其生命中某一特定時刻的心理狀態，它可以說是加拿大哲學家 Taylor（1989）在其著作《自我諸根源》一書中所描述的「精準的自我」（punctual self），而不是一個完整的人。完整的人其生命歷程應當用一個立體的「婆羅浮屠」佛塔來加以表述，而不僅只是一個平面的「壇城」。甚至，立體的「婆羅浮屠」佛塔也只能代表個人出生之後的生命歷程，其實從受孕那一刻開始，個人的生命便已經開始存在。

在《基督教時代》一書中（Jung, 1969），榮格試圖用「八面體」（ogdoad）來描繪「自性」的結構（Stein, 1998）。在筆者看來，榮格所描繪之「八面體」的形式結構，才可以幫助我們了解所謂的「自性」到底是什麼。因此，在《內聖與外王：儒家思想的完成與開展》一書中（黃光國，2018），筆者曾經以八面體為基礎，建構出一個「自性的心理動力模型」。

八面體由正反兩個金字塔所構成（如圖 2-1 所示），筆者在該圖中加入筆者所建構的〈自我的曼陀羅模型〉（如圖 2-2 所示），因此便可以用它來表示「自性」的形式結構。榮格在其理論中，曾經談到許多種「原型」（archetype），包括：阿尼瑪／阿尼姆斯（anima/animus）、面具（persona）、陰影（shadow）、智慧老人（old wise man）等。其中，最重要的是「自性」（the Self）。我們一旦畫出「自性」的結構，其他各種「原型」的形式結構，也可以由此衍生出來。

圖 2-2 中的八面體是由兩個對反的金字塔所組成。「婆羅浮屠」佛塔，或是立體的曼陀羅，是金字塔的上半部。下半部倒立的金字塔代表「集體潛意識」，兩個金字塔之間的「四方位體」，代表出生的那一剎那。上半部的金字塔代表自出生之後的生命。立體的曼陀羅或「婆羅浮屠」佛塔的六層底座，是代表「智慧」的四方形：最上面是代表「慈悲」的圓形。其橫切面則是懸在其間的〈自我的曼陀羅模型〉，代表個人生命中某一特定時刻「自

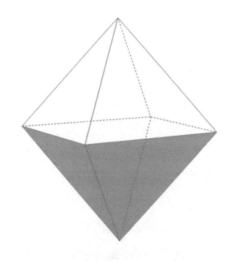

圖 2-1　八面體：初生時的「自性」

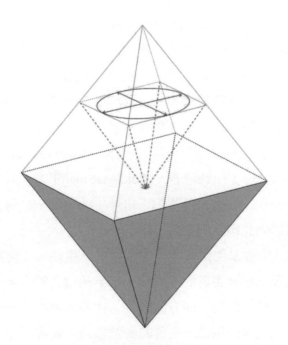

圖 2-2　八面體：「自性」的心理動力模型

我」所處的狀態。如同圖1-1的〈自我的曼陀羅模型〉，後者由「人／個體」以及「智慧／行動」或「知識／實踐」的兩組對立力量所構成，「自我」（ego/self）則位於各種力量匯聚的中樞。當「自我」以其「意識」回想其過去的生命經驗時，從出生到現在的所有生命經驗都儲存在他的「個人潛意識」裡。

▣ 宇宙森羅萬象的本質

針對「自我的曼陀羅模型」，陳復（2016）提出了他最尖銳的質疑：

> 榮格（Carl Gustav Jung）將意識的中心主體稱作「自我」（ego）；超越該主體並呈現生命整體的存在稱作「本我」或「自性」（self，有時會將第一個字母大寫成Self），前者來自意識，後者常來自個人潛意識（personal unconscious）甚至集體潛意識（collective consciousness），潛意識是意識的母體，自性則使得心靈獲得完整（劉耀中，1995，頁47-54，129-132）。筆者有個疑惑：當黃光國將「self」翻譯成中文的「自我」，並將該「self」賦予社會性的意義，那將如何理解人有個往內指向心靈，更具有生命整體性的「本我」或「自性」呢？這不只是翻譯問題，更是個哲學問題。黃光國不使用「本我」或「自性」來翻譯「self」是有意的作法，因為他只有對生命整體性的「本我」或「自性」做出擱置，才能不討論由「self」變成「Self」的終極性意義，將其下降到社會性的存在，這是筆者對黃光國會將「self」稱作「自我」的理解，並使得他講的「自我」最終其實是大寫的「Ego」。然而，當我們只採取社會性的路徑來思考「自我的曼陀羅模型」，殊不知「曼陀羅」（mandala）的本意是指宇宙森羅萬象且圓融內攝的本質，從該本質出發成為個人匯聚與修持能量的中心點，象徵著心靈的整體性，這層「天人合一」的核心意涵，在黃光國的「自我的曼陀羅模型」裡

面無法看見，儘管筆者觀察黃光國不會不了解這層義理（黃光國，2015，頁85-88），但這是否正來自黃光國設計該模型尚不具有「本我」與「自性」的意涵，故產生的重大觀念缺陷呢？

▣ 未被發現的自我

在榮格晚年的著作《未被發現的自我：象徵及夢的解釋》（*The Undis-covered Self: With Symbols and the Interpretation of Dreams*）（Jung, 1957）中，他所謂的「未被發現的自我」確實是有「自性」的意義，和一般心理學者的用法並不一樣。這一點，在林耀盛（2015）針對「自我的曼陀羅模型」提問時，倒是指明了：

> 原來的曼陀羅心理原型，當中的自性（Self）是集體潛意識的意義，轉化挪用的模型——自我的曼陀羅模型，雖然涵蓋「個體」與「人」，但這樣的意識自我，如何納入潛意識的影響？意識與潛意識的作用，是如何互相融攝，進而反映心靈或自我的圓滿狀態，是需進一步詮釋，無法直接以「實在論」的宣稱加以確立。

在這段引文中，林耀盛說：「自性（Self）是集體潛意識的意義」，假如我們用大寫的「Self」（自性）來指稱榮格所謂的「未發現的自我」，應當比較符合榮格本人的意思（Jung, 1957）。不僅如此，陳復在上述引文中說：榮格「將意識的中心主體稱作『自我』（ego），超越該主體並呈現生命整體的存在稱作『本我』或『自性』（self）」，其中「本我」一詞，在中文裡通常是指弗洛伊德（Freud, 1856-1939）心理分析理論中所說的「id」，用在此處亦不恰當。

談到這裡，筆者必須指出榮格建構理論的方式，和筆者建構「自我的曼陀羅模型」之差異。榮格一度曾經是弗洛伊德的學生，但他對弗洛伊德的「泛

性主義」深為不滿。他的理論雖然保留了弗洛伊德心理分析的若干概念，但他卻深受中國文化的影響，而發展出自己獨有的理論。他所發展出來的重要概念之一，就是「自性」。

從建構實在論的觀點來看（Wallner, 1994），當 A 文化中的某一個概念被翻譯成 B 文化中的文字，而找不到適當的字詞來表述它的時候，就表示這是 A 文化所獨有的概念。因為榮格在西方文字中，找不到合適的概念來表述「自性」，所以最後才用「the undiscovered Self」來表述潛意識中的「自性」，而「ego」則沿用心理分析學派的慣常用法，表示意識的中心主體（Jung, 1957）。

▣ 「經驗匯聚的中樞」

筆者所關注的問題和榮格並不相同。為了要整合「科學心理學」和「意圖心理學」（Vygotsky, 1927/1997），「自我的曼陀羅模型」所表達的，是行動主體在一特定的時間點上，針對某一特定事件作決策時所覺察到的「心理力場」（field of force）。該模型中的「人／自我／個體」表達的是意識的結構；心理分析學派所談的「超我（superego）／自我（ego）／本我（id）」則涉及了潛意識的結構。從結構主義的角度來看，兩者具有「同構」（iso-morphic）的關係。

在「自我的曼陀羅模型」中，「自我」（self）是一般心理學的用語，它是個人「經驗匯聚的中樞」，個人生命史上的所有經驗都將儲存在其潛意識中。榮格的理論認為：「自我」（ego）的意識將受到其個人潛意識及集體潛意識的影響。「個人潛意識」儲藏了個人生命的總經驗，包括：心理分析學派最重視的被壓抑的「情結」（complex）、被遺忘的經驗，以及閾下的知覺等。「集體潛意識」則儲藏了種族發展歷史的總經驗，它藉由語言或符號（symbols）傳遞給個人，但通常並不為個人所知悉（如圖 2-1 所示）。

▣ 反思潛意識

從這個角度來看，榮格心理學中的「ego」和一般心理學中所說的「self」是相通的。在中文裡，這兩個名詞都譯作「自我」。「自性」（Self）是「自我」（self/ego）的「本體」（noumenon），它是與生俱來的，也是超越（transcendent）而永不可及的（inaccessible），但它同時也是使個人經驗成為可能的先驗條件（transcendental condition）。正是因為它同時兼具「超越」與「先驗」的雙重性格，所以「自我」可以成為「經驗的中樞」，而「自性」則可能成為「修養的中樞」（locus of self-cultivation）。修養的目的是要「明心見性」，悟到自己的「本性」（Self）。

圖 1-1「自我的曼陀羅模型」是個人的「自我」在某一特定時間點上所知覺到的「心理力場」。他在時間的向度上作「自我反思」（self-reflection），回想過去或思考未來的時候，他就會依稀覺察到「自性」的存在，這就是榮格所謂的「第二人格」（second personality）或「二號人格」（personality No.2）。它是與生俱來而不可變易的，所以《中庸》開宗明義地說：「天命之謂性，率性之謂道，修道之謂教。」

榮格的自傳《回憶，夢，反思》（*Memories, Dreams, Reflections*）一書中，他反思的內容主要是他的潛意識，包括個人潛意識及集體潛意識，一開始就說：「我的一生是潛意識的自我實現（the self-realization of the unconscious）的故事」（Jung, 1989）。這本自傳所探討的內容，其實就是他的「自性」。在這本書的「自序」中，榮格說：「我向來覺得，生命就像以根莖來延續生命的植物，真正的生命是看不見、深藏於根基的。露出地面的生命只能延續一個夏季，然後便凋謝了。真是有夠短暫！當我們想到生命和文明永無休止的生長和衰敗時，人生果真如夢！」

用榮格的這個比喻來說，深藏於根基中的「真正的生命」就是「自性」。「自我」意識所能及的範圍，僅只是「露出地面的生命」而已。佛教《六祖壇經》也有類似的說法：「心地含諸種，普雨悉皆萌，頓悟華情已，

菩提果自成。」「自性」心中含有人生百態的種子，在眾緣和合的情況下，就會開出各種不同的生命花朵，如果能從花開花謝中，悟得「自性」，就可以證得無上智慧。

第三節　自性的雙重性格

在中國文化中，「自性」的問題始終是歷代哲人共同關注的核心問題，我們可以從人類文明發展的宏觀角度來說明這個問題的重要性。在《盡己與天良：破解韋伯的迷陣》一書中（黃光國，2015），筆者曾經指出：倘若我們以 Max Weber 所謂的「理性化」、「世俗化」和「除魅」來界定「現代化」，則在儒家文化發展的歷史上，一共經過了三次不同性質的「現代化」。在所謂的「軸樞時代」，老子和孔子及其門人分別解釋《易經》，而儒教和道教已經分別完成了第一次的「理性化」過程。老子解釋《易經》，使道家門人發展出中國的科學；孔子及其門人解釋《易經》，則發展出中國的倫理與道德。

▣ 「天道」與「人道」相通

孔子周遊列國 14 年，終不為諸侯所用，68 歲時回到魯國，開始詮釋《易經》，和門人弟子合作《易傳·文言》。在〈黃光國難題：如何替中華文化解開戈迪安繩結〉一文中，陳復（2016）說：

> 「天人合一」的重點並不是「人成為天」，這種說法立即會被影射成「個人能了解上帝的意旨」，或甚至說成「個人能成為上帝」。重點在「天人」獲得「合一」，這個「一」（the One）是指「心體」，心體不是優先於現象的「理型」，更不是看得見摸得著的「物質」。心體在儒學有各種稱謂，最早如孔子晚年講「仁」來取替自己早期講「禮」，就已經意識到禮節只是種外在的倫理規

範，無法徹底安頓人心，任何禮節需要再經過仁愛的自覺與收攝，
才能真正發揮其意義。

　　陳復的這個說法大致上是可以接受的。《易經》六十四卦依其次序可分
為上經和下經：上經三十卦，說明天地自然之象，以乾坤開始，而以坎離為
終；下經三十四卦，說明人物生化之形，以咸恒開始，而以既濟未濟為終。
上下經所言都兼天道與人道，卻各有所重。下經〈序卦傳〉說：「有天地然
後有萬物，有萬物然後有男女，有男女然後有夫婦，有夫婦然後有父子，有
父子然後有君臣，有君臣然後有上下，有上下然後禮義有所錯。」
　　〈序卦傳〉說明先秦儒家「立人道於天道」的思維方式。先秦儒家在反
思自己生命存在的意義時，很容易發現自己並不是單獨存有的個體，而是活
在與天地萬物相互依存的狀態裡，尤其是自己與父母及家族成員之間，更有
無法切斷的關係。儒家所主張的「禮義」等所謂的「人道」，便是以此作為
前提而建構出來的。然而，孔子本人並沒有把「天道」和「人道」之間的關
係講清楚，因此當時子貢說：「夫子之文章，可得而聞也。夫子之言性與天
道，不可得而聞也」（《論語・公冶長》）。
　　陳復（2016）說：「天人合一」的「一」是指「心體」，這是宋明時
期，陸（九淵）王（陽明）一系的主張。對程朱一系而言，它是指「性體」。
這一點在下文中會再進一步討論。筆者於此要先指出的是：佛教發源於印度，
傳揚於中國，在中國佛教史上三位最重要的關鍵人物是東漢桓帝建和二年（西
元 148 年）到中國洛陽翻譯《佛說大安般守意經》的安世高、唐代禪宗的六
祖慧能，以及民國時期的太虛大師。
　　佛教傳入中國之後，和中華文化傳統互相結合，塑造出「儒、釋、道」
三教合一的東亞文明。到了唐宋時期，佛教逐漸發展成為支撐儒家倫理的重
要力量。在此可以借用禪宗六祖慧能大師（638-713）開悟後的說法，來說明
「自性」的雙重性格。慧能俗性盧，根據《六祖壇經》的記載，五祖弘忍大
師決定以他作為衣鉢傳人後，半夜三更為其解說《金剛經》。慧能開悟後，

感嘆道：「何期自性，本自清淨；何期自性，本不生滅；何期自性，本無動搖；何期自性，能生萬法。」這四句偈中的前三句，是說明「自性」（Self）的超越性（如圖 2-1 所示）；最後一句「能生萬法」則是感嘆其先驗性（如圖 2-2 所示）。

慧能是唐代貞觀、開元年間之人物。《六祖壇經》成書於八世紀初，其中已經有儒家思想的成分，例如：〈無相頌〉的前十句曰：

心平何勞持戒　行直何用修禪
恩則孝養父母　義則上下相憐
讓則尊卑和睦　忍則眾惡無喧
若能鑽木取火　淤泥定生紅蓮
苦口的是良藥　逆耳必是忠言

其中，思、養、忍、讓、苦口、良藥、忠言、逆耳等言辭，都很清楚的是源自儒家思想。

⊡ 吾心即是宇宙

到了宋代，「儒、釋、道」三教合一的情況更為明顯。陳復（2016）說：

後來南宋的陸九淵進而講「發明本心」，他說：「學苟知本，六經皆我註腳」（《陸九淵集》卷三十四）（陸九淵，1981，頁395）。陸九淵指稱的「我」，並不是指「自我」（Ego），而是「自性」（Self），以他自己的詞彙來解釋就是「本心」，早在他十三歲的時候，就已經領悟這幾個觀念，〈年譜〉記他說：「宇宙內事，乃己分內事；己分內事，乃宇宙內事。」還說：「宇宙便是吾心，吾心即是宇宙。」更說：「宇宙不曾限隔人，人自限隔宇

宙」（《陸九淵集》卷三十六）（陸九淵，1981，頁 483）。這種個人與宇宙的交通感，都只有在悟得自性才能明白，此際天人內外被打通，再沒有限隔，這就是「天人合一」的實際體會，但「人」是開創與「天」共構主體際性（合一）的源頭，這個源頭就是心靈實體，這才能體現儒家一貫面向天道的人文精神，更是「儒家人文主義」的真正學術傳統。

同樣的，在上述引文中，「自性」（Self）應當是「修養匯聚之中樞」，它不是心理分析學派所指的「自我」（ego），不應當只是「經驗匯聚之中樞」的「自我」（self）。後者是普世性的，在任何一個文化中，「自我的曼陀羅模型」都是適用的；「自性」（Self）則是文化特殊性的，唯有「儒、釋、道」三教合一的文化傳統，才會特別強調「自我」的這個層面。陸九淵講「宇宙便是吾心，吾心便是宇宙」，這個「吾心」不是排除掉潛意識後的意識「自我」（ego），而是受慧能所說「能生萬法」的「自性」（Self）所影響的「自我」（self）（即圖 2-2）。

☐ 先驗的解釋

這裡說「自性」具有文化特殊性，並非意指在西方文化中的「自我」不能意識到「自性」的存在，例如：榮格窮一生之力探討人類的潛意識，到他晚年才發現：要了解「自性」，就必須要能夠意識到包括個人潛意識及集體潛意識在內的所有潛意識內容（Jung, 1989）！這是榮格在基督教「主／客二元對立」的文化傳統下所認識到的「自性」。

由於「自性」的「本體」是超越的，人類對它的解釋是先驗的，不同的文化傳統對於「自性」的解釋也會有所不同。儒家所認識到的「自性」是「關係我」（relational self）、「真我」（authentic self）；佛家則是「無我」（non-self）（Hwang, 2009; Shiah, 2016）。

這個分殊，對於「華人自我的曼陀羅模型」之建構非常重要。更清楚地

說，我們唯有在普世性的「自我的曼陀羅模型」中加入「自性」（Self）的考量，才能「體現儒家一貫面向天道的人文精神」，才能開啟「儒、釋、道」三教合一的「修養心理學」（psychology of self-cultivation），也才能真正建立「儒家人文主義」的自主學術傳統。

第四節　「理學」與「心學」

　　上一節的析論顯示：我們只要對「自我的曼陀羅模型」稍作理論上的調整，在普世性的「自我」（self）之外，同時考慮「儒、釋、道」三教合一文化中所獨有的「自性」（Self）議題，則不僅可以開拓出筆者所主張的「修養心理學」，同時也可以解答陳復（2016）所提有關「心學心理學」（nousology）的各項問題。在下列各節中，筆者將依照建構「修養心理學」的思路，逐一回答陳復所提的各項問題。

▣ 「具體的普遍性」

　　在論及宋明理學的發展時，陳復（2016）說道：

> 宋明儒學再興，由北宋道學始祖周敦頤首先融合佛道兩家思想，開始闡釋儒家思想有關於天理與人心的終極意義，經由程顥與程頤的闡釋，直至南宋朱熹闡釋出理學，最終才確立儒家思想的高明義，使得儒學獲得大興。

　　陳復之所以作出論斷，是因為朱熹所闡釋的「理學」曾探討「天理與人心的終極意義」，這是「心學心理學」的立場。然而，在《盡己與天良：破解韋伯的迷陣》一書中（黃光國，2015），筆者卻直白地指出：以朱熹作為代表的宋明理學，在「道問學」方面卻受限於中國文化傳統的思維方式，並沒有完成徹底的「現代化」。這一點，歷史學者黃俊傑（2014）在其力作

《儒家思想與中國歷史思維》中曾經作過詳細的析論。他在該書中指出，傳統中國史家與儒家學者都主張：學術研究的目的在於淑世、經世乃至於救世。為了彰顯儒家價值的淑世作用，他們都非常強調：以具體的歷史「事實」來突顯儒家的「價值」，並在歷史「事實」的脈絡中說明儒家「價值」的意義。這就是所謂的「垂變以顯常，述事以求理」，也就是章學誠所說的「述事而理以昭焉，言理而事以範焉」。浸潤在儒家文化氛圍中的傳統中國史家認為：價值理念的「普遍性」（universality）深深地根植於歷史與人物的「特殊性」（particularity）之中，而「抽象性」的「天道」或「理」，也可以從「具體性」的史實之中提煉或抽離而出，黃俊傑稱之為「具體的普遍性」（concrete universals）。

▣ 「理一分殊」

朱熹主張：「理一分殊，月印萬川」，認為源自「天道」的「理」會呈現在「人心」或諸多事物的素樸狀態中。他從各種不同角度，反覆析論：仁、義、禮、智、信等儒家所謂的「五常」都是「理」的展現；可是，在「天人合一」的文化傳統裡，宋明理學家雖然致力於「道問學」，他們卻很難將具有「普遍性」的儒家價值理念建構成形式性的理論，來說明清楚「儒家價值是什麼」（Ames, 2013）？儒家所重視的這些價值理念之間有什麼關聯？

在這種情況下，朱熹十分重視「格物致知」和「窮理」的重要性。他說：「格物者，格，盡也。須是窮盡事物之理，若是窮個兩三分，便未是格物，須是窮盡到十分，方是格物」（《朱子語類》卷十五）。他在注釋《大學》中的「格物致知」一詞時，說：

> 「所謂致知在格物者，言欲致吾之知，在即物而窮其理也，蓋人莫不有知，而天下之物莫不有理，惟於理有未窮，故其知有不盡也。是以《大學》始教，必使學者即凡天下之物，莫不因其已知之理而益窮之，以至於其極。至於用力之久，而一旦豁然貫通焉，則

　　眾物之表裡精粗無不到，而吾心之全體大用無不名矣。此謂格物，
此謂知之至也。」（《四書集注・大學》）

☉ 「格物致知」

　　也正是因為如此，到了明代，王陽明才會下定決心，將儒家的「心學」精神發揚光大。王守仁，浙江餘姚人，字伯安，世稱陽明先生。18 歲時，他相信朱熹的「格物致知」之說，提到「一草一木，皆涵至理」，遂取官署中之竹「格之」，結果是「沉思其理不得」，反而因此病倒。

　　他「自念辭章藝能不足以通至道，求師友於天下不數遇，心生惶惑」。一日讀到朱熹上光宗書，有文：「居敬持志，為讀書之本，循序致精，為讀書之法。」乃後悔自己「探討雖博，而未嘗循序以致精，宜無所得」，自此「始泛濫辭章，繼而遍讀考亭之書」，同時又「出入於佛、老之門」，「欣然有會於心」。

　　王陽明 28 歲時考中進士，觀考工部，歷任刑部主事、兵部主事。明武宗正德元年，宦官劉瑾專權，陷害忠良，王陽明抗疏營救，結果被施廷杖四十，並貶至貴州龍場當驛丞。

　　王陽明被貶到龍場驛之後，「日夜端居澄默，以求靜一；久之，胸中灑灑」，「自計得失榮辱皆能超脫，惟生死一念尚未覺化」，他時刻自問：「聖人處此，更有何道？」而在 37 歲那一年的某一天夜裡，「寤寐中若有人語之」，「不覺呼躍」，而「大悟格物致知之旨」，他拿自己的領會與舊日所讀的《五經》相互驗證，發現兩者「莫不吻合」，他也因此而更加肯定「聖人之道」，「自計得失榮辱皆能超脫」，同時也勘破了生死一關。

☉ 「超越的本體」

　　陳復（2016）以王陽明「龍場悟道」的故事來說明：人如何可能藉由「致良知」的工夫，來獲得「天人合一」的體會。他認為：王陽明是「首度

領會出『自性』這個本體的存在，後來進而使用『良知』來稱謂自己的體會」。他引用王陽明自己的說法：「良知是造化的精靈。這些精靈，生天生地，成鬼成帝，皆從此出，真是與物無對。人若復得他完完全全，無少虧欠，自不覺手舞足蹈，不知天地間更有何樂可代」（《傳習錄》下卷第六十一條）（王陽明，1997，頁 139）。

然而，陳復（2016）也提到：王陽明〈年譜〉記其體會說：「始知聖人之道，吾性自足，向之求理於事物者誤也」（《王陽明全集》卷三十三）（王陽明，1995，頁 1228）。在王陽明「龍場悟道」的故事裡，最值得我們深入探討的問題是「良知」與「自性」之間的關係。陳復說得好：

> 黃光國承認最終有個「恆常自明存在」的實在，其具有超越於個人的先驗性（transcendentality），持續在生命世界與微觀世界的交融共構裡產生實際的影響，既使得生命世界的現象變動不居，更使得微觀世界的觀察流轉不息；人無法徹底掌握，卻能不斷經由內觀或外觀來展開合理推測，這種合理推測來自畢竟「人」無法成為「天」，使得個人無法完整洞悉上帝的意旨〔因中華文化沒有「三位一體」（Trinity）意義的上帝概念，或者我們直接稱作實在本身〕，但人正需要這個無法完整洞悉的事實，才能使得文化不斷因這個合理推測的過程，向前獲得豐富的發展。

▣ 先驗的詮釋

在這段引文裡，可以看到儒家文化和基督教文化之間最為尖銳的差異。在基督教文化裡，「人」和「三位一體」的「上帝」之間存有一條無法跨越的鴻溝。「上帝」是「實在」的，但其「本體」（noumenon）卻是永不可及而無法為人所知的。在西方宗教革命發生之後，新教徒以他們過去思索「上帝」的精神，來探索外在世界中諸般事物的「本體」〔亦即康德所謂的「物

自身」（thing-in-itself）〕，造成了科學的快速發展。這就是陳復（2016）在上述引文中所說的「人正需要這個無法完整洞悉的事實（此處應為「實在」），才能使得文化（此處應為「科學」）不斷因為這個合理推測的過程，向前獲得豐富的發展」。

　　相較之下，在「儒、釋、道」三教合一的文化傳統裡，儒家學者雖然認為「自我」和「超越的」（transcendent）「自性」（Self）之間有一條「難以跨越」的鴻溝，但它卻不是「不可跨越」的。因為儒家關注的焦點是「自我」（self）的「本體」，而不是處在世界中的「物」（thing），因此聖人可以藉由「悟」的過程，來洞悉「自性」（Self）的「本體」，並用「先驗的」（transcendental）概念來把握它。張載稱之為「誠體」，朱熹稱之為「理體」，王陽明則認為它是「心體」，而稱之為「良知」。在《內聖與外王：儒家思想的完成與開展》一書中（黃光國，2018），筆者則是以「八面體」的形式結構來表徵它。

▣ 致良知

　　王陽明在「龍場悟道」一年後開始講「知行合一」：「知是行的主意，行是知的功夫。知是行之始，行是知之成。」這裡所謂的「知」，其實是指「良知」，一個人是否有「良知」，必然會表現在他的行動之上。「知行合一」的主張是針對「後世學者」將知與行「分作兩截用功」而提出的。

　　平定寧王之亂後，王陽明非但沒有得到朝廷的嘉獎，反倒因為宦官的讒害，連明武宗也一度懷疑他曾參與寧王的叛亂。於是，王陽明只好避居九華山的道觀，每天到南昌贛江邊看浪起浪落。有一天，他忽然悟得「致良知」這門觀念工夫，並繼承了孟子的說法，認為「良知」是人與生俱來的「仁、義、禮、智」等道德觀念，是人心中判斷是非善惡的唯一標準。從此他進入到思想成熟期，自50歲起，開始大講「良知」，徹底擺脫朱熹格物致知觀點的牽絆，使他成為原創性的思想家。

「吾良知二字，自龍場以後，便已不出此意，只是點此二字不出，于學者言，費卻多少辭說。今幸見出此意，一語之下，洞見全體，真是痛快，不覺手舞足蹈。學者聞之，亦省卻多少尋討功夫。學問頭腦，至此已是說得十分下落，但恐學者不肯直下承當耳。」又曰：「某于良知之說，從百死千難中得來，非是容易見得到此。此本是學者究竟話頭，可惜此理淪埋已久，學者苦于聞見障蔽，無入頭處，不得已與人口一說盡。但恐學者得之容易，只把作一種光景玩弄，孤負此知耳。」（《傳習錄拾遺》第十條）

◙ 「四句教」

王陽明對於孟子學說的重新詮釋，與他這一段「百死千難」的精神歷程不可分割。他說：「古人言語，俱是自家經歷過來，所以說得親切。遺之後世，典當人情。若非自家經過，如何得他許多苦心處。」

王陽明在洞見「心之本體」之後，知道這是「學者究竟話頭」，他擔心弟子們「苦於聞見障蔽，無入頭處，不得已與人一口說盡」，但他非常了解：一般人不可能有像他那樣的生命歷練，反倒可把它當作「一種光景玩弄，辜負此知」，所以他 55 歲那一年，在「天泉證道」時，特別以「四句教」交付弟子：「無善無惡心之體，有善有惡意之動，知善知惡是良知，為善去惡是格物。」這一段話講得非常清楚：「自性」（Self）的「本體」是「超越的」，所以它「無善無惡」。王陽明「悟」到的「良知」即是「先驗的」，所以它「知善知惡」。王陽明告誡弟子「人心自有知識以來，已為習俗所染」，「有善有惡意之動」，所以必須教他「格物」，「在良知上實用為善去惡工夫」。如果「只去懸空想個本體，一切事為俱不著實，此病痛不是小小，不可不早說破」。

第五節　日本與中國：陽明學的影響

「四句教」顯示：王陽明本人非常了解「本體」和「良知」的區別。但是他又認為「良知」二字，可以「洞見全體」。可是，他要如何教弟子們「在良知上實用為善去惡工夫」呢？「師父領進門，修行在個人」，陸九淵所創的「心學」經其弟子的發揮，在王陽明時集其大成，成為中國哲學史上著名的「陸王學派」。《盡己與天良：破解韋伯的迷陣》一書（黃光國，2015）第十五章提到，1650年，明儒朱舜水束渡日本，將陽明學傳授給日本人，在日本廣泛流傳，形成了積蘊深厚的日本陽明學統，並成為武士道精神、大和魂的重要部分。許多學者都指出，日本近代以來能「立國維新」，建立一個強大的現代國家，主要就是因為陽明學所提供的精神支柱。

▣ 陽明學在中國

明代之後，陸王心學大盛於華夏，並出現諸多流派。黃宗羲所著的《明儒學案》以地域分類，將王門後學分為浙中王門、江右王門、南中王門、楚中王門、北方王門、粵閩王門、泰州王門七大體系。後來的陽明學研究者認為：這種劃分太過簡單，牟宗三仍以地域區分為：陽明家鄉的「浙中派」（以王龍溪、錢德洪為代表）、江蘇的「泰州派」（以王艮、羅汝芳為代表）、江西的「江右派」（以聶雙江、羅念庵為代表）。「左派」王學指的是王龍溪和泰州學派，岡田武彥（1970）稱之為「現成派」，他們認為：良知是現成的，我心率直、自然的流露即為本體，強調直下的承當，排斥漸修的工夫論，並主張在本體上下工夫，甚至認為本體即工夫。其中，有些人主張放任自我性情之自然，終致於蔑視人倫道德與人間綱紀。明末社會道德頹廢，此派難辭其咎。

「右派」王學認為，陽明所說區別「虛寂之體」和「感發之用」，因而主張「歸寂立體」而之為達用，岡田武彥（1970）稱之為「歸寂派」。此派

思想雖然開始時能免於偏靜，但因為致力於體證動靜一體的虛寂之真體，結果是遠離陽明充滿生命動能的心學，而接近宋儒以敬肅為主的理學。

◙ 「空言」與「實學」

岡田武彥（1970）認為，除此之外，還有「修正派」，他們充分體認良知是天理、道德法則，企圖矯正「現成派」的流蕩和「歸寂派」的靜偏。然而，這一派的努力並不能挽救明朝的覆亡。明朝滅亡後，黃宗羲甚至認為：明朝的覆亡是儒生空談誤國的結果。他指責王學末流「言心言性，舍多而學以求一貫之方，置四海之困不言，而終日講危微精一之說」，「以明心見性之空言，代修己治人之實學，股肱惰而萬事荒，爪牙亡而四國亂，神州盪覆，宗社丘墟」（《日知錄》卷七）。他批評晚明王學末流提倡的心學，其實是「內釋外儒」，違背了孔孟旨意，其罪「深於桀紂」。

◙ 「枯禪元素」

陳復（2016）說：

黃光國將冥契主義與神祕主義混淆，將冥契經驗直接等同於神祕經驗，使得他不能看見「工夫論」（kungfuism，「kungfu」是中國特有武術，其內涵精神與儒者的工夫論相通，故採取該字來自創英譯較適合）作為精鍊心體的存在意義，誤把對內修養當作對外通靈（筆者聽聞黃光國講到自己類同於修養心性的各種親身經驗都屬於此類經驗），甚至視這種「宇宙整體意識」屬於原始思維型態（黃光國，2015，頁163），看不見心體論完全不同於理型論與物質論的獨特性，將「終極的實在」放在「天」而沒有放在「人天共構主體」，這就是他無法對自身「天人合一」的思想傳統展開「實有的承認」的心結。

這段批評有兩個重點：第一是「將冥契主義與神秘主義混淆」；第二是「不能看見『工夫論』」。《盡己與天良：破解韋伯的迷陣》一書（黃光國，2015）的第十章「反思與實踐：儒家的自我修養理論」、第十一章「歷練與中庸：儒家的政治行動理論」，都可以說是儒家的「修養工夫論」。日本學者高瀬武次郎在《日本之陽明學》一書中因此指出：「大凡陽明學含有二元素，一曰事業的，一曰枯禪的。得枯禪元素者，可以亡國。得事業元素者，可以興國。中日兩國，各得其一，可以為事例之證明。」該書第十五章「陽明學在日本：武士刀與算盤」，特別提到陽明學對明治維新的影響。對於這個問題，筆者最擔心的是：如果我們不能建構客觀的理論來說明儒家的「修養工夫」，我們便很可能會重蹈明末「王學末流」的覆轍，「得枯禪元素者，可以亡國」！

◙ 「冥契主義」

在「冥契主義」和「神秘主義」的區分方面，筆者倒是受益於陳復本人的著作。在《盡己與天良：破解韋伯的迷陣》一書第十三章「陸王的心學：由『天人合一』到『知行合一』」（黃光國，2015）中，筆者引述陳復（2009）所著的〈陽明子的冥契主義〉一文，指出：

> 王陽明一生中有許多次的神秘經驗。冥契主義（mysticism）並不能被直接視作神秘主義，在英文的認知裡，真正的神秘主義（occultism）是指各種超越於現實的感性經驗，能發展出無關於理性的靈性體會，例如：靈視到聖母瑪利亞，或聽見耶穌的聲音等。冥契主義認識議題的理路雖然不同於理性主義（rationalism），卻還是基於理性的觀點來探索問題，主要將著重於釐清何謂「開悟」（enlightment）或「啟悟」（illumination）（陳復，2009）。這種經驗本身是在用身體去悟道，所以它不可能離開感性經驗。可是，冥契經驗「既不是主觀，更不是客觀」，而是靠著直接感受，自然而然

地詮釋出自己的體驗。

　　筆者曾經與陳復談過筆者親身經歷過的「神秘經驗」。將來有機會，筆者還可以告訴他：在《儒家關係主義：哲學反思、理論建構與實徵研究》一書（黃光國，2009）出版之後，筆者的「冥契經驗」。這種經驗不是「通天」，而是像孔子所說的：「從心所欲不踰矩」、「我欲仁，斯仁至矣」。我們可以從心理學的角度，建構理論來說明「冥契經驗」，但卻很難建構客觀的理論，來說明什麼叫「神秘經驗」。

第六節　文化傳統的分析策略

　　從以上的析論中，可以很清楚地看出：宋明時期儒學發展史上發生的許多爭議，包括王陽明對於朱熹「格物致知」的不同理解，以及陽明學在日本和中國的不同展現，其問題焦點都是在於我們無法針對華人價值基礎的「良知理性」建構客觀的理論，來整合並化解這些歧異的觀點。即使是日本學者所謂「枯禪元素」和「事業元素」的論述，也仍然太過籠統。因此，在推動中華文化第三次現代化之時，有必要針對這些爭議問題之所在，建構「含攝文化的理論」，作為發展「修養心理學」的基礎。

　　陳復（2016）在其論文之中，曾經提出一張圖，說明筆者對中華文化傳統的分析策略，筆者將它稍作修改後，呈現如圖 2-3 所示。

▣ 科學微世界

　　在圖 2-3 中，筆者以「結構主義」取代陳復（2016）原圖中的「多重哲學典範」，具有非常重要的涵意。主張「結構主義」的人類學者致力於尋求表象之下的深層結構，這種研究取向源自於西方的文化傳統，與中國文化中以「陰／陽」宇宙論為基礎所發展出來的「有機論」科學完全不同。圖 2-3 的整體意義為：建構實在論先區分「生活世界」和「科學微世界」，它告訴

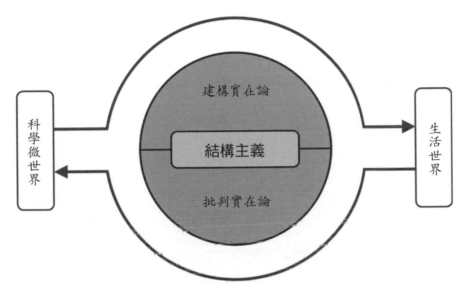

圖 2-3　黃光國的文化分析策略

資料來源：修改自陳復（2016）

我們如何以科學家所建構的「科學微世界」，來觀察「生活世界」中的種種現象；批判實在論告訴我們如何以科學哲學作為基礎，建構普世性的理論架構，用以分析生活世界中的文化傳統，以建構科學微世界；而結構主義則是教我們如何找出文化的深層結構。在此，我們必須進一步討論的概念是「科學微世界」。

　　在推動社會科學本土化的過程中，最讓筆者感到困擾的問題是：在一個講究「天人合一」的文化中，我們該如何讓一個心理學者懂得用「主／客對立」的方式建構「含攝文化的心理學理論」？由於中、西文化性質截然不同，西方文化最大的特色，在於其學者擅長建構「科學微世界」。在思考這個問題時，筆者注意到維也納大學哲學系主任 Wallner（1994）所提出的「建構實在論」，但他對於「科學微世界」的描述並不夠詳盡。因此，筆者沿著他的思維脈絡，花了將近一年的時間，寫了一篇〈現代性的不連續假說與建構實在論〉（黃光國，2000），從五個不同層面，描述「科學微世界」與

「生活世界」兩種知識的不同（如表 2-1 所示）。

表 2-1　生活世界與科學微世界中兩種知識的對比

	生活世界	科學微世界
建構者	文化群體	單一科學家
思維方式	原初性思考	技術性思考
理性種類	實質理性	形式理性
建構模式	參與式建構	宰制式建構
世界觀的功能	生命的意義	認知世界

▣ 「現象」與「物自身」

建構實在論將「實在」分為兩種：一種是「實在自身」（actuality），另一種是「建構之實在」（constructed reality）（Wallner, 1994）。所謂「實在自身」，是指「既予的世界」，也是我們生存於其間的世界。從生物學的意義而言，這是使吾人生存於可能的世界，沒有它我們便無法生存。「實在自身」的德文為「Wirklichkeit」，其字面上的意義是指事物按自身來活動、運作，而其自身卻無須加以解釋，我們也無法予以解釋。此一世界或許有某些結構，這些結構或許是以距離、空間、因果性或時間作為其運作的基礎，我們卻無從知悉。我們對其特性所提出的都只是預設。

我們可以知悉的世界完全是建構的。我們只能理解我們自己所建構的東西，除此之外，我們不能理解其他任何東西。這個「建構的世界」，稱之為「建構之實在」。我們與「既予世界」的關聯甚少，但我們每天都在處理「建構的實在」，建構的實在乃是我們的日常世界。

建構實在論區分「實在自身」和「建構之實在」的作法，很像康德的區分「現象」（phenomena）與「物自身」（thing-in-itself）。對於康德而言，

各種不同科學的知識，都是以先驗性的理念（transcendental ideas）作為基礎，而建構起來的。它所指涉的對象，其本體（noumenon）雖然是超越（transcendent）而永不可知，但我們卻必須假定它是實在的。

▣ 批判實在論

在此可以用 Roy Bhaskar（1944-2014）所主張的「批判實在論」（Citical Realism）進一步說明：區分這兩種「實在」在科學活動中的重要性（Bhaskar, 1975/1979）。「批判實在論」是印度裔哲學家 Bhaskar 所提出來的。Bhaskar 的父親是印度人，母親是英國人，原本修習經濟，在準備博士論文階段，發現西方的經濟學理論並不足以解釋非西方國家的經濟發展，而深刻感受到：這根本不是經濟學的問題，而是理論建構的哲學問題。因此改行攻讀哲學，並提出「批判實在論」的科學哲學。

Bhaskar 將其知識論稱為「先驗實在論」（Bhaskar, 1975/1979）。他之所以明確標示「先驗」一詞的主要理由，在於支持此一學說的論證方式，乃是「先驗論證」。所謂「先驗論證」，是「從一個已經發生的現象，推論到一個持久性的結構」，或是「從實際上的某一個事物，推論到更根本的、更深處的、奠定該事物之可能的某一事物」。用 Bhaskar 本人的話來說，所謂「先驗論證」乃是一種「追溯論證」（retroactive argument），是「從某現象的描述、回溯到產生該現象之某事物（或某條件）的描述」（Bhaskar, 1975/1979, pp. 30-36）。

在《科學發現的邏輯》（A Realist Theory of Science）一書中，Bhaskar 曾經提出一張圖（如圖 2-4 所示），說明科學發現的三步驟（Bhaskar, 1975/1979, pp. 144-146）。古典經驗論的傳統（包含實證主義）僅止於第一步，新康德學派的傳統看到第二步的必要，但它卻沒有像先驗實在論那樣，旗幟鮮明地說清楚第三步所蘊含的意義。

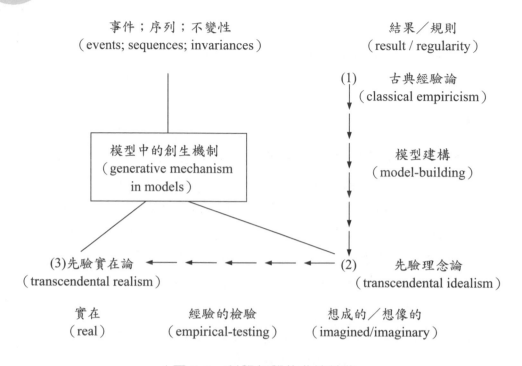

圖 2-4　科學哲學的典範轉移

資料來源：取自 Bhaskar（1975/1979, p. 174）

▣ 實證論者的知識工作

　　從「批判實在論」的這三個步驟可以看出：科學哲學的發展曾經經歷過三次大的典範轉移（如圖 2-4 所示）：「古典經驗論」以 David Hume（1771-1776）作為代表。這一派的思想家認為：知識的終極對象是原子事實（automatic facts），這些事實構成我們觀察到的每一事件，它們的結合能夠窮盡我們認識自然所必要的客觀內容。「知識」和「世界」兩者表面的許多點，有同構的對應關係（isomorphic correspondence）。

　　由古典經驗論的背景分歧出的是「實證主義」。實證主義者採取了「極端經驗論」的立場，認為藉由感官經驗所獲得的事實（empirical facts），就是唯一的「實在」（reality），科學家不必在「經驗現象」背後，追尋任何

造成此一現象的原因或理由。實證主義者的這種「本體論」立場，讓他們相信：科學方法「證實」過的知識就是「真理」，因此他們在「方法論」上主張「實證論」，邏輯實證論者更旗幟鮮明地主張：「一個命題的意義，就是證實它的方法」（Schlick, 1936）。

◉ 先驗理念論

和「實證主義」立場相反的，是康德提出的「先驗理念論」，及大多數「後實證主義」者所衍伸出的各種不同版本。依照這一派的觀點，科學研究的對象是實在的（real），其「本體」（noumenon）卻是「超越」（transcendent）而不可及，永遠不可為人所知。人類感官能知覺到的，僅是表徵「實在」的現象而已（如圖 2-4 所示）。由於實在的「物自身」永不可及，科學家從事科學活動的目標，是要用其創造的想像力（creative imagination），以「先驗的理念」（transcendental ideas）建構理論，描述自然秩序或模型。這種目標是人為的建構，它們雖然可能獨立於特定的個人，但卻不能獨立於人類的活動，所以必須經得起科學學術社群用各種不同的「實徵研究方法」（empirical research methods）來加以檢驗。

正是因為科學研究對象的本體（即「物自身」）是超越而永不可及的，科學家所建構的理論僅是「接近真理」而已，而不代表「真理」，它必須經得起科學社群的成員用各種不同方法來加以「否證」（Popper, 1963），因此它的方法論立場是「否證論」，而不是「實證論」。

◉ 「先驗的機制」

第三種立場是「批判實在論」者所主張的「先驗實在論」。它的本體論雖然也採取「實在論」的立場，但它卻認為：科學研究的對象，既不是「現象」（經驗主義），也不是人類強加於現象之上的建構（理念論），而是持續存在並獨立運作於我們的知識之外的實在結構（real structure）。科學活動的目標在於找出產生現象的結構性「機制」（generative mechanism），這種

知識是在科學活動中產生出來的。依照這種觀點，科學既不是自然的一種「表象」（epiphenomenon），自然也不是人類製作出來的產品。「知識」和「世界」兩者都是有結構、可分化且不斷在變異之中的；後者獨立於前者而存在。

第七節　趙金祁的「求如」哲學

在了解筆者的文化分析策略之後，便可以回頭來討論陳復（2016）於〈黃光國難題：如何替中華文化解開戈迪安繩結〉一文中所提到的「趙金祁哲學」。2009 年，陳復在臺灣師範大學科學教育中心當博士後研究員，曾經長期訪談臺灣科學教育開創者趙金祁。在與其合作一年半的光陰後，共同將訪談內容與畢生作品整理成《趙金祁回憶錄》（趙金祁、陳正凡，2011）與《趙金祁科教文集（上）（下）》（趙金祁，2011a，2011b），而有機會參與研究並架構趙金祁哲學。趙金祁念茲在茲的，是要提出一種融合科學哲學與人文哲學的新科學教育觀念，此稱作「求如」。

▣ 「先驗」與「超越」

「求如」本來是民國早期哲學家金岳霖在《論道》這本書裡的觀念，該書第八章「無極而太極」，金岳霖在第十六條表示：「太極為至，就其為至而言之，太極至真，至善，至美，至如」。陳復認為：金岳霖之所以使用這類出自先秦時期的《易經》而被宋明儒學家大加闡發的觀念（金岳霖，2005，頁 15），是因為「太極」這個名詞的意思就是指科學領域討論的「絕對真理」（absolute truth）。

這個說法，從「中國（有機論的）科學」的角度來看，或許是對的；但從西方（機械論的）科學哲學角度來看，卻大有商榷的餘地。在〈黃光國難題：如何替中華文化解開戈迪安繩結〉一文中，陳復（2016）認為：

「黃光國難題」的無法解開，癥結竟來自於「黃光國自己」

……關鍵的概念困境，就來自黃光國完全從西洋哲學的角度來理解「先驗」（transcendental）與「超驗」（transcendent），前者是指「在經驗前面」，譬如終極的實在……；後者是指「超越於經驗」，譬如神祕的體驗……。當這兩個概念成為相對的概念，那就不難理解為何黃光國會指出只有「先驗的存在」，不能有「超驗的存在」，當人自認有「超驗的存在」，就會出現「人成為天」的顛倒夢想，科學肇基於「天人對立」從而發展出「主客對立」的思維將不復存在。

在這段引文中，對於「先驗」和「超驗」這兩個概念的界定並不精準。根據筆者對西方哲學的理解：「先驗」是指「先於感官經驗的理念」（transcendental ideas），它是人造的；而「超驗」則是「超越的本體」（transcendent noumenon），它是永不可及的，並不包括神祕經驗。以這兩個概念為基礎，才有可能以「主客對立」的思維，發展出現代科學。

▣ 「太極」的宇宙論

從這樣的「本體論」（ontology）來看，以「先驗的理念」所建構出來的科學理論，僅是一種人造物而已，並不代表什麼「絕對真理」，但「太極」則不然。俞宣孟（2005）在其所著《本體論研究》一書中指出：西方哲學對於「存在」的研究，構成其「本體論」，這是西方哲學的獨到之處。傳統中國哲學並不以「being」（「存在」或「是」）作為分析單位，也沒有這樣的哲學範疇。

在中國哲學裡，最基本的單位是「陰／陽」，每一件東西都是由「陰」和「陽」兩種對反的力量所構成。有些人因此認為：老子所說的「道生一，一生二，二生三，三生萬物」是中國文化中的「本體論」，但其實不然。俞宣孟（2005）指出：這段引文中的「生」字，說明了它是在談宇宙生成原理的「宇宙論」（cosmology），而不是本體論。

◪ 「根源比擬」

按照《易經》的說法，太極本身是個具虛無性質的「大有」。太極這個「根本有」能創生萬物的「現象有」，它是全部存在的源頭與究竟。只要太極甫發作，就會有「至真，至善，至美」的不同面向，儘管就太極自身來說並沒有任何區別（金岳霖，2005，頁 182-183）。陳復（2016）在〈黃光國難題：如何替中華文化解開戈迪安繩結〉一文中認為：

> 金岳霖覺得人在日常生活要辨別真、善與美，這是我們維持生活的方法，然而在太極裡，因各種事情最終「勢歸於理」（事物的發展傾向總歸於其內含共相的統攝），全部的命題都會四通八達呈現共相的關聯，使得太極的真是太極本身，太極的善是太極本身，太極的美同樣是太極本身，這三者並沒有任何區別，更進而使得太極本身總還是太極本身。太極本質是「絕對的存在」（這就是絕對真理的意旨），真就是美，美就是真，這些同樣都是善。但，金岳霖會特別再講「至如」，畢竟「道莫不如如」（筆者理解這是指「道體」本身始終呈現的祥和，道體就是太極）……

筆者完全同意陳復的論點。正因為「太極」這個「根本有」能夠創生出萬物的「現象有」，由太極衍生出來的「陰／陽」也成為一種「根源比擬」（root metaphor）（程石泉，1981），在天地萬物之間，它是無所不在的。我們要用西方科學「無道」的方法，來描述「太極」天地間萬事萬物的運作；我們所建構的理論模型，一定要把該事物上的「陰／陽」展現出來。在筆者看來，趙金祁之所以會提出「求如三原則」，其理由即在於此。陳復（2016）也指出：

> 儘管就太極本身而言，萬事萬物莫不完全自如，但與太極這個

絕對的存在相反，萬物的日常生活裡常有各種「情不盡性」與「用不得體」的現象（筆者理解這是指馳騁屬性本來的慾望，卻因沒有符合本體的運作，而呈現違常乖張的行徑），萬事萬物其實就自身而言都不完全自如。在失衡的狀態裡，無法獲得安寧與休息，無時不是處在相當緊張的狀態，釀就整個環境的動盪失序。金岳霖主要由整個宇宙的角度來思考，認為太極的屬性需要在「至真，至善，至美」外加個「至如」。這是對其內容作出重要的補充，表示太極就是個大自在，並針對萬事萬物「情不盡性」與「用不得體」的現象作出解釋，但是金岳霖並沒有突顯人在宇宙間面臨的問題，這或與他長期對人類的現實表現感到悲觀所致（金岳霖，2005，頁188-189）。

趙金祁是科學教育家，他對臺灣的科學哲學教育懷有強烈的使命感。他從整個人間的角度來思考，覺得人活著如果「情不盡性」、「用不得體」與「勢不依理」，就會感覺不自在，就不能自如。個人面對日常生活，應該反過來，依循「情要盡性」、「用要得體」與「勢要依理」三個原則來奮勉。人若依循這三個原則生命內具的精神狀態，趙金祁稱作「求如」。他將「求如」翻譯成「精確」（authenticity）與「沉著」（unperturbedness）的合稱，特別將它稱作「求如三原則」（three principles of authenticity and unperturbedness）（趙金祁、陳正凡，2011，頁 3-28）。

回 教育的「落空」與「落實」

趙金祁因為知道筆者在臺灣大學講授科學哲學，希望陳復來訪問筆者，藉此了解科學哲學在臺灣的最新發展。陳復（2016）指出：

> 趙金祁發展出「求如」的科學哲學觀念已在退休後，並同意筆者指出「求如」這個觀念即是王陽明晚年指出的「無善無惡心之

體」，其掃清儒家沉重的道德教條對人生命的綑綁，發現人應該洞見心體本身，把握住這個內在的絕對實體，而不是執著在具有特殊時空脈絡認知裡的善與惡（這就是相對倫理）。當人涵養絕對實體在事上磨鍊，因把握住「求如三原則」，坦然承擔世間的各種困難，最終獲得祥和的心境，即使過程中其生命實踐不見得能輕易被世人理解，都不會影響心靈的怡然自得（趙金祁、陳正凡，2011，頁22-26）。

　　筆者完全同意陳復的這段析論。筆者也認為：趙金祁的「求如三原則」可以說是「科學家修養」的重要信條，正如儒家所強調的「忠」和「恕」是一般人修養的「信條」那樣。但是當筆者聽到陳復說：趙金祁在臺灣師範大學講授科學哲學是採取「研究生輪流報告」的方式，跟筆者早年的作法一樣。筆者立即斷言：臺灣師範大學研究生的科學哲學教育必然落空。因為筆者對科學哲學的教與學，都是為了要解決社會科學本土化所遭遇到的各項難題，所以特別講究「學以致用」，也就是王陽明所提倡的「知行合一」。

　　在陳復的上述引文裡，也可以看到筆者和趙金祁兩人之間的根本差異。陳復和趙金祁都認為：「求如」就是王陽明「四句教」中所謂的「無善無惡心之體」，旨在「清除儒家沉重的道德教條對人生命的捆綁」，叫人應該「洞見心體本身」，「把握住內在的絕對實體」。而筆者則是刻意地要把「儒家沉重的道德教條」建構成客觀的「形式性理論」，希望讓大家了解什麼是支撐住華人生活世界的「先驗性形式架構」，什麼是「儒家倫理與道德的結構」（Hwang, 2016），希望能以此作為基礎，建構出一系列的「含攝文化的理論」，發展出華人的自主社會科學，乃至於修養心理學，以破解中國歷史上無法建構「客觀理論」的「戈迪安繩結」。

第八節 結論

　　筆者必須強調的是，西方科學哲學的發展與應用，與中國的「心學」完全不同。如果講授者對科學哲學的發展脈絡沒有通貫性的了解，不能達到「道通為一」的境界，他如何可能用它來建構理論？如何做到「用要得體」的地步？建構不出理論，又如何求其「精確」（authenticity）？筆者同意：任何一種修養方式都能「洗滌人的心靈，帶來個性的解放，獲得生命的自在，進而帶來社會的安寧」（陳復語）。然而，教科學哲學而達不到科學哲學的目的，這種「情不盡性」（unperturbedness）的狀態，如何可能使一個人「沉著」？他要如何說服政府機構中的當權派：「勢要依埋」？

　　在本章中，筆者只是先對陳復的批判作具體的答覆。筆者並沒有舉例說明：如何用筆者所主張的策略，建構「含攝文化的理論」，也沒有說明：我們如何可能由此發展出華人的「修養心理學」。在陳復所提出的問題中，還有一些問題跟其他人的提問相同，為了節省篇幅，筆者將留待本書的其他部分，一併作覆。

✕✕✕✕✕✕✕✕ 參考文獻 ✕✕✕✕✕✕✕✕✕

中文部分

王陽明（1995）。**王陽明全集**。上海市：上海古籍出版社。

王陽明（1997）。**傳習錄**。臺北市：黎明文化。

林耀盛（2015）。「榮進」之後：黃光國難題，我們的難題。載於**心理學第三波：黃光國「榮進」學術研討會論文集**。臺北市：臺灣大學心理學系。

金岳霖（2005）。**論道**。北京市：中國人民大學出版社。

俞宣孟（2005）。**本體論研究**。上海市：上海人民出版社。

陳復（2009）。陽明子的冥契主義。**陽明學刊，4**，55-99。

陳復（2016）。黃光國難題：如何替中華文化解開戈迪安繩結。**本土心理學研究，46**，73-110。

陸九淵（1981）。**陸九淵集**。臺北市：里仁。

程石泉（1981）。中國哲學起源與神話。**哲學、文化與時代**。臺北市：臺灣師範大學。

黃光國（2000）。現代性的不連續假說與建構實在論：論本土心理學的哲學基礎。**香港社會科學學報，18**，1-32。

黃光國（2009）。**儒家關係主義：哲學反思、理論建構與實徵研究**。臺北市：心理。

黃光國（2011）。**心理學的科學革命方案**。臺北市：心理。

黃光國（2015）。**盡己與天良：破解韋伯的迷陣**。新北市：心理。

黃光國（2018）。**內聖與外王：儒家思想的完成與開展**。新北市：心理。

黃俊傑（2014）。**儒家思想與中國歷史思維**。臺北市：臺灣大學出版中心。

趙金祁（2011a）。**趙金祁科教文集（上）**。臺北市：臺灣師範大學科學教育中心。

趙金祁（2011b）。**趙金祁科教文集（下）**。臺北市：臺灣師範大學科學教育中心。

趙金祁、陳正凡（陳復）（2011）。**趙金祁回憶錄**。臺北市：臺灣師範大學科學教育中心。

劉耀中（1995）。**榮格**。臺北市：東大圖書。

日文部分

岡田武彥（1970）。**王陽明と明末の儒学**。東京：明德出版社。

英文部分

Ames, R. T. (2013). *Confucian role ethics and Deweyan democracy: A challenge to the ideology of individualism.* Paper presented at the International conference on Confucianism, democracy and constitutionalism: Global and East Asian perspectives. Institute for Advanced Studies in Humanities and Social Sciences, National Taiwan University, Taipei, Taiwan.

Bhaskar, R. A. (1975/1979). *A realist theory of science.* London, UK: Verso.

Hwang, K.-K. (2009). New approach of indigenous social psychology in the age of globalization. *Taiwan Journal of East Asian Studies, 6*(2), 111-130.

Hwang, K.-K. (2011a). Reification of culture in indigenous psychologies: Merit or mistake? *Social Epistemology, 25*(2), 125-131.

Hwang, K.-K. (2011b). The mandala model of self. *Psychological Studies, 56*(4), 329-334.

Hwang, K.-K. (2012). *Foundations of Chinese psychology: Confucian social relations.* New York, NY: Springer.

Hwang, K.-K. (2015). Cultural system vs. pan-cultural dimensions: Philosophical reflection on approaches for indigenous psychology. *Journal for the Theory of Social Behaviour, 45*(1), 1-24.

Hwang, K.-K. (2016). The structure of Confucian ethics and morality. In M. Fuller (Ed.), *Psychology of morality: New research* (pp. 19-59). New York, NY: Nova Science Publishers.

Jung, C. G. (1957). *The undiscovered self: With symbols and the interpretation of dreams.*

London, UK: Routledge.

Jung, C. G. (1969). *Aion (1951)* (2nd ed.) (Trans. by R. F. C. Hull). Princeton, NJ: Princeton University Press.

Jung, C. G. (1989). *Memories, dreams, reflections*. New York, NY: Pantheon.

Popper, K. (1963). *Conjectures and refutations: The growth of scientific knowledge*. London, UK: Routledge & Kegan Paul.

Schlick, M. (1936). Meaning and verification. *The Philosophical Review, 45*, 339-369.

Shiah, Y. J. (2016). From self to nonself: The nonself theory. *Frontiers in Psychology, 7*, 12. doi:10.3389/fpsyg.2016.00124

Stein, M. (1998). *Jung's map of the soul*. NH: Carus Publishing Company.

Taylor, C. (1989). *Sources of the self: The making of the modern identity*. Cambridge, MA: Harvard University Press.

Vygotsky, L. S. (1927/1997). The historical meaning of the crisis in psychology: A methodological investigation. In R. W. Rieber & J. Wollock (Eds.), *The collected works of L .S. Vygotsky* (Vol. 3) (pp. 233-343). New York, NY: Plenum Press.

Wallner, F. G. (1994). *Constructive realism: Aspects of new epistemological movement*. Wien, Austria: W. Braumuller.

Weber, M. (1949). *The methodology of the social sciences*. New York, NY: The Free Press.

第三章 「榮進」之後：黃光國難題，我們的難題

林耀盛

> 我總是訴說真理，但不是整體全部的真理，因為沒辦法那樣子說。全說真理，在文意上是不可能的語言：寧不夠說。但也正是因為經由這樣的不可能，真理總會回到真實層（the real）的地方。
> （Lacan, 1981）

2015 年 11 月 7 日舉行的黃光國教授「榮進」學術研討會，激盪出本土心理學研究議程的討論火花。《說文解字》提到：「進者，登也。」「登，上車也。引伸之凡上陞曰登。」所謂：「登，谷物成熟。」登進過程涉及歷程性的時間感，學術成熟的時刻，一如期盼熟成穀物的種子播種與收穫歷程，需要持續地細心灌溉與努力耕耘，如此學術生態的生機，才能不斷卓越上揚。「榮進之後」的迴盪討論，是進程的一步。在此語境下，本章是對黃老師榮進之後的致敬形式與觀點就教。

第一節 立法者與詮釋者

在當日的研討會上，陳復（2015）提出「黃光國難題」的概念，其主題是「儘管中國曾經創造豐富的思想，對人類文明的永續發展做出巨大的貢獻。但中國的思想如果要再創輝煌的新一章，重新成為引領文明發展的引擎，就需要透過對科學哲學的認識與釐清，創造性展開華人本土社會科學的詮釋工作」。但陳復認為，該主張面臨方法論上的巨大困難，就在於如何將中華文

化本質上具有「天人合一」的思想傳統，傾注「天人對立」的階段性思辨過程，從「生活世界」中開闢出具有科學哲學意義的「微觀世界」。但筆者認為，這不僅是「方法論」上的難題，更是「本體論」的議題。儒家思想的第三次現代化，是否是一種理所當然式的轉化，因而得以順利化解此難題；還是轉化儒家的文化形態學，由文化衍生學到「中學為體，西學為用」的儒家人文主義學術傳統，是一種「特設」（Ad hoc）的理論設定，則需進一步討論。換言之，黃光國教授（以下敬稱略）的思想體系，是一種以儒家為原型的特定立法者，還是保有詮釋者的空間，需從不同的對論面向加以省思探問。

　　Bauman（洪濤譯，1987/2000）在《立法者與闡釋者》一書提到，典型的「現代世界觀」充斥著「立法者」，其態度是建構理性規範、準則、界限。在「後現代社會」有太多問題是需要「闡釋者」進行詮釋，需要在特定的現象裡有應變詮釋的能力，而這種能力在立法者的特設規範下，往往是受限而難以碰觸的領域範疇。Bauman 意在指出的是，「立法者」的角色由對權威性話語的建構活動構成，這其實無助於相互同理了解；「闡釋者」的角色則由形成解釋性話語的活動構成，它激發了對於深入到相異知識系統的要求，因而產生解釋活動。「黃光國難題」的對話與深化，在於學術體系是一種立法者的權威性體系，還是促發一種詮釋者的學術生態多樣性？「黃光國難題」所挑戰的學術困境，化解的方向是建立有序的整體普遍理論；還是認為世界在本體論上，是由無限種類的秩序模式構成，每種模式均產生於一套相對自主的實踐，涉及難題作為一種「問題領域」（problematization）的提問，以及心理學作為一種措辭（rhetoric）的對論意義。

　　Crotty（1998）將「問題領域」視為一種面臨難題或挑戰時，邀請人們參與問題情境，進而思考轉化這些難題。這樣的難題不是科學上的解題模式，而是涉及一種問題的存有性意義，它挑戰了我們的書寫、意見、意識型態、認同，甚至思考者本身，進而衍生出新的觀點、意識、反思、希望和行動。而問題領域的化解方法，從批判的角度而言，是解除我們對於「常識」（common sense）理所當然性的熟悉度，亦即對於知識的置疑（Crotty,

1998）。難題呈現的重要意義，在於祛除習慣化的思考模型，透過對論反思和實踐行動，激發出新的理解過程。

　　Billig（1990）也指出，（實驗）社會心理學的基本措辭策略，並未成功地替他們在措辭學的巴別塔殘骸上，建立一個有秩序的、寧靜和諧的與沒有爭執的伊甸園。Billig提出對措辭的見解，他認為如果要了解某一種態度，便一定要與其對立的態度並列；如果想了解一個立論，就要尋找論者所避免（或迴避策略）觸及的各種實在的評論。從這層意義上來說，措辭分析就是透過把一個論述放置於其本身的爭論脈絡之中，以探究它的意思，這是因為論述的意義是內藏於它及與它相反的論述的措辭關係之上。Billig這般措辭論點，其實正是他「思考作為一種對論」（thinking as arguing）的延伸（Billig, 1987）。亦即，當我們思考時，內在的論辯過程也在進行，但若沒有人與人之間的公眾對論，這個過程就沒有可能出現。換句話說，假若個體顯示出支持某一個立場的態度時，他不單被期望以合理思維的論詰為此立場辯護，他同時也需反思與這個立場相反的態度。所以，修辭策略不再只是一種粉飾文章的手段，而是一種日常生活的推理面向，也是研究者如何論辯與討論探究事例的一種分析方式。透過「黃光國難題」的突顯，使得心理學研究過程逐漸喪失Billig（1987）所稱的「思考作為一種對論」的活力措辭甦醒過來。黃光國以「實證論」與「實在論」的對論並置，呈現心理學措辭的力量。透過如此的對論，可以預期思考是多音呈現的論辯過程。榮進之後的反覆探討，是持續活絡對論的措辭動力策略，這也是「黃光國難題」的重要意義。

第二節　兩種文化摹體的情節化

　　黃光國（2015）認為，「自我的曼陀羅模型」是很重要的理論建構，該模型指出個人在成長的過程中，會針對自己所處的外在世界，學習到各種不同的「知識」（knowledge）內容，以及使用「知識」的「智慧」（wisdom）；前者包含邏輯性、技術性、工具性的認知基圖（schemata），後者則

包含行動能力（action competence）及社會能力（social competence）。由此，黃光國指出心理學家如何以各種不同的科學哲學典範，針對生活世界中之現象，建構「科學微世界」，藉以提倡「實在論的心理學」（psychology of realism）。黃光國所謂的「實在論」是指以「多重哲學典範」建構「科學微世界」所採取的「本體論」立場。並進而指出，在社會科學中，「科學微世界」的建構必然是以「生活世界」作為出發點，可是不論是在哪一個文化裡，人們都是在他們的生活世界裡玩著形形色色的「語言遊戲」，他們卻未必覺察到有任何「科學微世界」的存在。可是，如果我們以「實在論的心理學」建構出「科學微世界」，並用它來詮釋人們在生活世界中的行動，則可以稱為「實在心理學」。由此，黃光國是採取一種實在論的本體，但這樣的預設，直接設定為可以建構客觀知識的認識論方法，並抵達生活世界的行動理解，事實上有著認識論上的斷裂。亦即，黃光國將獨我論意涵的「個體」視為「實證論」，將主體我意涵的「人」視為「實在論」，是以關係主義脈絡作為自我的框架，這是深具本土性意涵。但將「科學微世界」視為智慧（知識），將「生活世界」視為行動（實踐），雖以曼陀羅的整全性／圓滿性思維作為理論原型，且是一種雙向性的互為影響過程，但這樣的模型卻仍無法完全擺脫「科學」與「生活」二元性的主張。更何況，原來的曼陀羅心理原型，當中的自性（Self）是集體潛意識的意義，轉化挪用的模型——自我的曼陀羅模型，雖然涵蓋「個體」與「人」，但這樣的意識自我，如何納入潛意識的影響？意識與潛意識的作用，是如何互相融攝，進而反映心靈或自我的圓滿狀態，則是需進一步詮釋，而無法直接以「實在論」的宣稱加以確立。否則，忽略集體潛意識的文化效應，以「科學微世界」和「生活世界」進行解釋，恐仍難以化解結構與行動的二元對立模式或主客對立觀點或天人對立取向。也許，中國古代的心性哲學，特別是發展到宋明理學，是以主體為本進行反省，所以並沒有一個「他人性」的中學範疇。但是，若從倫理價值和社會哲學來說，仁之本體開展為禮樂的關係，要求達至人與人的和諧與通感關係，也可以打開一個「他人性」的範疇。中國文化一方面很自我，講靜坐，

論存心，喜怒哀樂，未發之前的氣相，是重重地深入自我世界；但另一方面，在社會文化與倫理關係方面，卻是以他人為主，講究客氣之道，一切都要為他人而做。感通思想應是當代中國文化中，以仁為本的一個基本點。自我與他人的感通，亦即「他者性」（otherness）如何在「自我的曼陀羅模型」彰顯，即是可以探討的難題。

進而言之，黃光國的科學哲學認識論，以實在為本體，基本上是建構取向的客觀知識建構，其預設是一種可以形成對生活世界的詮釋行動。但生活世界是否可以完全用科學哲學的客觀認識論為指引；或者，生活世界與科學微世界不是一種知識與行動的張力，而是另一種相反觀點，生活世界是認識論的優位性，引導出科學微世界的實踐行動，進而使科學注入一種具生命力的主張？或有其他可能性的競爭模型？這樣的提問，需一步釐清。

或者，另外可以延伸提問的是：建構取向的實在論主張，如何納入「詮釋實在論」（hermeneutic realism），其主張就是多重科學哲學的典範，在於促發意義的多樣性，將傳統心理學從置身孤立脈絡解放，不再以客體化觀點詮釋生活實體，例如：Slife 與 Christensen（2013）指出，心理學家只有將人類存有浸潤於意義脈絡，才有希望詮釋人們存有的完整性。只是將心理學視為以客觀證據為基礎的科學，將會導致否定人們經驗的根本特性（如可能性、可變性、關係、獨特面向）。因此，倡議一種意義情境取向的心理學新理解，是很重要的理論建構與實踐道路。如此，實在論的本體是生活世界的多重意義詮釋，還是一種客觀知識的科學哲學預設，就需要進一步釐清。

Edmund Husserl 提出「生活世界」的一個重要目的，是指出人們（包括自然科學家）都應該樹立「生活世界」的理念，從科學至上、科學主宰一切，或者說，從唯科學主義的思潮中覺醒和解放出來，真正發現和體現回歸「生活世界」對人類生活的完整意義、功能和價值。生活世界的經驗比科學世界的經驗更加優先，生活世界總是預設科學世界。科學世界產生出來的經驗意義和價值的直接實現，必須透過生活世界中的經驗效應來衡量與判定。心理學研究需要樹立生活世界的優先位置，需要面向生活世界，實現從實驗室中

的觀察研究到生活世界中的參與研究。由此，心理學家不僅在實驗室條件下研究高度抽象的心理現象，更應該充分發掘心理現象在生活世界中的豐富源泉和充分顯現。

「生活世界」的心理學價值，在於彰顯忠實於心理現象的重要性，將心理學的研究對象定位在對人的研究，把人真正當作「人」而不是物，探究在現實生活中真實體驗和活動著的人，以及人們的共在關係。把心理學研究定位在「生活世界」之中，就是主張在生活情境或者「還原」為生活情境中研究人的心理經驗的重要性。當心理學家的研究認識到心理學知識「純粹」客觀性的虛幻，進而反思理解對生活世界的依賴。如此，不僅是科學哲學的實在論，透過現象學還原試圖展現出活生生的心理經驗，則可避免自然主義的術語將心理經驗「對象化」或「客體化」。當然，這種現象學還原並不否定外界之物的存在，以及人的心理狀態的生理、物理條件的相關性。心理學知識的獲得必須忠實立足於所關注的現象，將描述而不是理論演繹或歸納居於首位。亦即，涉及科學和生活的「優越性」和「優位性」的辯證問題。如果這是一個辯證問題，同時是一個開放性的問題領域，實在論的科學哲學即可以形成實證論毒藥的解方，那實在論的建構，又要如何回應生活世界自身與人我共在的重要性，進而讓多元典範得以在「視域融合」下互為理解的詮釋循環開展，而非確立一種普遍性的理論主張，恐怕需要更多的澄清與論證，才不會落入一種二元性的陷阱。亦即，「詮釋實在論」與「建構實在論」的對論，如何彼此成為競爭典範，涉及本體論層次的思考，而不僅是認識論與方法論的探問。從客觀科學的優越性還原到生活世界的優位性，需有更多層面的實徵探討。

生活世界的轉向，顯示開放性的現場是存在多元性的現象，只是過往慣性地被認知系統殖民，遮蔽如此的多元性。生活世界的多重真實，或許，「後現代」的本體論、認識論和方法論，本身保持「多元典範」的詮釋內涵，如此的「後現代論」動能，應該是可以成為與「實在論」對話的對象。如此，才不至於陷入「兩種文化」的對立。

Collini（1993）將 Snow 於 1959 年演講所提出的「兩種文化」（the two cultures），即「文學評論／人文科學」與「自然科學」，予以重新概念化。Collini 指出，科學成為狹隘指涉意義下的「自然」科學是十九世紀中葉以後的事。其實到了 1963 年，Snow 再度回首「兩種文化」觀點時，他承認過去忽略了第三類文化（社會科學）對人類生活世界的可能影響。晚進社會科學的多元研究典範，對於人類知識產生歷程造成相當程度的衝擊，可以說是第三類文化後續影響效應。若以較為基進觀點來看，所謂的（自然）科學不過是一種文化系統與價值信念的敘事模式，科學是眾多文化活動的一支，科學是社會對世界回應方式的一種表達，「兩種文化」並非靜態寓居於特定時空，而是隨世界變遷而豐富意義。如果實證論與實在論的對比，是社會科學內部文化的對張，反而可能複製「兩種文化」的危險，所以如何還原社會科學的多元科學哲學典範，促發更多本體論預設的討論，更是黃光國榮進後心理學本土化的重要議程。

第三節　後現代心理學的措辭　

林耀盛（2011）指出，黃光國的成果，顯露出深層「歷史—文化質性」對於接壤本土化心理學研究的重要性。李維倫在榮進會當日發言的回應時提到，本土心理學的主張，除了從橫向座標的東方與西方的空間邏輯上論述文化差異的不同，也需要從縱向軸的時間因素，亦即由歷史文化到全球當代的影響效應處理本土化實踐課題。綜觀黃光國的相關作品，實然已觸及如此時空雙向座標的思考軌跡。不過，筆者認為，黃光國科學研究綱領的「保護帶」和「理論硬核區」，屬於儒家關係主義的「建構」核心，這樣的認識論基礎，卻可能忽略本體論的存有性，尚可包含「現象還原」的「事物自身」，以及尚未經過建構的本體現象，甚至也不可忽視超越儒家人文主義學術傳統的「未來文化趨勢」的渾成狀態存有論。不同的存有立場，就延伸出不同的認識論和方法論。

　　葉啟政長年來即從更為後設的存有預設角度，構思本土化心理學的關鍵議題。如葉啟政（2009）就認為，經驗可徵的「現在性」，確立了本土文化的獨立性。縱然它吸收了外來文化的底蘊而獲得一定的神韻，它所生成的意義畢竟還是人們自身在本土的特殊生活處境裡所孕育出來的，且是不能移植、也不可化約的成分。特別對邊陲社會來說，這樣的文化「現在性」的呈顯，基本上乃反映著「外來現代」與「本土傳統」兩種文化基素，以某種特定方式糾結混合的成形體現。依此，追本溯源地對其背後之哲學人類學「存有」預設的歷史原型進行評比性的理解，並著手文化解碼工夫，遂成為一項必須探究的嚴肅課題。林耀盛（2011）也提出，心理學本土化的趨勢，或許是需要從「空間場所」的地域性概念對位，轉化為「時間定向」的存有性概念展演，亦即從本土化與全球化的中心邊陲或科學與生活對立的「硬實力」的支配，形構為歷史文化「軟實力」的探索。也因此，「後現代心理學」的力量，成為一種可資運用的轉進策略。

　　人稱「美國心理學之父」的James（1975）指出，經驗（ex-perience）具有外在的屬性，他有時會把「ex-perience」刻意以分節號區隔拼字，正是強調外衍性的重要（「ex」在拉丁字根裡，具有從內而外，外顯突出的意思）。所以，他不會否認在我們的經驗感覺外部，具有實質性的感知資料，經驗生發的基礎也位於此，因此他不是反對任何方法論。由此，James 的貢獻可以概分為三點：其一，他是一個在「實在論」與「建構論」兩個極端的中介者，他認為固然我們的概念基模是一種建構，但在我們的經驗自身裡，有時會遭遇固執的屬性，進而規限了經驗開放的可能性。我們要能不斷含納內外在的經驗，卻不能無限上綱，以避免掉入「怎麼做都行」的困局；其二，他重視歷史的力量在人類經驗中的角色，無論是個人或文化所形構的歷史，歷史作品會歷經改編與篩選，但透過對過去的描述與敘說，相信可以取回過去歷史的顯著效應，而成為我們進步的來源；其三，以多元開放的後現代主義先驅者之姿，挑戰了淺碟式、刺耳式的概念基模。他相信「物質」世界與「靈性」世界之間存在著溝通的渠道，使得我們面對當代歷史、社會、政治、經濟、

宗教與文化等不同層面，得以更寬容多元的方式，重新省察其相互間的真理關係。

如此，James 可以視為開顯心理學脈絡作為「後現代主義措辭學」可能性的美國心理學家第一人。因為後現代論不是一種信仰真理的背反，也不是一種懷疑論的激烈形式，而是一種思考關於知識的歷程、知識的可能性，以及解構知識自身的不同方式。因此，後現代論可說是對西方遺產／傳統及其參與者，進行基進思考的一種形式。Gergen（1992）對後現代主義的主張，認為後現代論述即是要求科學家的研究場域，能夠使喧囂騷動的文化生活得以進駐其中，並且將文化建構的角色轉化成主動的參與者。在這樣的意義上，我們或許可說，後現代思考不是停留在「文化是什麼」的意義資源之爭奪；該正面迎接的敘說是，在特定時空下，無論是亙久傳統的，抑或是社會變遷的過程，「文化的可能蛻變會是什麼」。而這樣後現代思維的轉向正切入本土化的軸心，因為我們承認所欲了解的生活世界，其實是文化歷史的產物。

Hollinger（1994）則將後現代主義視為一種思維方式。後現代主義邀請我們以一種不帶鄉愁情懷或後悔情結的方式，重新思考支配現代主義的自我、社會、社群、理智、價值及歷史等理念；然而，也不必對我們所創造的後現代狀況，產生烏托邦式的愉悅願景。這意味著後現代思維解構所謂理所當然的事物，是認真思考差異、自由、去中心等議題。後現代論述的興起，可說正提供我們以去中心的、相互肯認、對論彼此的處境知識，取代單音獨調的理論教條，這也是措辭學的古董技藝重新借竅還魂於當代社會科學身體裡的一種中介路線，也是 Billig（1991）所謂「駁論的精神」（spirit of contradiction）復甦的年代降臨的現象。

由此，後現代所關心的文化意涵，表現在知識／權力關係的解構下，對被沉默化、被壓抑的、被忽視的他者聲音影像的釋放；並透過取消實體本質的論述形式，轉向表現文化殊異的語言自身，承認差異的、去中心的、在地的、邊緣界線流動的、多重構現象的厚實描述與豐富理解之價值。

如果楊國樞的路數是「從傳統到現代」，黃光國的步伐或許可以稱為是

「從現代到傳統」，儘管這可能是一種「傳統的發明或創造」的道路，但本土知識是否具備「客觀性」的特設架構，更需要反覆檢證探討。畢竟，這恐怕仍然是主客對立的立場，天人合一的儒學觀傳統如何創造轉化，這當中的難題，應當是無法以迴避策略、直接取用實在的認識論作為理論保護帶的硬核。陳復（2015）以「戈迪安繩結」比喻「黃光國難題」的處境，但這樣的繩結，無法以亞歷山大之劍一刀化解，而是需要更多的論詰探究。感謝黃老師的難題，促發更多的反思討論。《易經》曰：「物不可以終否，故受之以同人。」或許仍有阻塞在前，感謝黃老師始終是學術共進的夥伴，在榮進的道路上保持生活世界的脈絡，不以理論的普遍性為判準，而以生活世界的踐行為原則，將理論視為「在中途」的中介狀態，或許會是另一種契入多重實在的「實在心理學」對論措辭的熟成與登進之道。

參考文獻

中文部分

林耀盛（2011）。本土化、西方化與全球化：本土臨床心理學的研發進程。**本土心理學研究，35**，145-188。

洪濤（譯）（1987/2000）。**立法者與詮釋者**（原作者：Z. Bauman）。上海市：上海人民出版社。

陳復（2015）。黃光國學說對華人生命教育的意義與啟發。載於**心理學第三波：黃光國教授「榮進」學術研討會論文集**。臺北市：臺灣大學心理學系。

黃光國（2015）。真在論的心理學者。載於**心理學第三波：黃光國教授「榮進」學術研討會論文集**。臺北市：臺灣大學心理學系。

葉啟政（2009）。全球化趨勢下學術研究「本土化」的戲目。載於蘇峰山、鄒川雄（主編），**社會科學本土化之反思與前瞻：慶祝葉啟政教授榮退論文集**。高雄市：復文。

英文部分

Billig, M. (1987). *Arguing and thinking: A rhetorical approach to social psychology*. Cambridge, MA: Cambridge University Press.

Billig, M. (1990). Rhetoric of social psychology. In I. Parker & J. Shotter (Eds.), *Deconstructing social psychology* (pp. 44-60). London, UK: Routledge.

Billig, M. (1991). *Ideology and opinions: Studies in rhetorical psychology*. London, UK: Sage.

Collini, S. (1993). Introduction. In C. P. Snow, *The two cultures* (pp. vii-lxxi). UK: Cambridge University Press.

Crotty, M. J. (1998). *Foundations of social research: Meaning and perspective in the research process*. London, UK: Sage.

Gergen, K. J. (1992). Toward a postmodern psychology. In S. Kvale (Ed.), *Psychology and postmodernism* (pp. 17-30). London, UK: Sage.

Hollinger, R. (1994). *Postmodernism and social sciences: A thematic approach.* London, UK: Sage.

James, W. (1975). *The meaning of truth.* Amherst, NY: Prometheus Books Publishers.

Lacan, J. (1981). *The four fundamental concepts of psychoanalysis* (Trans. by A. Sheridan). New York, NY: W. W. Norton.

Slife, B. D., & Christensen, T. R. (2013). Hermeneutic realism: Toward a truly meaningful psychology. *Review of General Psychology, 17*(2), 230-236.

第四章　坦塔洛斯的困題：思「反」心理學，批判社群革「心」

林耀盛

第一節　前言

　　當代社會人文科學與自然實證論述的反覆糾葛，基本上是「兩種文化」對張的幽靈徘徊不去的舊劇碼。在常規科學的意義下，實證心理學往往以研究者對操作型定義（operational definition）的熟悉與認同，作為通過實證論忠誠度的測試謎面。因此，在解謎活動等同揭示科學真相的高度信仰（迷信）下，心理學研究過程逐漸喪失 Billig（1991）所稱的「思考作為一種對論」（thinking as arguing）的活力措辭，思考過程被實證主義霸權的意識型態所支配，阻斷了思考是多音呈現的論辯探討過程。

　　當心理學以實證主義所圍限的領域自居，抬頭仰望自然科學星空的渴望，卻遺忘自身的哲學基底的淵源。等到回頭探看自身紫根的母體土壤時，卻也早已遠離生活世界（life world）。如此的學科置身位置，如同坦塔洛斯（Tantalus）的處境。坦塔洛斯是希臘神話中主人宙斯之子，因洩漏天機，而被處罰永世站在水中，水深及下巴，上有果樹，想喝水時，水位即退；想吃果子時，樹枝即升高，是謂「坦塔洛斯的痛苦」。置身如此困題，是對某物渴望不可及的痛苦，卻感到無力改變現狀。如今，思「反」心理學研究，不僅是對於過往反思的逆反，亦即對於反思的再反思；更是反對實證主義

心理學的單一判准，也保持批判精神。同時，如此的思「反」，也是「返」回生活世界的一條路線。所謂的「反者，道之動」。進而，革「心」也不是一種反動修辭，而是發動一種格物致知的心理學議程，亦即重新思考什麼是心理學的古老探問。

第二節　溯源心理學的置身所在

Canguilhem（1958）早已指出，心理學家的研究給人的印象猶如是一門混雜了「不嚴謹的哲學」、「寬鬆的倫理學」，以及「不受控制的醫學」的學科。因此，若只是去突顯「人文」的向度，而強調心理學是一門「人文科學」或「人文臨床科學」，這並不足以面對這樣的質疑。相反地，這只會讓心理學淪為科學之下一個身分不明的附庸。臺灣社會的處境是否仍在此迷陣內，還是已然有公共領域的論述空間的經營管理，值得探討。如Canguilhem所言，專業心理學家並未忽略診斷上的理論與應用的分別，但如何統合兩者之間的效用性，往往不是出自於心理學家的事實性，而是來自於要求他們回應此問題的人。而當代心理學家面對要求回應時所引用的「科學」理論，往往是基於「適應律」，這是基於個體與社會—科技環境的氛圍，而非自然性的環境（natural environment），甚至「測量」（measure）的顯著重要性，也為專家所稱道（Canguilhem, 1958）。至少以臨床心理學領域而言，這樣的「適應律」主張涉及到整體養成教育環境的議題，因此探討認識論的議題，如何回到整體教學環境的省思，值得進一步考量。

回頭來看，西方對於心理學的反思，可從字源學的脈絡加以探微。心理學（psychology）此字中的「psycho」字根是「psyche」，在希臘語是「psuchě」，原意是靈魂（soul）。Kunz（2002）甚至將心理學的拼寫直接改名為「psukhology」。其中「psukhe」的希臘語原始意義是指呼吸，生命、靈性或靈魂會自主呼吸，也會因為他人的到來而激發引動不同的呼吸狀態。

心理學的定義不僅是探討個人心智與行為，也包含靈性，更是承擔為他人的責任。依此，心理學的意涵，同時是包含靈性、魂體、精神意志，以及一種內在存有的激活生命力等意涵，而非今日心理學狹隘的心理邏輯（psycho-logic）的理性化約意義。

Danziger（1990）早已指出心理學研究的對象是心理客體（psychological object），這類研究對象的知識生產，其實是社會建構的產物。他指出：

> 科學知識的生產者從來不可能以獨立的個體工作，而是被一種社會關係網絡所圈圍。他們原初所生產的並不是像知識（自身）所宣稱的知識型態，（他們所宣稱的）這種知識型態只有通過很多個體的接受過程，才能轉化成知識。如彼此享有某種規範及共同興趣的評論者、讀者、教科書作者，這種對接受過程的預期，從一開始就影響知識的生產。（Danziger, 1990, pp. 179-180）

Danziger（1993）進一步指出，在 1879 年之前，人類藉由日常生活經驗，給出這些經驗具體意義，而進行理論建構的宣稱是可以被接受的。但自從心理學為晉升（自然）科學之林，於是逐漸把日常生活經驗圍限在研究範疇外，而逕自假設研究者與被研究者間的獨立關係。但近來愈來愈多的論述，顯示心理學以人類為研究對象，即使是在所謂標準化、控制化的實驗程序中，知識的生產不僅是包括研究者，也和原始資料給出的來源者有關。換言之，研究對象是一客觀實體的普遍性預設，近年來即飽受挑戰（Danziger, 1993）。Danziger（2009）更指出，追求普遍論真理的過程如同追尋聖杯（Holy Grail），有其歷史性的條件因素生成。面對如此的張力，需要以問題解決的方式處理心理學研究與實踐，為何瀰漫崇尚追求普遍論的狀態。

由以上可知，與其認為心理客體的位置是接近自然客體，毋寧認為心理客體是社會客體的一種。科學知識的生產，不可避免的是一開始即與學術社群內部的關係網絡互為影響。既然自然客體、社會客體和心理客體並非對等

體，因此探討不同客體對象的不同學科間，當探討相關議題時，就無法以完全化約的方式，任意相互取代、挪用彼此間差異的研究典範，這是陷入普遍論的誤用困局。Foucault（1970）論述，「人文科學」與「具嚴格意義科學」的主要差異，在於人文科學處在現代知識型（modern episteme）的鮮明位置。Foucault 也指出，心理學因為師承生物學模式，大體上承續「常模功能論」的知識傳統，因此在該位置下的心理學面貌，將人視為對外界刺激（包括生理上與社會上）的反應體，個人藉由「刺激－反應」的歷程，以維持個人對置身環境的適當適應狀態，這是科學秩序世界的典範移植。

　　不可否認，Foucault 所考察的心理學知識是較為偏頗的，他約略指涉的範疇是功能主義與行為主義的心理學，二十世紀中葉以後的心理學並不在他所探討範圍之內，但他仍然具體指出心理學學科的後設邏輯，往往隱含一種常態性（norm）的功能概念。從字義上來說，學科（discipline）一詞，同時具有規訓、紀律的意思。Foucault（1977a）的研究，分析說明規訓是古典時期結束後開始發展的，它是作為社會控制與社會組織的一種特殊策略，在當代時期的規訓技術進入支配階段。規訓化技術的特性，就是它同時兼具既常模化又階層化、既同質化又差異化的能力。人文學科的紀律規訓化歷程，以啟蒙運動的科技理性為基本意識型態，依法複製自然科學的研究典範，卻忽略了自然客體、社會客體和心理客體的根本差異。

　　若從亞洲對於心理學的翻譯引介的脈絡探勘，約略也可考察出心理學的內涵，是內含深度性的心性與靈魂的意涵。「psychology」一詞進入漢字文化圈，要早於它所指的學問本身。就目前所知，該詞最早見於 1868 年 William Lobscheid 在香港出版的《英華字典》（*An English and Chinese Dictionary*, Vol. 3）一書。當時，漢譯名為靈魂之學、魂學及靈魂之智。1872 年 11 月 28 日，一位署名執權居士的中國人在《申報》上發表了〈論西教興廢〉一文，討論西方宗教受到科學興起影響而衰落的情況，「心理（學）」一詞首度出現在《申報》上。執權居士雖並未詳細討論心理（學）這門學科，但他將心理學視為與化學和天文學並列的一門獨立學科。

　　1875 年，日本重要學者西周在譯著《心理學》（*Mental Philosophy: Including the Intellect, Sensibilities and Will*）（Haven 著作）第一冊的注釋中稱：「mental philosophy」茲譯為「心理上之哲學」，約譯為「心理學」。西周此處使用「心理學」是一種圖方便省事的作法，後來他在著述中仍經常使用「性理學」來指稱「心理學」。對西周而言，自然世界就是氣，人的心智就是理，所以西周認為科學是「氣科」，人文學是「理科」（彭小妍，2009）。

　　中國的顏永京於 1889 年使用「心靈學」來翻譯「mental philosophy」，並把 Haven 的 *Mental Philosophy: Including the Intellect, Sensibilities and Will* 一書的部分內容譯為《心靈學》上本，該書是中國最早的一部哲學心理學譯著，顏永京可說是將心理學介紹到中國的第一人。丁韙良在其 1898 年出版的中文心理學著作《性學舉隅》中，把「psychology」稱為「性學」。而在康有為於 1897 年編的《日本書目志》中，有 25 本包含「心理學」一詞的書籍；梁啟超在閱讀《日本書目志》後使用「心理」指稱「心理學」。以康有為、梁啟超兩人當時的巨大影響力，他們兩人在理學門中列有漢語「心理學」這個名目，確實發揮開風氣之先的作用。

　　嚴復在 1898 年明確將「心理學」作為一門獨立的學科。梁啟超於 1902 年在《新民叢報》上發表的〈介紹新著〉主張：日人翻譯英文之「psychology」為心理學，翻譯英文之「philosophy」為哲學；兩者範圍截然不同，雖我輩譯名不必盲從日人，然日人之譯此，實頗經意匠，適西文之語源相吻合。梁啟超的這一觀點得到當時中國學界的普遍認同。此後，中國學界逐漸趨於統一稱為「心理學」，沿用至今。

　　由此脈絡，可知心理學溯源性地是一門包含心性、靈魂、意志的具生命力的學科，心理學本身也是深具文化的本土內涵，而不是實證範疇的理性算則研究議程所規定的普遍論驗證。如今，思「反」心理學的未來性，是需思考回「返」到心性心理學的本土化意義。

第三節 向「未思」開放的心理學

王陽明在《傳習錄》指出：「誠是實理，只是一個良知。實理之妙用流行就是神，其萌動處就是幾，誠、神、幾曰聖人。聖人不貴前知，福禍之來，雖聖人有所不免。聖人只是知幾，遇變而通耳！」這裡的「幾」就是「心理萌發之處」，也就是在心意發動之處即加以把握；心學的神，正是本我的神，不在我的對立面，而在自己「萌動之處」的「幾」為基礎。心不是穩定實體的研究單位，而是充滿各種可能性的萌發之處，是尚待開拓的、未見的、尚未思考的「幾」地。

葉啟政（2009）曾指出，除了方法論之外，本土心理學的發展尚涉及到認識論，乃至存有論的層面；或說，至少必然涉及到一些具特殊「歷史—文化質性」的實質概念與經驗命題。葉啟政也指出，「本土化」意涵的，不只是針對特定區域之「現在性」的現實經驗探索，更是對未來「全球」文化發展的一種深具「期待」性質的知性思考，可以說是邁向未來性的「幾」地的思考。余德慧（2007）則認為，所謂「全球相對」（global relative）指的是「一種宰制及總體化的力道，試圖控制及編列各項要素，並將其帶入確定性的關係中」，亦即在全球的總體化下，所有元素彼此相關。「在地絕對」（local absolute）則提醒在地的限制是落實在生活遍處，所有的在地生活視野都是有角度的，每一個在地都有自身的構成地平面，這種地平面從其視角來看是絕對的，也無法求免。

林耀盛（2010）則指出，當文化意識已經成為心理學的基本地景時，反倒需要逆反的策略。亦即從 Kvale（1992）宣稱心理學需要翻轉，將心理學翻轉為從「心靈的考古學到文化的地景學」。如今，需要的轉向是將心理學二度翻轉為從「心靈的地景學到文化的考古學」。換言之，亦即進行「文化思想考古」，切問近思，以此來挖掘心理學「歷史」的本來面目，辨讀深蘊的底層動力。而後，將人們的心理與行為重新安置在考掘還原的文化處境下

進行理解。因此，可以這麼說，當本土心理學已經可以視「文化心理學」是重要的資源能量，反倒需要重新思考：安置在文化處境下的當代人，如何從傳統智慧找出口。孟維杰（2009）認為，心理學文化品性是指心理學本來具有的文化層面的品質和性格，即心理學原來應該存有的文化內涵，這就建立起一種文化解釋框架。換言之，心理學文化品性探新就是進行心理學「思想考古」的工作。藉助「思想考古學」這一種方法論，透過心理學「思想化石」的分析，還原其初始狀態，以此來挖掘心理學「歷史」的本來面目，辨識隱匿在歷史文本背後的思想奧秘運動的深層力量，進而和當代文化社會生活交融、接合。

　　只是，實證科學方法的英雄主義迷思，喪失文化主體策略，飽滿的大論述，卻無涉於生活世界的心理學。「心即理，理即腦」的迷思，帶來令人苦惱的心理學議程。不過，在如此的困題中，我們仍可看到黃光國（2015）的論述成就。林耀盛（2015）指出，黃光國將獨我論意涵的「個體」視為「實證論」，將主體我意涵的「人」視為「實在論」，是以關係主義脈絡作為自我的框架，這是深具本土性意涵。但將「科學微世界」視為智慧（知識），將「生活世界」視為行動（實踐），雖以曼陀羅的整全性／圓滿性思維作為理論原型，且是一種雙向性的互為影響過程，但這樣的模型卻仍無法完全擺脫「科學」與「生活」二元性的主張。更何況，原來的曼陀羅心理原型，當中的自性（Self）是集體潛意識的意義，轉化挪用的模型──自我的曼陀羅模型，雖然涵蓋「個體」與「人」，但這樣的意識自我，如何納入潛意識的影響？意識與潛意識的作用，是如何互相融攝，進而反映心靈或自我的圓滿狀態，則是需進一步詮釋，而無法直接以「實在論」的宣稱加以確立。否則，忽略集體潛意識的文化效應，以「科學微世界」和「生活世界」進行解釋，恐仍難以化解結構與行動的二元對立模式或主客對立觀點或天人對立取向。

　　進而言之，榮格所謂的自性（Self）是建立在「集體潛意識」，包含曼陀羅心理原型的元神，而心學強調的良知良能的覺察，是「個人意識」的格物致知。意識／潛意識、個人／集體、原型性／無對象性等不同層次的議題，

如何進一步對話，是未來心理學得以思考的「未思」之處。過往的學科分類，往往不會將此議題設定為「心」理學領域範圍。以儒家來看，心學因著不能客體化特性，所以一直保持著召喚的狀態，讓飽滿的本我去接應、去回答；他者的降臨逼迫本我的召喚，使本我發動惻隱、善惡、恭敬和是非之心，這是倫理介面的顯露。或許未來的研究議程，需要將研究單位從華人關係主義層面的角度思考出路，向「未思」開放，而不是僅從西方自我單位的召喚層次而已。

　　所謂「未思」的形象指的是我們據以思考，但卻不能加以思考的事物，比如可能性條件等。思想依此而立足，但它不加以思考，因為它不能思考它，正因為它背靠著它。這時我們必須採取策略，把一種思想和另一種思想對照，如東西方思想的對照，以顯現思想中的「未思」部分。如此，才能由側面標定它、揭露它，這是一種思想的體驗，如此的體驗來自於研究，比較適合的策略是標定它、探索它，而不是用範疇來探討它。「未思」是一種暗含的立場選擇，需要接應的是「虛待」的智慧。

　　「虛待」意味著沒有設定的立場，而是向所有可能的立場開放；這是中國思想的特質之一，不論是儒家或道家皆有此特色。「虛待」是一種能力，使得自己可以向各種可能立場開放，甚至向最極端的立場開放。Jullien在《聖人無意：或哲學的他者》（*Un sage est sans idee ou l'autre de la philosophie*）一書（閆素偉譯，1998/2004）中，嘗試透過王夫之來理解孔子，說明「中庸」之道並不是處在各種極端的中間，而是對不同的端點都採取同樣的開放態度。他認為，要有效達到中／西文化的流動對話，先去破除文化自我中心的成見是必要的，甚至是首要的。他相信，東／西互照的雙面鏡具有照妖的解蔽功能，一則可解除唯我獨尊的意識型態，二則可解放中心固著而走向跨域流動。這是一種創造性的開放過程，而非守成式的執中態度。以「虛待」的智慧與「中庸」的態度，面對心理學的心性之「幾」，是打開心理學原本的生命情味的曲道，更是思想考古的當代化，是讓學科慾望回到自身，而非只是一味朝外模仿學習，卻陷入渴望而不可及的坦塔洛斯困境。

第四節　再問題意識化心理學作爲一種人文 科學

　　由此，從心理學本土化的歷程來看，這不應視作一種鄉愁回歸的復古保護運動，也不是一種追憶式憑弔現場的重建，它應是一部蘊含有機文化的生命史、在地知識或智慧的實踐見證敘事。或許，本土心理學召喚出「ethos」，可以稱為情懷、風骨、個人氣質、特性或倫理場，是在召喚某一種時代感與寓居性，或是更深刻的 Heidegger（1962）概念中居住即是牽掛，「ethos」即是此有（Dasein），這兩者表示了人在世牽掛的場域。「ethos」意味著「棲居地」，指的是「人所居住的開放場域」，而且它「使可歸向人的本質與將停留在其近處的顯現出來」。如此，也帶出存有的置身所在。

　　存有的置身所在，世界自身是豐饒且多樣性的，自然無法以實證框架全盤掌握。Giorgi（2000）曾指出，建構人文科學式心理學，需要基進的概念化，就如同化學史上的Lavoisier革命，心理學界也正等待著如Lavoisier者。Giorgi意在所指的是，現象學的理論與方法，或者認識論上的翻轉，就像Lavoisier 對化學史上的革命，可以提供、促進心理學的相關研究與理論指引，更為深刻精緻的了解。

　　人文科學的焦點在於意義，但探究意義並不意味著人文科學取向不科學，而是涵攝人文科學需要另一套科學的方式。「不同」是需要被尊重，而非被偏差化、病理化和邊緣化。然而，當代心理學動輒以量化模式測量心理學，導致心理學複製Koch（1959）早已點出的盲點──心理學不是根據要研究的問題來確定研究的模式與程序，在心理學確立要研究的議題之前，它的研究方法與程序就已經存在。它的一切標準都是外在的，不是根據自身的需要選擇程序和模式，而是為了滿足作為科學的標準。於是，活生生的人和人的豐富經驗世界被剝落，關於生活世界的本質和意義結構的質性描述方法，充斥著主觀的、隨意的、貶抑的價值判斷。

　　當然，在心理學歷史上，如果還會有什麼革命可能性的話，我們不一定需等待大人物的出現，但重新思索、體察不同取徑（如人文臨床）對學術社群所帶來的衝擊效應，或許在於使我們正視人類在世存有生命經驗的深度探索，同時重新記起那些曾經被遺忘的（或不曾記得的）心理社會現象。對於學習者而言，也是一種置身所在的自我還原。或許，這會是對「心理學作為一種人文科學」召喚的一項歷史回應。

　　莊子曰：「辨也可，有不辨也。」不辨的狀態在討論中的不現身，卻是我們在此的共同體，如此隱性的文化默會資源的置身所在，以間距打開文化的交錯與改造。我們有著不同研究典範立場，所謂的意識型態的辨識與對立，或許觀點有所差異；但我們彼此之間其實也有「未思」的「幾」帶，是不辨的默會致知的文化資源所在，正「虛待」我們以「中庸」之姿，迎向我們打開框架，創造開展彼此對話的時機。

　　當然，本章只是一個開始，以 Foucault（1977b）對問題意識化（pro-blematization）思考的一段話，作為本章結尾並非結束，而是一個開端的結語：「什麼是問題的答案？就是再提問。提問的問題如何解決？藉由新提問取代原有問題。我們必須具問題意識地思考，而不是以問題／答案來回不斷追尋的方式思考。」且讓我們對匱棲的知識處境，不斷地辯證批判式的提問與思忖下去吧！

參考文獻

中文部分

余德慧（2007）。**在生死界線的處境下的倫理凝視研究**。（未發表之研究計畫）

孟維杰（2009）。當代心理學文化興起方法論困境與路向。**心理學探新（南昌）**，
29（2），3-6。

林耀盛（2010）。**本土心理學的 21 世紀發展議程：人文取向的臨床心理學**。發表
於東華大學諮商與臨床心理學系、中央研究院民族學研究所、慈濟大學人文
臨床與療癒研究室、臺灣大學本土心理學研究室、國家科學委員會主辦，「華
人本土心理學跨向 21 世紀學術論壇：再反思、多元實踐及新發展研討會」。
花蓮縣。

林耀盛（2015）。「榮進」之後：黃光國難題，我們的難題。載於**心理學第三波：
黃光國「榮進」學術研討會論文集**。臺北市：臺灣大學心理學系。

閆素偉（譯）（1998/2004）。**聖人無意：或哲學的他者**（原作者：F. Jullien）。
北京市：商務印書館。

彭小妍（2009）。一個旅行的現代病：「心的疾病」、科學術語與新感覺派。**中
國文哲研究集刊**，**34**，205-248。

黃光國（2015）。實在論的心理學者。載於**心理學第三波：黃光國教授「榮進」
學術研討會論文集**。臺北市：臺灣大學心理學系。

葉啟政（2009）。全球化趨勢下學術研究「本土化」的戲目。載於蘇峰山、鄒川
雄（主編），**社會科學本土化之反思與前瞻：慶祝葉啟政教授榮退論文集**。
高雄市：復文。

英文部分

Billig, M. (1991). *Ideology and opinions: Studies in rhetorical psychology*. London, UK:
Sage.

Canguilhem, G. (1958). *What is psychology?* Retrieved from http://r-t-groome.com/wp-content/uploads/2013/04/rtg-canguilhem.2010.pdf

Danziger, K. (1990). *Constructing the subject: Historical origins of psychological research.* New York, NY: Cambridge University Press.

Danziger, K. (1993). Psychological objects, practice and history. In H. van Rappard, P. J. van Strien, L. P. Mos, & W. J. Baker (Eds.), *Annals of theoretical psychology* (Vol. 8) (pp. 15-48). New York, NY: Plenum.

Danziger, K. (2009). The Holy Grail of universality. In T. Teo, P. Stenner, A. Rutherford, E. Park, & C. Baerveldt (Eds.), *Varieties of theoretical psychology: International philosophical and practical concerns* (pp. 2-11). Canada: Captus University Publications.

Foucault, M. (1970). *The order of things.* New York, NY: Vintage Books.

Foucault, M. (1977a). *Discipline and punishment: The birth of the prison.* London, UK: Tavistock.

Foucault, M. (1977b). *Language, counter-memory, practice.* Ithaca, NY: Cornell University Press.

Giorgi, A. (2000). Psychology as a human science revisited. *The Journal of Humanistic Psychology, 40*(3), 56-73.

Heidegger, M. (1962). *Being and time* (Trans. by J. Macquarrie & E. Robinson). New York, NY: Harper & Row.

Koch, S. (1959). Epilogue. In S. Koch (Ed.), *Psychology: A study of a science* (Vol. 3) (pp. 729-788). New York, NY: McGraw-Hill.

Kunz, G. (2002). Simplicity, humility, patience. In E. E. Gantt & R. N. Williams (Eds.), *Psychology for the other: Levinas, ethics and the practice of psychology* (pp. 118-142). Pittsburgh, PA: Duquesne University Press.

Kvale, S. (1992). Postmodern psychology: A contradiction in terms? In S. Kvale (Ed.), *Psychology and postmodernism* (pp. 31-57). London, UK: Sage.

第五章 「心性」與「文化的考古」：敬答林耀盛

黃光國

在 2015 年 11 月 7 日，筆者的學生因為筆者從臺灣大學心理學系退休而舉辦的「黃光國教授『榮進』學術研討會」上，林耀盛（2015）發表了一篇〈「榮進」之後：黃光國難題，我們的難題〉，筆者對這篇論文的部分回應，收錄在《儒家文化系統的主體辯證》一書之中（黃光國，2017）。在 2016 年 10 月 15 日的臺灣心理學會年會上，筆者邀集吳瑞屯、李維倫、林耀盛、彭榮邦所召開的「全球變遷中的心理學發展」研討會中，林耀盛（2017）又提出〈坦塔洛斯的困題：思「反」心理學，批判社群革「心」〉這篇論文。在這篇文章中，林耀盛指出：

> 西方對於心理學的反思，可從字源學的脈絡加以探微。心理學（psychology）這字中的「psycho」字根是「psyche」，在希臘語是「psuchě」，原意是靈魂（soul）。Kunz（2002）甚至將心理學的拼寫直接改名為「psukhology」。其中「psukhc」的希臘語原始意義是指呼吸，生命、靈性或靈魂會自主呼吸，也會因為他人的到來而激發引動不同的呼吸狀態。心理學的定義不僅是探討個人心智與行為，也包含靈性，更是承擔為他人的責任。依此，心理學的意涵，同時是包含靈性、魂體、精神意志，以及一種內在存有的激活生命力等意涵，而非今日心理學狹隘的心理邏輯（psycho-logic）的理性化約意義。

第一節　心性心理學

林耀盛（2017）認為，所謂的思「反」，就是「反對實證主義心理學的單一判準」；「返」回生活世界的一條路線；「反省，道之動」。所謂的革「心」，就是「溯源心理學的置身所在」，「發動一種格物致知的心理學議程」。至少對臨床心理學的領域而言，當代心理學家所引用的「科學」理論，必須要能夠「基於個體與社會─科技環境的氛圍」，回到整體教學環境的「省思」，「探討認識論的議題」。

▣ 中西會通

筆者完全贊同這個論點。在筆者看來，其實不只臨床心理學的領域需要如此的「『革』心思『反』」，諮商輔導以及其他應用心理學領域的學者也莫不需要「『革』心思『反』」。然而，我們該如何做到這一點呢？

林耀盛在這篇文章中回顧心理學經由日本引入中國的歷史，它曾經被翻譯成「心靈學」、「心理學」、「性理學」，經梁啟超的剖析之後，中國學者才逐漸統一稱為「心理學」。

由此脈絡，可知心理學溯源性地是一門包含心性、靈魂、意志的具生命力的學科，心理學本身也是深具文化的本土內涵，而不是實證範疇的理性算則研究議程所規定的普遍論驗證。如今，思「反」心理學的未來性，是需思考回返到心性心理學的本土化意義（林耀盛，2017）。

筆者從臺灣大學退休之前，為自己所訂的人生目標是「建構本土社會科學理論」；退休之後，筆者的人生目標變成建立「儒家人文主義」的自主學術傳統，因此鼓勵高雄醫學大學、高雄師範大學、彰化師範大學和宜蘭大學的同道組織研究團隊；在《儒家文化系統的主體辯證》一書完成之後，我們研究團隊最感興趣的問題，又變成了「中西會通」和「儒佛會通」。林耀盛所謂「回『返』到心性心理學的本土化意義」，正是我們現階段所要解決的

核心問題。由於他的這兩篇論文和我們這個階段的目標甚有關聯，因此筆者將兩者均收在本書，一併作答。

▣ 「科學」與「生活」的二元對立

在這兩篇論文中，林耀盛（2015，2017）指出：

　　黃光國將獨我論意涵的「個體」視為「實證論」，將主體我意涵的「人」視為「實在論」，是以關係主義脈絡作為自我的框架，這是深具本土性意涵。但將「科學微世界」視為智慧（知識），將「生活世界」視為行動（實踐），雖以曼陀羅的整全性／圓滿性思維作為理論原型，且是一種雙向性的互為影響過程，但這樣的模型卻仍無法完全擺脫「科學」與「生活」二元性的主張。何況，原來的曼陀羅心理原型，當中的自性（Self）是集體潛意識的意義，轉化挪用的模型——自我的曼陀羅模型，雖然涵蓋「個體」與「人」，但這樣的意識自我，如何納入潛意識的影響？意識與潛意識的作用，是如何互相融攝，進而反映心靈或自我的圓滿狀態，是需進一步詮釋，無法直接以「實在論」的宣稱加以確立。否則，忽略集體潛意識的文化效應，以「科學微世界」和「生活世界」進行解釋，恐仍難以化解結構與行動的二元對立模式或主客對立觀點或天人對立取向。

　　這個批評確實十分到位。在建構「自我的曼陀羅模型」時（黃光國，2011；Hwang, 2011），筆者是刻意使用「認知與行為」的「科學語言」，根本沒有思考潛意識的問題。到筆者撰寫〈儒家文化中的倫理療癒和修養心理學〉的時候（Hwang, 2012），才開始將榮格心理學納入考量。現在要談「中西會通」，發展心性心理學當然必須嚴肅思考「自性」在「集體潛意識」中的位置，以解決「生活」與「科學」對立的問題。

⊡ 集體潛意識

值得強調的是：對於文化研究貢獻較大的心理分析家，不是弗洛伊德，而是榮格。榮格是瑞士人，大學時期立志要成為一位精神科醫師。畢業後，開始在精神病院工作時，發現可以用電流計測量具有激動情緒之作用的「情結」（complexes）。當時，弗洛伊德因為出版《夢的解析》（*The Interpretation of Dreams*）一書（Freud, 1899），而引起歐洲學術界的廣泛注意。

榮格因此主動和他聯繫，表示願意用自己的研究方法，證明弗洛伊德的理論。1907 年，兩人初次會面後，即展開密切的合作。可是，不久之後，榮格就因為不同意弗洛伊德將一些難以解釋的「情結」都解釋成「心理上的性」（psychosexuality），而和他發生歧見。

對弗洛伊德而言，潛意識是意識的殘餘，是被壓抑之廢棄物的儲藏庫。可是，榮格卻認為潛意識才是母體，它是意識的基礎。他將潛意識區分為兩個層次：表層的個人潛意識（personal unconscious），具有個人的特性，其內容主要是「情結」，包含被壓抑的慾望、被遺忘的經驗，以及閾下的知覺等；深層的集體潛意識（collective unconscious），則不是來自個人的學習經驗，它是得自遺傳而先天地存在的。個人潛意識一度曾經是意識，而集體潛意識卻從來不曾在意識中出現過，它是客觀的，跟宇宙一樣的寬廣，向整個世界開放（Jung, 1969）（如本書第二章之圖 2-1 及 2-2 所示）。

⊡ 文化的默會學習

可是，許多文化心理學的研究顯示：我們固然可以說集體潛意識是文化的儲藏所，然而文化卻是由默會的學習（implicit learning）而獲致的。更清楚地說，語言是文化最重要的載體，個人在其生活世界中學習語言及其在各種情境中的使用方式時，他同時也不知不覺地學習到語言所承載的文化。前蘇聯心理學家 Vygotsky（1896-1934）提倡起源研究法（genetic method），認為研究人類心理的發展，不只應當包括個體起源的探究，而且應當兼顧物種

起源（phylogenetic）的社會歷史分析。

Vygotsky（1927/1987）認為，個體的發展是根植於社會、歷史與文化，在研究人類的心理歷程時，必須同時關注整個社會與文化的歷史條件和歷史過程。個體發生史（ontogeny）關心的是個人從出生到老死之間，整個心智發展歷程所涉及的改變。而文化則是整個社群在其歷史過程中所創造之人為飾物（artifacts）的總和，它是一個社群所累積的人為飾物，也是人類（心智）發展的媒介（medium），更是人所特有的（species-specific）。人類使用的各種工具、創造的各種藝術、運用的各式語言，都是人為飾物的不同類別。就這層意義而言，文化是「現在的歷史」（history in the present）。作為心智之媒介（medium）的語言，其發展以及它在世世代代的繁衍、生產與再生產，都是人類獨特的顯著特徵。

▣ 文化的過去

在物種起源史（phylogenesis）方面，Vygotsky認為，人類與動物的分野在於高等心理功能的出現與發展。要了解人類與其他高等靈長類在物種發展史上的差異，就必須研究語言或文字的出現與使用、各種工具的創造、發明與使用，以及勞動形式的改變。此一部分的研究工作涉及整個人類歷史與文化的發生與發展。

在Vygotsky的影響之下，文化心理學者Cole（1996）認為，成人過去的文化經歷與限制，將透過社會化的歷程而轉移到新生兒身上，成為新生兒在發展上的另一種文化條件。換言之，成人會根據其自身的文化經驗所建構的世界，來創造與嬰兒互動的環境。唯有擁有文化的人類能夠回到「文化的過去」（culture past），並將它投射到未來，然後再把這個概念上的未來帶回現在，而構成新成員的社會文化條件。反過來說，文化的中介（cultural medium）使人類將自身的過去，投射到下一代的未來。這個觀點使我們能夠藉由文化來找到世代之間心理歷程的連續性。

▣ 中華文化發展的歷史

從這個角度來看，「文化的過去」就是透過語言的媒介而傳遞給個人。華人本土心理學者要想建構「含攝文化的理論」，就必須要先了解中華文化發展的歷史。在傳說中，孔子曾經問禮於老子，其學說以「仁」為核心；孔子的弟子孟子全力闡揚「義」的概念，荀子則主張「禮」，而構成「仁、義、禮」的倫理體系。法家思想以「法、術、勢」為主要內容；稍後又有兵家思想。這一脈相承的文化傳統代表了中華文化的辯證性發展，後起的思想對先行的學說有批判的繼承，也有創造的發展。用老子的話來說，這就是：「師道而後德，失德而後仁，失仁而後義，失義而後禮」（《道德經》），我們也可以進一步說，「先禮而後法，失法而後術，失術而後勢」，連「勢」都派不上用場，最後只好以兵戎相見。

春秋戰國時期「道、儒、法、兵」這一脈相承的思想發展，代表中華文化由聖入凡、由出世到入世的世俗化歷程。依這個順序發展下來，就是華人所謂的「順則凡」。而在道家思想中，則教導個人「復歸於樸」、「復歸於無極」，希望能夠回到「與道同體」的境界，則可以稱之為「逆則仙」。

▣ 民族發展歷程的重演

在「道、儒、法、兵」的文化傳統影響之下，個人發展的歷程幾乎是具體而微地重演了其民族發展的歷程。甚至在一日之中的不同階段，個人都可能重新經歷「道、儒、法、兵」的不同境界。王陽明講過一段頗具啟發性的話：

> 人一日間，古今世界都經過一番，只是人不見耳。夜氣清明時，無視無聽，無思無作，淡然平懷，就是羲皇世界。平旦時，神清氣朗，雍雍穆穆，就是堯舜世界；日中以前，禮岩交會，氣象秩然，就是三代世界；日中以後，神氣漸昏，往來雜擾，就是春秋、

戰國世界；漸漸昏夜，萬物寢息，景象寂寥，就是人消物盡世界。
學者信得良知過，不為氣所亂，便常做個羲皇已上人。（《傳習
錄》下卷）

　　王陽明所說的「羲皇世界」、「堯舜世界」、「三代世界」、「春秋戰
國世界」、「人消物盡世界」，和「道、儒、法、兵、佛」五家思想所要處
理的人生境界，大體是互相對應的。即使今日世界各地的華人社會紛紛轉變
成為工商業社會，若仔細思考王陽明所講的這段話，反倒令人覺得更為貼切。

　　用《知識與行動：中華文化傳統的社會心理詮釋》一書的概念架構來看
（黃光國，1995），話中那位「人」，清晨起床後，「神清氣爽」，和家人
相處，可能用源自於儒家的若干理念，經營出一幕「雍雍穆穆」的「堯舜世
界」。在現代的工商業社會裡，各式各樣的組織不斷地生生滅滅，大多數的
人也都必須置身於各種不同的組織之中。上班之後，在工作場合，有些華人
組織的領導者可能會用法家的理念來管理組織，企圖締造出他們的「三代世
界」。而其組織成員不論在組織內外，都可能使用兵家的計策行為，和他人
勾心鬥角，營造出一幕幕的「春秋戰國世界」。下了班後，回到家，在「萬
物寢息，景象寂寥」的「人消物盡世界」裡，他可能又「復歸於樸」，回歸
道家或佛家境界，「做個羲皇已上人」。

▣ 「身—心—靈」一生的發展

　　王陽明的比喻，說明繼承華人文化傳統的「人」，在一日之間可能具體
而微地重演其民族發展的歷程。不僅如此，這樣的一個「人」，一生發展的
過程也可能重演其民族發展的歷程。

　　用立體的「自我的曼陀羅模型」來看，王陽明所謂的「人」，應當是業
已經歷過兒童時期的「慾界」，而已進入到成人階段的「色界」。他不僅
「身—心—靈」三方面都已發展成熟，而且能夠運用源自中華文化傳統的行
動智慧，在生活中的不同場域，和與他關係不同的他人進行互動。

等到他邁入老年階段的「無色界」，他可能會企圖使用源自於道家的氣功、太極拳、外丹功，來維持「身—心—靈」的平衡，或使用禪坐、禮佛、唸經的方法，來祈求心靈的安頓。一旦這些努力都不再有效，佛教或道家的修養，也能夠使他坦然面對人生大限，「復歸於無極」，此正如智侃禪師所說的「撒手便行，古路坦然」。所以說，個體發展的歷程（ontogenesis）具體而微地重演了（recapitulates）其民族發展的歷程（phylogenesis）。

第二節　知識與智慧

用「自我的曼陀羅模型」來看，個人在成長的過程中，會針對自己所處的外在世界，學習到各種不同的「知識」（knowledge），以及如何使用「知識」獲取各種資源，以滿足「個體」需求的「智慧」（wisdom）。前者包含邏輯性、技術性、工具性的認知基圖（schemata），後者則包含行動能力（action competence）以及社會能力（social competence）。

▣ 三個世界

用 Giddens（1993）的構動理論（structration theory）來說，作為施為之主體的自我，具有兩種重要的能力：「反身性」（reflexivity），意謂他能夠覺察自己的行動，甚至能夠給出行動的理由；「能知性」（knowledgeability），則是指他能夠記憶、儲存、整理各種不同的知識，使其成為整合良好的個人知識系統。

我們可以借用 Karl Popper（1902-1994）「三個世界」的概念，來說明個人與知識之間的關係。在《自我及其腦》（*The Self and its Brain*）一書中，Popper 與 Eccles（1977）總結其的「進化認識論」而提出「三個世界」的理論，將人類所經驗到的世界區分為三個：第一，是物理客體或物理狀態的世界；第二，是意識狀態或精神狀態的世界，或有關活動之行為意向的世界；第三，是思想的客觀內容的世界，包括：科學思想、詩的思想，以及藝術作

品的世界。其中，Popper 最重視的是各種不同的理論體系、相關的問題和問題情境，以及圖書館中刊載這些訊息及其批判性辯論的期刊和書籍。

▣ 客觀知識

從科學發展的角度來看，問題、猜測、理論、期刊和書籍，其本質都是主觀精神狀態或行為意向的符號表現或語言表現，它們只不過是一種溝通的工具而已。然而，Popper 卻認為，第三世界是一種獨立存在的「實在」。假設有一天，所有的機器和工具以及如何使用它們的主觀知識都毀壞了，但圖書館以及我們從其中學習到的學習能力仍然存在，經過一段時間的調整，我們的世界仍然可以再次運轉。然而，假設連圖書館都毀壞了，以至於我們無法再從書籍中學習，則我們的文明在幾千年內都不會再重新出現。因此，他認為第三世界不僅是實在的，而且有其自主性。

客觀知識一旦形成之後，便與個人的主觀意向無關，它的存在不會受到個人意志的影響。即使沒有讀者，一本書仍然還是一本書。換句話說，相對於主觀意識而言，任何知識都是客觀的，有其相對穩定且可以公開的內容。Popper 認為，將客觀知識和主觀知識分開，知識才能跳脫發明者的主觀意識，而成為全人類可以共享的存在，並且使人類能夠根據客觀知識的遺產，繼承並且更進一步地發展知識。

Popper（程實定譯，1989）所說的「主觀知識」，就是「個人知識庫」中所儲存的主要內容。他所說的「客觀知識」，則是科學社群的研究成果，它們會儲存在「社會知識庫」中，而成為「社會知識庫」的重要內容，但卻只占「社會知識庫」的一小部分。通常也只有某一科學社群的專家，會去找尋 Popper（程實定譯，1989）所說的那種「客觀知識」。

在思考「社會知識庫」所儲存的內容時，筆者首先要指出的是：在人類知識發展的過程中，智慧的出現是先於理論的。因此，我們必須先討論：什麼是「智慧」？

▣ 兩種智慧

Paul Baltes 所領導的研究團隊在德國柏林的 Max Planck Institute 投入數十年的時間,研究人類的智慧。他們將智慧界定為一種人類理想中最完美的「烏托邦狀態」（Baltes & Kunzmann, 2004），認為智慧是一種文化集體性的產物。他們依照西方的文化傳統,在「個人實際的智慧表現」和「抽象的存在智慧概念」之間作出區分,認為個人在生活中所展現出來具有智慧的想法與作為,其實是儲存在文化中的抽象智慧理念的體現。從這個角度來看,人和文化中的重要經典文獻一樣,都是智慧的「承載者」（carriers）,但不管是個人或是這些經典文獻,都不具有真正的智慧。

由於個人所擁有的智慧,只是這個生命及實用智慧大集合的一小部分,因此 Baltes 等人將個人所具有的部分智慧稱為「智慧相關知識」（wisdom-related knowledge）,以別於文化群體所擁有的智慧。從第一章圖 1-1 的「自我的曼陀羅模型」來看,Baltes 等人所作的這種區分具有十分重要的意義。個人所擁有的「智慧相關知識」,儲存於「個人知識庫」之中;而「抽象存在知識概念」則儲存於「社會知識庫」之中。這兩種知識對於本土心理學的發展各有其重要的含意,必須分別加以析論。

▣ 「智慧」與「哲學」

為了說明中華文化傳統的「智慧」與以「哲學」作為基礎的近代「知識」有何不同,在《聖人無意:或哲學的他者》一書中,法國哲學家 Jullien（閻素偉譯,1998/2004）指出,中華文化傳統中的道家、儒家、佛家思想,跟西方的哲學有其本質上的差異。儒、道、佛各家聖人對其弟子所作的訓誨,應當說是一種「智慧」（wisdom）,並不是西方意義中的「哲學」（philosophy）。西方的哲學是哲學家以某一觀念作為基礎,用辯證性的邏輯思考逐步推演出來的。這種優先的觀念,就是 Heidegger 所說的「基礎律」（principle of ground）。它源自希臘文的「axiom」,在命題推演的過程中,它是

作為始端的命題。中華文化傳統中的「智慧」卻強調「勿意、勿必、勿我、勿固」，它沒有優先的觀念（意），沒有固定的立場，也沒有個別的自我。因此，聖人所說的觀念都可以保持在同一個平面之上，並沒有先後之別。

正因為西方哲學是以某一種觀念作為基礎，用辯證性思考逐步推演出來的，故不同的哲學家可以根據不同的預設，發展出不同的哲學。因此，西方的哲學是有歷史的，不同的哲學家對某一特定範疇中之事物所作的解釋，也不斷地進步。與此對比之下，智慧卻沒有歷史，任何人都沒有辦法寫一部智慧的「發展史」。聖人可以從不同的角度說出不同的話語，他所說的每一句話，雖然不斷地在變化，但卻是智慧的「全部」，所以需要一再的重複。

為了要進行辯證性的思考，西方哲學對其核心概念必須給予清楚的定義，讓人了解其意義，藉以正確認識外在世界中的事物。針對其認識之對象所存在的範疇，哲學家可以用各種不同的方法，來檢驗其命題陳述的正確與否，而逐步朝向所謂的「真理」邁進。相形之下，聖人的「智慧」卻是以「嘉言懿語」的方式呈現，其中不必有嚴謹的定義，卻能提醒人注意到大家視之為理所當然的事物之「道」。對於這些他所熟知的事物，他之所以會視若無睹，只不過是因為他被偏見遮蔽，雖看到了事物的一面，卻看不到事物的另一面。聖人所說的智慧話語，讓他意識（悟）到事物的整體，而不是學習到某種認識世界的方法。

第三節 「文化思想考古」與「中西會通」

林耀盛（2010）指出：

　　當文化意識已經成為心理學的基本地景時，反倒需要逆反的策略。亦即從 Kvale（1992）宣稱心理學需要翻轉，將心理學翻轉為從「心靈的考古學到文化的地景學」，如今，需要的轉向是，將心理學二度翻轉為從「心靈的地景學到文化的考古學」。換言之，亦

即進行「文化思想考古」，切問近思，以此來挖掘心理學「歷史」的本來面目，辨讀深蘊的底層動力。而後將人們的心理與行為，重新安置在考掘還原的文化處境下進行理解。

▣ 軸樞時代

在筆者看來，我們要想進行這種「文化思想考古」，就必須要進行一種「中西會通」的學術工程。德國哲學家 Karl Jaspers 於 1949 年出版《歷史的起源與目標》一書（Jaspers, 1949/1953），提出了「軸樞時代」（Axial Age）的哲學發展理論，認為當代世界上的主要宗教背後的哲學是在西元前八世紀到前二世紀的六百年之間發展出來的。在那段期間，不論是西方、印度及中國，都湧現出許多革命性的思想家，促成了這三個地區文化的蓬勃發展。在那個「軸樞時代」，西方文化的代表人物是「希臘三哲」：Socrates、Plato、Aristotle；印度文明則對應的是釋迦牟尼佛；而中國的聖哲是孔子、孟子、老子、莊子等人。耶穌基督的誕生，則是西元紀年的開始。

在西元第一世紀的東漢時期，佛教傳入中國，與中國文化結合，而成為「儒、釋、道」三教合一的東亞文明。用「自我的曼陀羅模型」來看，這樣的文化傳統基本上是一種處理生活世界之事物的「智慧」，今日我們要想進行「文化的考古學」研究，就必須正視葉啟政（2009）所提的：「除了方法論之外，本土心理學發展尚涉及到認識論乃至存有論的層面；或說，至少必然涉及到一些具特殊『歷史—文化質性』的實質概念與經驗命題。」葉啟政也指出：「『本土化』意涵的，不只是針對特定區域之『現在性』的現實經驗探索，更是對未來『全球』文化發展的一種深具『期待』性質的知性思考。」

▣ 三大文化區

基本上，筆者完全同意這個論點。在筆者看來，當年 Jaspers 所謂的四大

文明，經過兩千多年後，已經發展成三大文化區。Inglehart與Baker（2000）曾經在 65 個國家作了三波的「世界價值觀調查」（World Values Survey, WVS），結果顯示：在控制經濟發展的效果之後，在歷史上屬於基督教、伊斯蘭教和儒教的三大文化區，顯現出截然不同的價值系統。這些社會在「傳統／世俗—理性」（traditional versus secular-rational）和「生存／自我表現」（survival versus self-expression）的價值向度上有所不同。雖然大多數社會（包括西方）都朝向「世俗—理性」及「自我表現」的價值（即現代與後現代）之方向變動，但其速度並不相同，而且各文化區之間仍保有其差異性。

他們的研究顯示：如果將經濟發展的因素排除掉，則世界各國可以區分成基督教（包括新教、天主教、東正教）、儒教和伊斯蘭教三大文化區。因此，他們懷疑「在可預見的未來，所謂現代化的力量是否會產生一種同質的世界文化」（Inglehart & Baker, 2000, p. 49）。在這三大文化區中，系出同源而又同樣信仰一神教的兩大文化區，一方面因為西方國家煽動茉莉花革命，搞得中東地區的許多伊斯蘭國家秩序崩潰，國際難民四處流竄；另一方面，歐洲國家組成的歐盟，也因為 IS 不斷發動恐怖攻擊，而面臨種種的危機。

在筆者看來，在未來一個世代（三十年）之間，中國知識分子必須要以「儒、釋、道」三教合一的文化傳統作為主體，吸納西方文明之優長，回過頭來研究自己的文化傳統，將之轉化成為一種客觀知識，為長期處於一神教對立衝突的「全球」文化，提供一種可能的出路。

▣ 科學哲學

所謂「西方文明之優長」，就是西方的科學哲學。在過去二十幾年間，為了解決心理學本土化運動所遭遇的各項難題，也為了讓年輕學者了解西方科學哲學的演變，筆者以十餘年工夫撰成《社會科學的理路》一書（黃光國，2013），介紹二十世紀裡十七位有代表性的科學哲學家對於本體論、知識論和方法論的主張。這本書分為兩大部分，前半部所討論的「科學哲學」，主要是側重於「自然科學的哲學」，尤其強調由「實證主義」到「後實證主

義」的轉變;後半部則在論述「社會科學的哲學」,包括:結構主義、詮釋學和批判理論。由於包括心理學在內的許多門社會學科,都同時兼具「自然科學」和「社會科學」的雙重性格,今日要想解決本土心理學發展上的難題,必須採取「多重哲學典範」的研究取向,針對不同性質的問題,採用最適切的科學哲學來尋求其解決之道。

從 2000 年起,筆者開始擔任教育部「華人本土心理學追求卓越計畫」總主持人。在執行該計畫的八年期間,筆者殫精竭慮,一面思考跟心理學本土化有關的各項問題,一面從事研究,撰寫論文,在國內外學術期刊上發表。該項計畫於 2008 年初結束之後,筆者又以將近一年的時間,整合相關的研究成果,撰成《儒家關係主義:哲學反思、理論建構與實徵研究》一書(黃光國,2009)。三年之後,該書之英譯本改以 *Foundations of Chinese Psychology* 之名出版(Hwang, 2012)。

▣ 儒家關係主義

這本書是以「後實證主義」的科學哲學作為基礎,強調本土心理學的知識論目標,是要建立由一系列理論所構成的科學微世界,既能代表人類共有的心智,又能反映文化特有的心態。基於這樣的前提,在該書第四章中,筆者以西方科學中的後實證主義和結構主義作為基礎,說明筆者如何建構〈人情與面子〉的理論模型,並以之作為架構,用詮釋學及批判理論的方法,分析儒家思想的內在結構,這樣分析所得到的「庶人倫理」與〈人情與面子〉的理論模型有本體論上的同構關係。筆者先對以往有關華人道德思維的研究做後設理論分析,然後從倫理學的觀點,判定儒家倫理的屬性,接著以「關係主義」的預設為前提,建構出一系列「儒家關係主義」的「科學研究綱領」(scientific research programme)(于秀英譯,1978/1990),而以「儒家倫理與道德的結構」為其「硬核」(hard core)。將來有志於此的學者,便可以此作為基礎,繼續建構「含攝儒家文化」的社會科學理論。

☑ 詮釋實在論

對於中國傳統「天人合一」的文化而言，這種「主／客對立」的理論建構方式，完全是一種異質文化的產品。對於這個問題，林耀盛（2015）說道：

> 實在論的科學哲學可以形成實證論毒藥的解方，那實在論的建構，又要如何回應生活世界自身與人我共在的重要性，進而讓多元典範得以在「視域融合」下互為理解的詮釋循環開展，而非確立一種普遍性的理論主張，恐怕需要更多的澄清與論證，才不會落入一種二元性的陷阱。亦即，「詮釋實在論」與「建構實在論」的對論，如何彼此成為競爭典範，涉及本體論層次的思考，而不僅是認識論與方法論的探問。從客觀科學的優越性還原到生活世界的優位性，需有更多的實徵探討。

筆者一再指出：筆者在建構以「儒家倫理與道德的結構」作為「硬核」的「科學微世界」時，是以「建構實在論」和「批判實在論」作為其哲學基礎（Hwang, 2015a, 2015b），而詮釋學所主張的「詮釋實在論」則是一種「反實證主義」（anti-positivism）的討論。針對這一點，陳復（2018）在〈儒家心理學：黃光國難題正面臨的迷陣與突破〉一文中，從「心學心理學」的觀點，作了更為細緻地辯難。他首先提出兩種「實在論」：「歷史實在論」（historical realism）和「精神實在論」（spirical realism）。由於這兩種「實在論」代表了中華文化中「天人合一」的觀點，它跟「主／客對立」的「實在論」恰好成為一個鮮明的對比。

陳復（2018）非常了解他所主張的「歷史實在論」跟「精神實在論」是一種「植基於傳統的實在論」，這種「實在論」的最大特徵在於「生命世界」不再需要透過任何實在論作為橋梁來與「微觀世界」展開交流，生命世

界來自心體，通過歷史實在論與精神實在論有關於「實在範疇」、「真實範疇」與「事實範疇」的驗證（鍛鍊），面對森羅萬象的微觀世界，直接在實踐中選擇對應的微觀世界來詮釋來自心體的領會。

在此筆者要特別指出的是：陳復這裡所謂的「微觀世界」，是個人主觀的「微觀世界」，而不是以西方科學哲學為基礎所建構出來的「科學微世界」。陳復說：「在他所謂的『歷史實在論』和『精神實在論』裡，我們同樣希望從已發生的現象來推論到實在具有『變易』與『不易』的結構。」筆者可以同意這個說法。《易經》「恆」卦的象詞說：「天地之道，恆久而不已也。利有攸往，終則有始也。日月得天而能久照，四時變化而能久成，聖人久於其道而天下化成。觀其所恆，而天地萬物之情可見矣。」在《易經》影響之下，中國人的傳統世界觀確實是想在「變易」的萬象中，找出「不易」的結構。然而，筆者要指出的是：這種在「生活世界」裡的「變易」中找尋「不易」的傳統思維方式，和西方學者以「主／客對立」的方式建構「科學微世界」，是完全不同的，我們可以再回到「自我的曼陀羅模型」來說明這一點。

▣ 生活世界中的「智者」

在任何一個文化群體中，都有其「抽象存在的智慧概念」，儲存在他們的「社會知識庫」中，而可能為其成員所引用。同樣地，在任何一個文化群體裡，都有許多的「智者」，他們在生活中所展現出來的智慧，經常被其成員所引用，甚至成為大家所認同或模仿的對象。

根據 Baltes 等人的研究，一個有智慧的人在經過不斷的練習與經驗累積之後，於面對生活世界中的事務時，他所擁有的智慧相關知識與運用此類知識的手法，通常具有下列五項特色（Baltes, Staudinger, Maercker, & Smith, 1995）：

1.他擁有廣泛的事實知識（factual knowledge）。

2.他擁有豐富的程序知識（procedual knowledge）。

3.他了解生命本身的多變不定（uncertainty）。

4.他如何因應某種生命階段之處境（life-span context）。

5.因而，他能夠整合各種不同的知識，進而以相對性的價值觀（rclati-vism）作出決定或下判斷。

　　許多理論大多主張：智慧的功能通常是個體面對現實生活中的種種挑戰，在處理人生相關核心議題時，才能真正發揮出來，尤其是個體在面對情感、人際和存在等困境時，才會激發出智慧，例如：Clayton（1982）以及Kramer（1990, 2000）都指出，成人階段的智慧功能，通常發揮在解決問題、提供建構、領導機構、回顧人生和靈修自省等五大面向之上。Sternberg（2000）也認為，智慧的功能主要是發揮在平衡個體、他人和群體之間有關利益的問題之上。

⊡ 智慧的結晶

　　從這個角度來看，任何一個文化傳統都會有許多「智慧的結晶」（cry-stallized intelligence），幫助其成員處理有關「生命規劃」（life planning）、「生活管理」（life management）與「人生回顧」（life review）等重大生命議題（Baltes, Dittmann-Kohli, & Dixon, 1984; Baltes & Smith, 1990），例如：Moody（1983）分析西方的歷史文獻後發現，智慧展現的範疇包括：扶養家庭、服務社群、企業管理、教區經營、政府管理和國際關係。在現代，深入討論智慧的兩大領域包括：(1)管理人類事務的專業，如法律、行政等領域；(2)探討人類存在本質的領域，如神學和宗教。楊士英研究臺灣華人的智慧觀時發現（楊世英，2008；Yang, 2007）：臺灣社會中的民眾智慧通常是在日常生活中以下列方式呈現：(1)妥善處理生活事務，例如：解決工作上所遭遇到的難題與挑戰，在強大壓力下堅持作自己認為正確的事，化危機為轉機；(2)圓融地經營人生，例如：決定人生發展方向，活得有意義，生活有價值；(3)成功地造福社會，例如：幫助他人或對大環境有所建樹，以求共善。

　　總而言之，任何一個文化傳統都有其「抽象存在的智慧概念」，可以幫

助個人解決其在生活世界中所遇到的難題。至於如何運用這些「文化傳統」，則是「運用之妙，存乎一心」，取決於個人的「智慧」。

第四節　反思「自性」

　　個人在其生活世界所遭遇到的林林種種問題中，最為關鍵性者，莫過於自身存在意義的問題。Giddens（1993）的構動理論雖然認為人具有「反身性」，能夠覺察自己的行動，並且能夠給出行動的理由，然而人並不一定會對自己的每一項行動都進行反思。依照 Giddens 的說法，行動者的實作意識（practical consciousness），使他能夠以默會的方式，熟悉並身體化某種實作的技巧或知識。Bourdieu（1990）的「建構主義的結構論」（constructivist structuralism）則是以「慣習」（habitus）這個概念，來說明這種藉由身體（embodied）所表現出來的結構化特質，它是在某一社會結構條件下，行動者所形成的實踐或行動傾向，讓行動者得以在特定的時空情境和社會關係網絡中，表現出具有一定秩序的動態之身心實踐形式。

▣ 自我的雙元性

　　行動者的實作實識雖然也有規則可循，但一般人通常只能心領神會，知道如何（how）實作，但不一定知道自己為何（why）要如此作。然而，當個人「反思地監視」（reflexively monitor）自己及他人的行動時，他的「論述意識」（discursive consciousness）卻使他能夠計算並評估自己行動的後果，同時為自己及其他人的行動提供合理化的理由。

　　從心理學的角度來看，個人反思覺察（reflexively awareness）的能力會使個人產生自我的雙元性（duality of self）：作為「主體」（subject）的自我能夠整合自己的行為，使自己與他人有明顯的不同，並以之作為「自我認同感」（sense of self-identity）的基礎；同時，自我又能夠以自己作為反思覺察的客體，看出自己和世界中其他客體之間的關係，並把自己看作是某一特殊

社會群體中的一部分，而獲致一種「社會認同感」（sense of social identity）或「個人認同感」（sense of personal identity）。

對於生活於華人社會中的個人而言，他最重要的「社會認同感」，就是跟他生活世界中各種不同的互動對象，建立適當的角色關係。用前節所述儒家的「庶人倫理」來說，他的「社會認同感」使他有足夠的「智慧」，讓他在跟不同的社會對象互動時，能夠依據社會上對於「做人」的要求，表現出符合「仁、義、禮」等「仁道」的行動。

在「個人認同感」方面，個人最重要的任務，就是根據前節所述的歷史實在論和精神實在論，找出自己的「人生之道」。用榮格心理學的觀念來說，這就是找尋自己的「自性」。

▣ 超越的原型

為了要了解自己潛意識的內容，榮格很早就以法國人類學家 Levy-Bruhl（1857-1939）對於「集體表徵」（collective representation）的研究為基礎，從精神病患敘說的象徵中，探索集體潛意識中的「原型」或「原始模型」（primordial archetype）。榮格指出，在世界各國文學的神話和童話中，都有反覆出現的主題。在今日活著的個人幻想、夢境、極度興奮和錯覺中，都能發現相同的主題，這些典型的形象和聯想，稱為原型的理念（archetypical ideas）。原型愈生動逼真，愈容易被抹上情調的色彩（feeling-toned），它讓我們留下印象，能夠影響或迷惑我們（Jung, 1969）。

然而，「原型」自身卻是超越的，它是空洞的純粹形式，正如在母親身體中孕育的一種晶體結構（crystalline structure in the mother liquid），本身沒有任何物質實體（no material existence of its own）（Jung, 1969），所以它真正的本質是不可能被意識到的。雖然它沒有包含任何東西，但它卻先天具有各種展現的可能性。

榮格探索過的「原型」，包括：人格面具（persona）、阿尼瑪（anima）、阿尼姆斯（animus）、陰影（shadow）、老智者（old wise man）、老

祖母（grande-mere）等。在榮格研究的各種「原型」中，最重要的是「自性」。

「自性」的中心是「至善」（the Good），它是其意義與人格取向的基型（archetype of orientation and meaning），個人所做的每件事都必須朝向中心。朝向中心就是朝向「至善」的整體，當個人所作所為都是朝向「至善」的時候，他會覺得自己的生命充滿了意義感，他的心裡也必然是健康的；相反的，如果個人的行動違背了「至善」的目標，他的生命便開始出現沉淪的跡象，因此找回「自性」會有療癒的功能。

▣ 向「未思」開放的心理學

林耀盛（2017）呼籲我們要發展一種向「未思」開放的心理學，他說：

> 王陽明在《傳習錄》指出：「誠是實理，只是一個良知。實理之妙用流行就是神，其萌動處就是幾，誠、神、幾曰聖人。聖人不貴前知，福禍之來，雖聖人有所不免。聖人只是知幾，遇變而通耳！」這裡的「幾」就是「心理萌發之處」，也就是在心意發動之處即加以把握；心學的神，正是本我的神，不在我的對立面，而在自己「萌動之處」的「幾」為基礎。心不是穩定實體的研究單位，而是充滿各種可能性的萌發之處，是尚待開拓的、未見的、尚未思考的「幾」地。

在筆者看來，這種心理學所要探討的首要課題，就是「自性」，尤其是作為其核心的「至善」。在中國歷史上，對於「自性」探討最為深入的學者，首推朱熹，他所編的《四書集註》將《大學》列為四書之首，而《大學》開宗明義的第一句話便是：「大學之道，在明明德，在新民，在止於至善。」把這個概念放置在筆者所建構的「自我的曼陀羅模型」中來看，《大學》中「三綱」的意思就是說：「自我」只要了解「自性」中的這種「自明之

德」，它包含「意識」和「潛意識」在內的一切作為，都會朝向「至善」的目標，作出「苟日新，日日新，又日新」的行動，讓「自我」覺得自己的生命充滿了意義感。

◫ 人類的最高善

東方如此，西方亦莫不然。在《理想國》一書中，Plato 以 Socrates 扮演對話的主角，跟不同的雅典人與外邦人進行對話，對話的內容旨在探討：究竟什麼是「世事的道理」？探討的領域包含經濟學以及政治社會學中的政治哲學、倫理學、正義及知識。此對後來的學者有深遠的影響，成為政治學領域的基本經典。

《理想國》一書對話的中心問題是：「什麼是正義？」從這個基準點出發，Plato 希望通過 Socrates 的思想，建造一座理想的城市，這個城市的司法是公正而完美無缺的。

令人感興趣的是，Plato 竟然是以「爾的生死箴言」（The Myth of Er）這個傳奇故事作為《理想國》一書的結尾。故事的開始，是一位名為「爾」（Er）者戰死沙場。在他死後十天，當有人來清理戰場時，他的屍體仍然未腐化。兩天後，他準備從火化屍體的柴堆上復活，並且告訴世人他的死後生命之旅，包括輪迴轉世以及星界天體的敘述。

Socrates 敘說「爾」的故事，是為了向他的提問者 Glaucon（Plato 的侄子）解釋，靈魂一定是不朽的，不可能被摧毀。

在《理想國》卷二中，Socrates 告訴 Glaucon，即使是神明也可能被聰明的騙子唬弄，這些騙子表現得很正直，但其實他們的心靈（psyche）是歪曲的。眾神會歡迎虛假偽裝成揮術「人民的人」，卻拒絕和懲罰真正剛直而被誣告的人。

在「爾的生死箴言」中，眾神將那些虛假的虔誠者以及那些在道德上違反常規的人，都送去選擇下一世的生命。當他們後來選擇當暴君時，這些人的真實性格才暴露出來。

在「爾的生死箴言」裡，我們得到的啟發是：哲學理念可以開啟智慧，真正賢德的人是具有偉大心靈的人，這個人擁有「Eudaimonia」，也就是「人類的最高善」，可以破除獎勵和懲罰的迷思與惡性循環。

無論生命如何對待一個人，或是一個人用各種方式變得多麼成功、有名或有權，甚至如箴言中所說的那樣，無論一個人經歷了多少暫時的天堂果報或地獄懲罰，這些美德將始終是一個人最大的優勢。

在〈思「反」心理學〉一文中，林耀盛（2017）引述 Jullien 的說法，來說明所謂的心性之「幾」：

> Jullien 在《聖人無意：或哲學的他者》（*Un sage est sans idee ou l'autre de la philosophie*）一書（閆素偉譯，1998/2004）中，嘗試透過王夫之來理解孔子，說明「中庸」之道並不是處在各種極端的中間，而是對不同的端點都採取同樣的開放態度。他認為，要有效達到中／西文化的流動對話，先去破除文化自我中心的成見是必要的，甚至是首要的。他相信，東／西互照的雙面鏡具有照妖的解蔽功能，一則可解除唯我獨尊的意識型態，二則可解放中心固著而走向跨域流動。這是一種創造性的開放過程，而非守成式的執中態度。以「虛待」的智慧與「中庸」的態度，面對心理學的心性之「幾」，是打開心理學原本的生命情味的曲道，更是思想考古的當代化，是讓學科慾望回到自身，而非只是一味朝外模仿學習，卻陷入渴望而不可及的坦塔洛斯困境。

筆者非常同意：「東／西互照的雙面鏡具有照妖的解蔽功能」，可以「破除文化自我中心的成見」。從榮格心理學的角度來看，所謂「心理萌發之處」應當就是「自性」之中的「至善」吧？

▣ 「存有」預設的歷史原型

在〈「榮進」之後：黃光國難題，我們的難題〉一文中，林耀盛又引述葉啟政的說法：

> 經驗可徵的「現在性」，確立了本土文化的獨立性。縱然它吸收了外來文化的底蘊而獲得一定的神韻，它所生成的意義畢竟還是人們自身在本土的特殊生活處境裡所孕育出來的，是不能移植、也不可能化約的成分。特別對邊陲社會來說，這樣的文化「現在性」的呈現，基本上乃反映著「外來現代」與「本土傳統」兩種文化基素，以某種特定方式糾結混合的成形體現。依此，追本溯源地對其背後之哲學人類學「存有」預設的歷史原型進行評比性的理解，並著手文化解碼工夫，遂成為一項必須深究的嚴肅課題。

對華人文化傳統而言，其哲學人類學的「存有」預設，就是源自《易經》的宇宙觀。以科學哲學作為基礎建構出「儒家倫理與道德的結構」，則是要將傳統文化作「現代性」的展現。儒家倫理與道德是支撐住華人生活世界的先驗性形式架構，它會展現在華人生活中的每一個層面。當我們追溯「外來現代」與「本土傳統」兩種文化傳統背後之哲學人類學「存有」預設，並對其「歷史原型進行評比性的理解」時，我們可以看出，林耀盛（2017）所指「心理萌發之處」的「幾」地，很可能就是「自性」中的「至善之地」了。

❈❈❈❈❈❈❈❈❈　參考文獻　❈❈❈❈❈❈❈❈❈

中文部分

于秀英（譯）（1978/1990）。科學史及其合理重建。載於**科學研究綱領方法論**（原作者：I. Lakatos）（頁 157-217）。臺北市：結構群文化。

林耀盛（2010）。**本土心理學的 21 世紀發展議程：人文取向的臨床心理學**。發表於東華大學諮商與臨床心理學系、中央研究院民族學研究所、慈濟大學人文臨床與療癒研究室、臺灣大學本土心理學研究室、國家科學委員會主辦，「華人本土心理學跨向 21 世紀學術論壇：再反思、多元實踐及新發展研討會」。花蓮縣。

林耀盛（2015）。「榮進」之後：黃光國難題，我們的難題。載於**心理學第三波：黃光國「榮進」學術研討會論文集**。臺北市：臺灣大學心理學系。

林耀盛（2017）。坦塔洛斯的困題：思「反」心理學，批判社群革「心」。載於**破解「黃光國難題」的知識論策略**。臺北市：臺灣大學出版中心。

閻素偉（譯）（1998/2004）。**聖人無意：或哲學的他者**（原作者：F. Jullien）。北京市：商務印書館。

陳復（2018）。儒家心理學：黃光國難題正面臨的迷陣與突破。**本土心理學研究，49**，3-154。

程實定（譯）（1989）。**客觀知識**（原作者：K. Popper）。臺北市：結構群文化。

黃光國（1995）。**知識與行動：中華文化傳統的社會心理詮釋**。臺北市：心理。

黃光國（2009）。**儒家關係主義：哲學反思、理論建構與實徵研究**。臺北市：心理。

黃光國（2011）。**心理學的科學革命方案**。臺北市：心理。

黃光國（2013）。**社會科學的理路**（第三版）。臺北市：心理。

黃光國（2017）。**儒家文化系統的主體辯證**。臺北市：五南。

楊世英（2008）。智慧的意涵與歷程。**本土心理學研究，29**，185-238。

葉啟政（2009）。全球化趨勢下學術研究「本土化」的戲目。載於蘇峰山、鄒川

雄（主編），社會科學本土化之反思與前瞻：慶祝葉啟政教授榮退論文集。
高雄市：復文。

英文部分

Baltes, P. B., & Smith, J. (1990). Toward a psychology of wisdom and its ontogenesis. In R. J. Sternberg (Ed.), *Wisdom: Its nature, origins, and development* (pp. 87-120). New York, NY: Cambridge University Press.

Baltes, P. B., Dittmann-Kohli, F., & Dixon, R. A. (1984). New perspectives on the development of intelligence in adulthood: Toward a dual-process conception and a model of selective optimization with compensation. In P. B. Beltes & O. G. Brim Jr. (Eds.), *Life-span development and behavior* (Vol. 6) (pp. 39-76). New York, NY: Academic Press.

Baltes, P. B., & Kunzmann, U. (2004). Two faces of wisdom: Wisdom as a general theory of knowledge and judgment about excellence in mind and virtue vs. wisdom as everyday realization in people and products. *Human Development, 47*, 290-299.

Baltes, P. B., Staudinger, U. M., Maercker, A., & Smith, J. (1995). People nominate as wise: A comparative study of wisdom-related knowledge. *Psychology and Aging, 10*, 155-166.

Bourdieu, P. (1990). *In other words: Essays towards a reflexive sociology* (Trans. by A. Mattew). Stanford, CA: Stanford University Press.

Clayton, V. P. (1982). Wisdom and intelligence: The nature and function of knowledge in the later years. *International Journal of Aging and Human Development, 15*, 315-321.

Cole, M. (1996). *Cultural psychology: A once and future discipline.* Cambridge, MA: Harvard University Press.

Freud, S. (1899). *The interpretation of dreams* (3rd ed.) (Trans. by A. A. Brill). New York, NY: The Macmillan.

Giddens, A. (1993). *New rules of sociological method: A positive critique of interpreta-*

tive sociologies (2nd ed.). Stanford, CA: Stanford University Press.

Hwang, K.-K. (2011). The mandala model of self. *Psychological Studies, 56*(4), 329-334.

Hwang, K.-K. (2012). *Foundations of Chinese psychology: Confucian social relations.* New York, NY: Springer.

Hwang, K.-K. (2015a). Cultural system vs. pan-cultural dimensions: Philosophical reflection on approaches for indigenous psychology. *Journal for the Theory of Social Behaviour, 45*(1), 1-24.

Hwang, K.-K. (2015b). Culture-inclusive theories of self and social interaction: The approach of multiple philosophical paradigms. *Journal for the Theory of Social Behaviour, 45*(1), 39-62.

Inglehart, R., & Baker, W. E. (2000). Moernization, cultural change, and the persistence of traditionhal values. *American Sociological Review, 65*, 19-51.

Jaspers, K. (1949/1953). *The origin and goal of history*. London, UK: Routledge.

Jung, C. G. (1969). *Aion (1951)* (2nd ed.) (Trans. by R. F. C. Hull). Princeton, NJ: Princeton University Press.

Kramer, D. A. (1990). Conceptualizing wisdom: The primacy of affect-cognition relations. In R. J. Sternberg (Ed.), *Wisdom: Its nature, origins, and development* (pp. 279-323). New York, NY: Cambridge University Press.

Kramer, D. A. (2000). Wisdom as a classical source of human strength: Conceptualization and empirical inquiry. *Journal of Social and Clinical Psychology, 19*, 83-101.

Kunz, G. (2002). Simplicity, humility, patience. In E. E. Gantt & R. N. Williams (Eds.), *Psychology for the other: Levinas, ethics and the practice of psychology* (pp. 118-142). Pittsburgh, PA: Duquesne University Press.

Kvale, S. (1992). Postmodern psychology: A contradiction in terms? In S. Kvale (Ed.), *Psychology and postmodernism* (pp. 31-57). London, UK: Sage.

Moody, H. R. (1983, November). *Wisdom and the search for meaning*. Paper presented at the 36th annual meetings of the Gerontological Society of America, San Francisco, CA.

Popper, K., & Eccles, J. C. (1977). *The self and its brain*. London, UK: Routledge.

Sternberg, R. J. (2000). Intelligence and wisdom. In R. J. Sternberg (Ed.), *Handbook of intelligence* (pp. 629-647). New York, NY: Cambridge University Press.

Vygotsky, L. S. (1927/1987). The historical meaning of the crisis in psychology: A methodological investigation. In R. W. Rieber & J. Wollock (Eds.), *The collected works of L. S. Vygotsky* (Vol. 3) (pp. 233-343). New York, NY: Plenum Press.

Yang, S. Y. (2007). Conceptions of wisdom among Taiwanese Chinese. *Journal of Cross-Cultural Psychology, 32*(6), 662-680.

第六章　修養心理學：黃光國儒家自我修養理論的問題

陳復

第一節　普世性或特殊性？黃光國的自我觀念

　　黃光國關注華人本土社會科學的成熟發展，冀圖撥亂反正，翻轉歐洲哲學家長年基於其「歐洲中心主義」（eurocentrism）引發的偏見，而帶來對中華思想與中華文化的不精確評估。他撰寫的《盡己與天良：破解韋伯的迷陣》一書，特別關注儒家自我修養理論的議題，並替其主張的「修養心理學」（psychology of cultivation）提供重要的觀念基石。筆者曾陸續撰寫〈黃光國難題：如何替中華文化解開戈迪安繩結〉（陳復，2016）與〈儒家心理學：黃光國難題正面臨的迷陣與突破〉（陳復，2018）兩篇文章，提出面對中華文化具有天人合一的特徵，黃光國採取「天人對立」的研究取徑來認識中華文化，冀圖架構科學哲學的「微觀世界」（micro world）來詮釋中華文化的「生命世界」（life world），藉由發展出華人本土社會科學，完成他在《盡己與天良：破解韋伯的迷陣》的「自序」標題與內容指出的「中華文化的第三次現代化」（黃光國，2015，頁 i-vi），筆者指出這種思考路徑可謂「黃光國難題」（Hwang Kwang-Kuo Problem）。由於黃光國企圖檢視中華思想與中華文化的各種不同樣貌，使得相應發展出來的「黃光國難題」宛如一個多面水晶體，從不同的面向可觀察（折射）出不同的構面內容，讓人發現「中西會通」與「儒佛會通」正面臨各種觀念難題。為什麼會說不只有中西會通，還包括儒佛會通的各種觀念難題呢？蓋因「黃光國難題」不僅指向中西兩大

文化系統的溝通與整合，更觸及重新展開中華文化內部的溝通與整合。自明朝中期始，因心學主導與展開的儒釋道三教整合歷程（意即呈現「三教合一」的景象），雖已獲得階段性的重大成果，各教都有整合其他兩教而發展出的經典作品，諸如道教有《性命旨歸》，佛教有《了凡四訓》，心學自身更因陽明弟子如泰州學派諸大家面向社會底層的傳播與發展，各行各業都有信眾，讓心性探索成為跨越名相的共法，更影響並促成林兆恩發展出具有三教合一性質的「三一教」（何善蒙，2006），這對後來一貫道信仰系統提供了重要的啟發。透過心學思想主導與展開的三教會通，其中「儒道會通」有比較深層的融貫，「儒佛會通」則雖開啟人間佛教的大興，然其已屬於佛教思想儒家化的呈現，如深究兩教的根本義理，有關於「自我」的認識實有關鍵性的歧異，卻在「會通」的名義裡被淡化處理，尤其黃光國希望架構出相應的理論，來詮釋儒釋道三教合一的生命世界，基於完成「中華文化的第三次現代化」的願景，如何架構觀念更嚴謹的自我修養理論，這點更值得仔細釐清。然而，黃光國的願景固然深刻且宏大，其對於儒家思想本身的自我觀念與其相應的修養理論，究竟是否有精確無誤的認識呢？筆者頗有些不同角度的反思，期待就教於黃光國。

　　首先，黃光國批評最早討論華人有關「自我」這個議題的哲學家黑格爾（Georg W. F. Hegel, 1770-1831），Hegel 武斷認為華人完全生活在由上而下的「集權主義」（top-down totalitarianism）裡，因此華人有關「自我」的特徵呈現出「自我否定」或「沒有自我」（selflessness）的型態，美國漢學家安樂哲（Roger T. Ames）將其稱作「空心人模式」（the hollow man model）（Ames, 1994）。黃光國認為，黑格爾的說法來自二元對立的概念，雖然並不精準，然而儒家倫理的實踐確實偏重於外在世界對於「自我」的評價，例如孟子說：「不恥不若人，何若人有」（《孟子‧盡心上》），就是個人在社會情境中因為自覺「不若人」而引發的羞恥感；這種主觀感受來自個人經由「社會比較」後，認為自己在某方面比不上他人，因此有「丟臉」或「失面子」的感覺。他並引用孔子稱讚孔文子「敏而好學，不恥下問」（《論語

‧公冶長》），來指出一般人對於求教於社會地位比自己低的人都會覺得羞恥，再引用稱讚子路屬於「衣敝縕袍，與衣狐貉者立，而不恥者」（《論語‧子罕》），藉此突顯儒家對「道」的認識，意即孔子希望其弟子能改變價值觀念，能實踐「士志於道」的宏願，而不再只是對自己「惡衣惡食」的處境感到羞恥（黃光國，2015，頁 317-319）。黃光國並認為，黑格爾說華人「沒有自我」固然是種二元對立的負面用語，旨在呈現自身西洋文化對「自我」的重視，然而在儒家的語境裡，「無我」（selfless）是「自私」（selfish）的對立面，「自私」常會與「自利」做連結，「無我」則常會與「無私」做連結，「無私無我」則是在讚美君子的道德實踐。美國社會學家楊慶堃同樣指出，儒家倫理應用於中國家庭裡，常在尋求社會衝突的解決方案時，會基於顧全群體而傾向於自我犧牲（self-sacrifice）（Yang, 1959, p. 172）。基於這樣的觀念，儒家社會中最基本的單位是家庭，不只五倫中有三倫在處理家庭中的倫理關係，並將整個社會的實際運作都化約成擬似家庭中的倫理關係，譬如將君臣關係稱作「君父」與「臣子」，朋友間則以「兄弟」相稱（King, 1985）。黃光國並同意埃爾文（Elvin, 1985）認為華人相信每個「人」都是存在於其祖先與其後裔的網絡結構中，而能向未來無限延伸，其結構中令每個人都自有獨特的位置，這種「獨特的個體性」（unique individuality）與西方文化中每個人具有「自主的個體性」（autonomous individuality）形成明顯的對比差異。儒家倫理鼓勵人「犧牲小我，完成大我」，西方文化的基督教傳統裡，每個歐洲人的靈魂都彼此孤立（黃光國，2015，頁320-321）。

　　埃爾文對華人的個體已有相當深刻的認識，然而筆者覺得其稱作「獨特的個體性」則只是來自歐洲人獵奇的心態，並未精確指稱這種自我觀的特徵。因此，筆者認為稱作「連結的個體性」（copulative individuality）會更恰當：因為「人」不只跟自己的家庭甚至家族有連結，進而跟整個國家甚至全世界都有連結；不只跟眼前在世的活人有連結，進而跟全部祖先甚至諸天神聖都有連結；不只跟社會人群有連結，進而跟自然萬物都有連結。人要有如宇宙的胸懷來置身在宇宙裡，其間連結的核心要素就是「情」，因此華人的生命

世界可稱作「有情的宇宙觀」。在這種充滿連結的個體性做出來的動靜舉止，跟充滿自主的個體性做出來的動靜舉止，其個體性的意義就如同牛頓力學中的質量和愛因斯坦相對論中的質量，雖然都是質量，卻具有不可共量性（incommensurability）。當我們站在這個角度來思考，那黃光國架構「自我的曼陀羅模型」與「人情與面子的理論模型」來重新詮釋儒家思想，這兩個理論架構究竟是來自對人類自我普世性的認識；抑或是對華人自我特殊性的認識呢？筆者相信黃光國的企圖在前者，正因如此，他所設計的「自我的曼陀羅模型」其實是個具有社會心理學意義的模型，將「個體」（individual）、「自我」（self）和「個人」（person）三者區隔出來，並指出：「個體」是生物學的概念，全部人類的心智（mind）都具有很類似的深層結構心理機能，從這樣的機能做基石，他們才能在自己的生命世界中根據其生活經驗建構出獨特的「自我」；「個人」屬於社會學的概念，把人看作社會中的代理人（agent-in-society），其會在社會秩序中採取立場來策劃行動，藉此達成特定的目標，因此其常依照文化特有的理路、規則、價值與標準，包括他們對事實的認識來從事相關建構工作；而「自我」則是心理學的概念，其把人看作是經驗匯聚的中樞（locus of experience），其最重要的部分莫過於經驗到自己是個什麼樣的人。每個文化對於自我本身的來源、自我與肉身的生老病死、自我與各種道德宣稱、自我與他人的關係，都自有觀念而發展出相應的「人觀」（concepts of person），作為文化承載者的「自我」則成為個體與社會世界發生關聯的交界點，讓人知道在自身的文化脈絡中如何「知善知惡」與「為善去惡」（黃光國，2015，頁 90-94；Markus & Kitayama, 1994）。黃光國繪製的「自我的曼陀羅模型」如圖 6-1 所示。

筆者認為這幅圖頗能解釋人類普世性的自我概念，然而正因如此，其太關注於「自我」的意涵，只能解釋個體如何透過自我經由「行動與智慧」或「實踐與知識」而蛻變成個人，卻無法解釋自我如何經由社會化的「自我」（the Ego）蛻變成神聖化的「自性」（the Self）；或能概括性地解釋心理如何受到文化的影響，卻無法解釋中華文化特有的修養心理學如何「變化氣

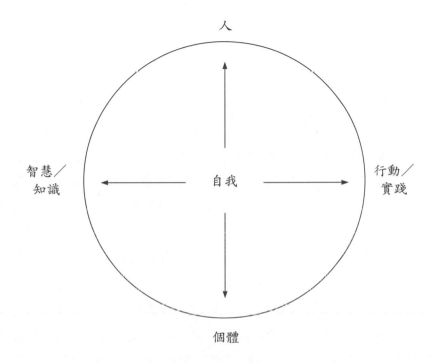

人

智慧／
知識

自我

行動／
實踐

個體

圖 6-1　自我的曼陀羅模型

資料來源：黃光國（2015，頁 92）

質」，讓自我最終發展出其大我性或無我性。並且，這幅圖有個重大缺陷：
其構面並不完整且不立體，若按圖索驥思索，將無法解釋「個體與實踐」、
「個體與知識」、「個人與智慧」與「個人與行動」這四大面向究竟何指或
如何連結，則其貫穿含攝的「圓圈」想藉此象徵的曼陀羅意涵會在哪裡呢？
黃光國對此並未做過任何闡釋（黃光國，2015，頁 90-100），然而他卻基於
曾參觀印尼婆羅浮屠的經驗，深知佛塔作為曼陀羅的壇城，其塔基、塔身與
塔頂各自代表佛教認為人生修練過程常具有「欲界」（Kamadhatu）、「色
界」（Rupadhatu）與「無色界」（Arupadhatu）這三個不同境界，如果黃光
國繪製的這幅圖真能象徵佛教的曼陀羅特徵，他將會如何說明人從充滿「貪、
嗔、癡、慢、疑」的欲界，蛻變到拘泥於外顯形象的色界，最後再來到沒有

任何執著的無色界呢？黃光國同樣在書中沒有任何詮釋（黃光國，2015，頁85-88），他認為曼陀羅具有內圓外方的結構（其實不盡然如此，結構或可能外圓內方），這是「自我」（self）的特徵，表現出心靈的整體性，並涵融人類與世界的關係，然而他繪製的「自我的曼陀羅模型」，其「內圓外方」的線條都不具有實指的精神意涵，反映出自我空洞化的困境，這是頗值得深思的問題。根據這些思考脈絡，筆者會指出這幅圖因著重於人類普世性的自我概念，但由於當前普世性的自我概念深受物質主義（materialism）影響，反而並未呈現精神主義（spiritualism）的高度，完善其有關於「自我生命的深沉結構」。

再從「人情與面子的理論模型」來觀察。黃光國將人與人的互動角色做出「資源請託者」（resource petitioner）與「資源支配者」（resource allocator）的區隔，當雙方各自掌握有彼此欲求的資源並居於平等地位的時候，其角色會互換，輪流扮演「資源請託者」與「資源支配者」。當「資源請託者」請求於「資源支配者」，令後者將其掌握的資源做有利於前者的配置時，「資源支配者」心中想到的第一件事情就是「關係判斷」，他要思考的問題是：「他和我彼此間有什麼樣的關係？」該模型將人際關係再區隔出「情感性關係」、「混合性關係」與「工具性關係」，前兩種關係間有個實線隔開，後兩種關係則用虛線隔開。實線表示在「情感性關係」與「混合性關係」間存在著一道不易突破的「心理界線」（psychological boundary），屬於「混合性關係」的其他人很不容易突破這道界線，而轉變為「情感性關係」；虛線則表示「工具性關係」與「混合性關係」兩者間的「心理界線」並不明顯，經過攀拉關係或加強關係這些「角色套繫」的動作，屬於「工具性關係」的人可能會加強彼此間的「情感性成分」，而變成「混合性關係」。資源支配者在面對這三種關係，各會有「需求法則」、「公平法則」與「人情法則」這三種不同的心理歷程，意即當個人與這三種不同關係的他人交往，他都會衡量自己得付出的「代價」（cost）與他人會做出的「回報」（repay），最終並計算交易的「後果」（outcome）。黃光國認為，該模型

是著重在人類心智中有關社會關係的深層結構，並表示如果我們將「人情法則」視作「平等法則」的特例，則該模型是個可適用於各種不同文化的形式性理論。黃光國繪製該理論模型的結構圖，如圖 6-2 所示（黃光國，2009，頁 107-116）。

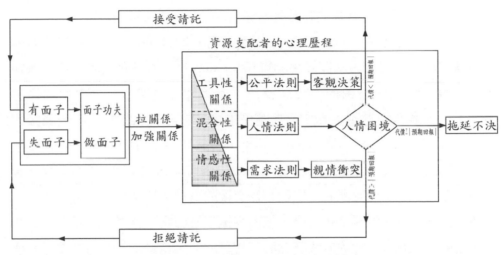

1.自我概念　2.印象裝飾　3.角色套繫　1.關係判斷　2.交換法則　3.心理衝突

圖 6-2　人情與面子的理論模型

資料來源：黃光國（2015，頁 64）

由「自我的曼陀羅模型」到「人情與面子的理論模型」，這就是黃光國將其稱作「關係主義」（relationalism）的關鍵內容。如果黃光國將「人情與面子的理論模型」視作人類普世性有關社會關係（或人際關係）的形式性理論則可；然如欲將其稱作有關「社會關係的深層結構」則會有問題，因為這個「關係主義」的模型理論只講到「關係的表象」而沒有講到「關係的內裡」，只講到「關係的局部」而沒有講到「關係的全貌」，為何會這樣說呢？我們置身於宇宙間，人面對各種情境都與其發生「關係」，關係從來都不會只有個人與他人的關係，如將關係歸類，計有「天」（天理）、「人」

（人際）、「物」（外物）與「我」（本我）這四層關係。人只有先認識本我（the Self，自性），跟本我建立起深密的關係，將其從自我（the Ego）中超拔出來，才能接著認識外物（the Object），認識任何外在於己身的存在，並釐清己身作為生命的主體（subject）與客體（object）間關係，從而架構出客體的內容，發展出有關客體的各類知識；之後才能認識人際（the Crowd），了解人與人在社會裡的範圍與關係，這是黃光國關係主義著墨的重點內涵，但這並不是終點，還應該再繼續認識天理（the Heaven），了解宇宙有關成住壞空的生滅變化，掌握最終的實相（reality）。如果我們將關係著重在自性的認識，則只有由內部再架構出「本我關係主義」、「物我關係主義」、「人我關係主義」與「天我關係主義」，再加上屬於外部較間接的「人物關係主義」與「天物關係主義」，整個關係主義的內涵才能完整呈現。當我們從這四大象限的視野來仔細檢視「關係」這個議題，還會只從「資源請託者」與「資源支配者」這種利益交換的角度來認識其間的需求法則、人情法則與公平法則嗎？或許會，但內容絕不僅如此。這六種關係主義當能更完整解釋人類普世性的自我概念與其相應的關係範疇時，人即是在這六種關係裡面決策與安頓自身的動靜舉止，其依據並不僅有人我關係主義裡的前面三種技術法則：面對本我首重「蛻變法則」，意即如何做才能使得本我繼續獲得開展與超拔，這需要「誠意」；面對外物首重「思辨法則」，意即如何做才能將客體建構成可被理解的知識，這需要「格物」；面對天理首重「證悟法則」，意即如何做才能對宇宙的實相徹底洞悉與應用，這需要「致知」；面對人際首重「圓融法則」，意即如何做才能對人與人該有的規矩精確拿捏，這需要「正心」。當這四大象限都被兼顧，才能完成「道義關係主義」，並統攝人我關係主義內局部確實存在的「利益關係主義」。其構圖如圖 6-3 所示。

　　這裡將關係主義與《大學》的次第論結合，《大學・經一章》說：「*物格而後知致，知致而後意誠，意誠而後心正，心正而後身修，身修而後家齊，家齊而後國治，國治而後天下平*」（謝冰瑩主編，2002，頁 4）。釐清天物

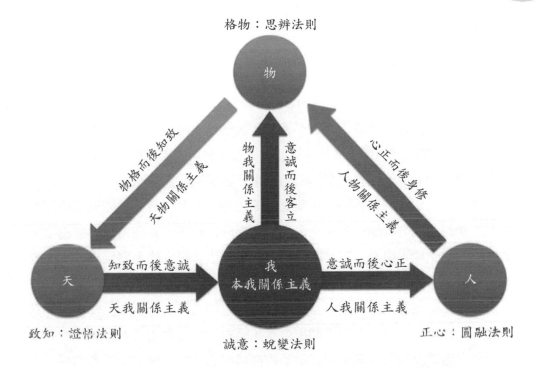

圖 6-3　「天」、「人」、「物」、「我」四者之間的關係

關係主義的議題就是「物格而後知致」；釐清天我關係主義的議題就是「知致而後意誠」；釐清人我關係主義的議題就是「意誠而後心正」；釐清人物關係主義的議題就是「心正而後身修」。因《大學》裡的「我」直接對應「人」，使得其「意誠而後心正」，當人物關係主義因心正而獲得對應與擴充，「身」成為更大格局的生命，接著對應「物」就不再是本來的「物」，而開始發展「齊、治、平」這三段論（齊家、治國、平天下）逐級張開的「生命世界」，這就是「內聖」後的「外王」。《大學》未曾談到物我關係主義，這是條具有西方文化特徵的「主客對立思維」，筆者認為這層關係主義對於華人開展科學概念、科學態度與科學方法更具有意義，應該落實「意誠而後客立」，讓「物」在「微觀世界」內被客體化，使得格物能順此發展其解析型的思辨脈絡。中華文化的重大特徵是道義關係主義而不是利益關係主

義，這就是為何孔子會在《論語・里仁》中說：「君子喻於義，小人喻於利。」還說：「放於利而行，多怨。」並表示：「君子懷德，小人懷土。君子懷刑，小人懷惠。」對於孔子而言，「道」與「義」兩個概念常具有概念互換性，因此他會說：「士志於道，而恥惡衣惡食者，未足與議也。」然後，孔子接著就說：「君子之於天下也，無適也，無莫也，義之與比」（謝冰瑩主編，2002，頁 103-106）。據此，筆者認為黃光國只從「資源請託者」與「資源支配者」這種利益交換的角度來認識其間的需求法則、人情法則與公平法則，其實無法精確指稱中華文化的主軸。再者，黃光國如果只用利益關係主義的角度來認識中華文化，那這種型態的關係主義何需我們特別強調如何「復健」或「復興」呢？其持續存在並運作於華人的生命世界裡，從來都不曾消失，更不要說只要「世衰道微」，就會觸目所及都是這種現象。筆者往日不免疑惑黃光國的關係主義為何範圍會如此狹隘，後來更仔細研究其討論文化議題的內容，發現其間來自黃光國對中華文化尤其是周文化的認識與詮釋太過局部所致。黃光國表示：依據儒家的觀點，在人際互動的場合，應當先依據「尊尊」的原則來解決「程序正義」的問題，決定誰是「資源支配者」，有權選擇資源分配或交易的辦法，再由他根據「親親」的原則，來決定資源分配或交易的辦法（黃光國，2009，頁 136），這種基於血緣構築「尊尊」與「親親」的原則，誠然是周文化的一大表現特徵，但這並不是全貌。

第二節　道義統攝利益：儒家關係主義的源頭

　　周文化在型塑過程裡，長期就有「賢賢—上功」或「親親—上恩」這兩種不同治國策略的路線辯論，其最重要的辯論者就是開創周文化的兩大功臣——姜太公與周公旦。周朝創立後，姜太公被封到齊國，周公旦被封到魯國，姜太公任用夷人當地的賢士來替齊國做事，並由實際的績效與否來做賞罰的依據，這種不依靠血緣裙帶關係來做事的態度，既是空前未有的創舉，更使

得齊國迅速壯大起來，此種措施被稱為「尊賢上功」；周公旦則摒除夷人，依據親疏任用自己周人的貴族來替魯國做事，靠著血緣裙帶關係來確立管理政治的信任感，由於魯國對宗法制度的嚴格落實，使其國祚綿亙悠久，這種措施則被稱為「親親上恩」。由於齊魯兩國都在山東，政治手段卻有高度的差異，因此文獻常將這兩人的立國措施連結討論，例如：《呂氏春秋・長見》就記錄他們兩人曾見面相互切磋治國策略，並替彼此未來的國運做預言：「呂太公望封於齊，周公旦封於魯，二君者甚相善也。相謂曰：『何以治國？』太公望曰：『尊賢上功。』周公旦曰：『親親上恩。』太公望曰：『魯自此削矣』」（林品石註譯，1990，頁294）。這段文字還有其他版本，並從歷史的後設角度來印證齊魯兩國後來不同的發展景象，例如《漢書・地理志》說：「昔太公始封，周公曰：『何以治齊？』太公曰：『舉賢而上功。』周公曰：『後世必有篡殺之臣。』其後二十九世為彊臣田和所滅，而和自立為齊侯。」該篇還將兩人的角色對調過來說：「周公始封，太公問：『何以治魯？』周公曰：『尊尊而親親。』太公曰：『後世寖弱矣。』故魯自文公以後，祿去公室，政在大夫，季氏逐昭公，陵夷微弱，三十四世而為楚所滅」（楊家駱主編，1994，頁 1661-1662）。姜太公的措施主要在推尊賢人並按照其績效來獎賞；周公旦的措施則主要在按照血緣親疏的倫理秩序來推恩獎賞。這使得齊國蒸蒸日上，但二十九世被權臣竄位；魯國積弱不振，卻直到三十四世才被楚國併吞，那到底哪種治國策略比較恰當呢？齊魯兩國乍看起來好像差距頗大，其實相對於崇尚鬼神的商朝文化傳統，這只是面對人事布局的態度不同，屬於正在塑型的周朝文化傳統內部兩種略異的發展軌道。正如宣兆琦的看法：古人不明此理，把其拿做齊魯兩國不同的建國方針而完全對立起來，殊不知姜太公與周公旦只是程度的差異，然而這兩種態度在實踐過程裡往往無法割離，有如陰陽交會於太極般相互輪轉。在筆者看來，這都是來自周文化的脈絡，如果當年周文王不任用素昧平生的姜太公這位大賢，周朝會有機會推翻商朝、開創新局？如果作為周文王兒子的周公旦不在兄長周武王死後臨危自命攝政來輔佐成王，征討叛亂並推行封建制度往東部

屯墾，最後再治禮作樂，周朝焉能維持其長年國祚於不墜？

　　如從本土心理學的角度來思考，不論是「賢賢」或「親親」，這都屬於「尊尊」的不同呈現，意即賢人或親人都可通過關係網絡來鞏固彼此的共同願望，都屬於關係主義的表現型態。這種關係主義的表現型態早自商朝就已經存在，不僅周公旦會強調「親親」，講究萬世一系承接天命的商王朝同樣在人事布局裡會認同「親親」，例如《史記‧梁孝王世家》記竇太后跟漢景帝說：「吾聞殷道親親，周道尊尊，其義一也」（瀧川龜太郎，1986，頁829）。這只是看見其一尚不知其二，商朝兄終弟及，周朝父死子繼，都是家族宗法制度在政治層面的體現。但商朝與周朝的文化差異，重點並不在於王位的傳承，而在周朝給賢人出仕的機會，商朝則包括臣僚在內主要都由宗族人士擔任（這來自他們自認被上帝選中的天命觀，因此政治權柄都被貴族壟斷），這是周文化兼容並蓄的體現，周朝的人文精神不只體現在血緣宗法，更體現在其對智慧的重視，其開創者關注具體百姓生計，願意集思廣益來共謀天下同福，而不只重視賢人，更重視對親人的教育，希望血脈關係能轉化出道脈關係，這使得周文化自身不斷蛻變並成為中華文化的核心源頭，如此才能深度而完整解釋《中庸》第二十章說：「仁者，人也，親親為大；義者，宜也，尊賢為大。親親之殺，尊賢之等，禮所生也」（謝冰瑩主編，2002，頁44）。

　　考量關係親疏遠近背後的重點，不只是親疏遠近的表面，還包括人的智慧高低醞釀出來的關係，如此才能解釋先秦儒家為何如此重視與強調「賢賢易色」，並特別看重如何藉由教育來開啟人心（不論是否屬於自己的親人）。基於對儒家關係主義是道義關係主義而不是利益關係主義的認識，因此筆者會說：儒家關係主義的成熟發展，體現並來自整合「反關係主義」（anti-relationalism），最終再完成其關係主義。中華文化因反關係主義而發展出這層宏觀視野，裨益在血緣關係外，與陌生人建立緊密關係，這是中國傳統政治會發展出包括後世薦舉或科舉這類「尚賢政治」的主因，這點早有顏學誠（2013）在〈中國文明的反關係主義傳統〉已指出，只不過他尚未看

出反關係主義同樣是儒家關係主義的變化型發展，兩者並不全然屬於對立面。

　　儒家講的五倫只有「父子」與「兄弟」來自於血濃於水的聚集關係，「君臣」與「朋友」則是志同道合的聚集關係，其間「夫妻」則交會與續發這兩種關係，如此才會將這些關係各自賦予倫理法則，讓其呈現道義關係主義，例如《孟子・滕文公上》說：「使契為司徒，教以人倫，父子有親，君臣有義，夫婦有別，長幼有序，朋友有信」（謝冰瑩主編，2002，頁423）。黃光國未曾看見儒家關係主義除了重視道脈外，更意圖將血脈發展出道脈，只指出要根據「親親原則」，選擇最恰當的資源分配與交換法則，並解釋要考慮互動雙方關係的親疏，這是儒家的「仁」；依照雙方關係的親疏，選擇適當的交換法則，這是儒家的「義」；考慮雙方交易的利害得失後，做出適當的反映，則是儒家的「禮」，他認為這樣就構成儒家「仁、義、禮」這個倫理體系的核心內容（黃光國，2009，頁 138）。果真如此，這可謂將儒家的殊勝義轉換成庸常義，將儒家本來的道義關係主義改採利益關係主義的角度來詮釋，則筆者前面指出的「賢賢原則」該置放與落實在哪裡呢？這實不啻將中華文化由周文化倒轉回商文化了，如果黃光國的觀點有此偏差，顯然將無法完成其始終希冀推展的「中華文化的第三次現代化」。

　　黃光國認為，儒家主張個人和任何其他人交往時，都應當從「親疏」與「尊卑」這兩個認知角度（cognitive dimensions）來衡量彼此的角色關係。前者是指彼此關係的親疏遠近，後者是指雙方地位的尊卑上下，其實在這個脈絡裡，「親親原則」只是關係的初階衡量，「尊尊原則」則是關係的進階衡量，兩者並沒有實質的差異，屬於相同血緣脈絡的繼續發展。筆者並不完全否認中華文化確實存在這種現象，但這種「文化現象」並不應該被視作「儒家思想」，或者說，這的確是種「庶人倫理」（the ethics for ordinary people），但卻不是「士人倫理」（the ethics for scholarly people）。中華文化影響的社會素來由士人領導，不論民間傳統有如何作法，儒家真正的主張是藉由教育來導正「親親原則」，外加「賢賢原則」，並讓兩者都服膺於具有道脈意涵的「尊尊原則」，從而發展出「道義統攝利益」的關係主義（道義關

係主義並不是不食人間煙火的關係主義，但要對於利益有安頓性與約束性），這才能精確理解周文化如何修正商文化，繼承並發展出更具有包容性的社會結構，這是中華文化能自周公治禮作樂後維繫三千五百餘年於不墜的主因。然而，黃光國會有這種利益關係主義的偏差觀點（並不是完全錯誤，而是只適用於解釋社會長期存在部分的庶人心態，尤其是農業社會時期的鄉村），或受到來自費孝通（1948）主張「差序格局」的誤導。如果我們按照薩依德（Edward Said）於 1978 年撰寫的《東方主義》（*Orientalism*）（王志弘、王淑燕、郭菀玲、莊雅仲、游美惠、游常山譯，1999）的想法，這是對比於西方社會學觀點而設想出「東方主義」（orientalism），意即其對比於西方文化屬於「團體格局」出現的反面投射，呈現「他者」（the other）觀點架構出來的「中國社會結構」。黃光國指出，費孝通認為中國社會結構好像是一塊石頭丟在水面發生一圈圈推出去的波紋，每個人都是其所屬社會影響推出去圈子的中心，和圈子所推的波紋發生聯繫，這個像蜘蛛網般的網絡來自血緣，其中心就是「自己」，由慾望和習慣所合成，這種型態的「自我主義」（egoism）頗不同於西方社會的個人主義（individualism），後者像是一枝枝木柴，他們的社會組織將大家綁住，然而每枝木柴都具有獨立性。黃光國雖然認為差序格局只是種比喻，並沒有清楚區隔「自我」與「社會關係」的差異，僅是將兩者合併，並從人類學的角度來描寫，對其推論出華人社會互動過程中有關臉面的問題並無裨益（黃光國，2015，頁 325-326），然而我們只能說黃光國其實認同費孝通這種「自私自利是華人生命的核心價值」的看法，否則將無法解釋為何黃光國會只從「資源請託者」與「資源支配者」這種利益交換的角度來認識人與人之間的需求法則、人情法則與公平法則，最後並指出儒家人觀型態正有如印度種姓制度那般的「階序人」（homo hier-archicus），儘管他指出在儒家文化理想中，人的「階序」並不像印度那樣依照人的潔淨程度來排列，而是依照每個人的「道德成就」，將人區隔出「聖、賢、君子、小人」（黃光國，2015，頁 354-355），然而他有告訴我們恢復成為這種型態的「階序人」該有的自我修養辦法嗎？我們從《盡己與

天良：破解韋伯的迷陣》這本書來檢視，委實未能得見黃光國的相關說法，只看見其由「自我的曼陀羅模型」與「人情與面子的理論模型」發展出來的自我修養理論，然而其內容相較於儒家聖人孔子的人生境界，則呈現某種斷裂性與矛盾性亟待釐清。

費孝通的「差序格局」是個「非正位」的中國社會結構說法，那該如何精確理解中國的社會結構呢？蔡錦昌（2009）有提出「感通格局」的說法，他認為華人講「人」與「我」完全不同於西方文化講「other」與「self」，該脈絡裡不只體現「人」與「我」對立隔離，而且說「人」作為一個「他者」，跟「我」一樣都具有「私」的性質，因此「人」與「我」的外面還有一個超越的公共領域。然而，孔孟所謂「推己及人」的「己」與「人」則不然。「己」與「人」並不對立隔離，因為「己」與「人」的稟賦都來自天地化育，人同此心、心同此理，好惡常理相通，只是智愚優劣的差異而已。蔡錦昌引用《論語・為政》裡的話：「為政以德，譬如北辰，居其所，而眾星拱之」（謝冰瑩主編，2002，頁 76），並據此指出（蔡錦昌，2009）：費孝通雖然將這段話視作「差序格局」的最佳譬喻，將其解讀：「自己總是中心，像四季不移的北斗星，所有其他的人，隨著它轉動」，卻未將「為政以德」這四個字認真考慮，思索其「德性」的意義如何使用眾星愛戴環拱。蔡錦昌認為，儒家的「德」是種「同聲相應，同氣相求」的「共感作用」或「共鳴作用」，就像同一頻率的兩支音叉在隔空共振那般，「有德君子」就像一支強頻大音叉那樣，只要振動就會誘發周圍的事物與其共振，愈與其接近者，不管本來頻率如何，被誘發共振的能量都愈大且反應愈快；而頻率與其相同或接近者，即使相隔某個有效距離，被誘發共振的能量愈大且反應愈快。蔡錦昌再引用《易經・繫辭上》來說明其看法：「子曰：『君子居其室，出其言善，則千里之外應之。況其邇者乎？居其室，出其言不善，則千里之外逆之。況其邇者乎？言出乎身，加乎民；行發乎邇，見乎遠。言行，君子之樞機。樞機之發，榮辱之主也。言行，君子之所以動天地也。可不慎乎』」（孔穎達，1995，頁 151）。「己」和「人」都該「修身」，意即最終能「克己

復禮為仁」，使自己的言行好惡皆合於禮儀法度，同時來琢磨自己的性情，使其臻於如美玉或大器那樣的優良狀態。因此，蔡錦昌（2009）表示：「物以類聚」才是孔孟所要講的人己關係，而「推己及人」則是配合著「物以類聚」來說，君子氣性的人會跟君子氣性的人結交，彼此在「推己及人」方面會更互重互勉且相得益彰。同樣的道理，小人氣性的人會跟小人氣性的人結交，彼此會在「推己及人」方面更發揮其小人性格，帶來各種惹事生非的禍端。這是依氣性良窳來區隔，並不是依當前社會所謂「社經地位」或「職業類別」來區隔。蔡錦昌認為，同樣君子氣性的人，雖然有的人擔任軍官，有的人擔任教師，有的人則擔任農夫，但由於他們都是有修養而言行合禮的人，因此人情往來上都相通，都可「推己及人」，是故目前各人所從事的職業並不會成為人己交往時的障礙（蔡錦昌，2009）。「感通格局」是否比費孝通所講的「差序格局」更符合儒家思想的本來面目，並更符合我們實際的生活經驗呢？筆者覺得答案很明顯，如果當真完全認同「階序人」的思維，則中國的社會階層就不會有流動與溝通的事實，其結構就會變得固著與僵化，甚至會坐實「吃人的禮教」這種壓迫性的風俗習慣；儘管鄉村生活裡確實有這些文化現象，但這類文化現象不應該被視作理所當然，甚至賦予學術詮釋來彰顯與西方文化的不同，如此會與當前時空背景太有差距。而「感通人」則更能說明儒家真正主張的人觀，除反映周文化長期孕育影響的人文精神外，並能解釋中華文化的歷史主軸線，如將「感通人」視作理解「階序人」的主軸內涵，不同的道德成就才有其「階序」的實質意義，這個觀點頗值得提供給黃光國參考。

第三節　士人倫理：儒家自我修養理論的調整

　　黃光國提出的儒家自我修養理論，最令人疑惑的問題，就在於他指出孔門自我修養的工夫論包括「正心、誠意、格物、致知」這四個步驟，他並指出：「正心」是其中第一個步驟，因為當個人的自我受到忿懥、恐懼、好樂

與憂患這些情緒干擾的時候，心境無法保持在「喜怒哀樂之未發」的平靜狀態，他很可能「視而不見，聽而不聞，食而不知其味」，無法冷靜反思自己的生命處境，更難學習新的事物。基於這些理由，先秦儒家把「正心」列為「修身」的第一步驟〔對照黃光國（2009，頁 337）書中的語意，這是指廣義的修身，而不是《大學》文本內專指的修身〕。然而，這是沒有根據的說法。在查閱《大學・經一章》：「物格而後知致，知致而後意誠，意誠而後心正，心正而後身修，身修而後家齊，家齊而後國治，國治而後天下平」（謝冰瑩主編，2002，頁 4）後，就會發現修身前正確的工夫次第其實是「格物、致知、誠意、正心」，這個次第不顛倒，才能解釋儒家如何從前意識（pre-conscious）來到意識（conscious），接著由意識來到潛意識（uncon-scious），再經由潛意識回歸到意識，意即由自我拔高到自性的歷程，再經由自性來逐級落實「修身、齊家、治國、平天下」，這「八條目」就是這樣經由「內聖」而「外王」來整合實踐。

黃光國已不只是用社會科學的觀點來重新詮釋《大學》，其自由顛倒次第創立新說，誠然展現心理學者的高度創見，然而如何能證成其說法最終屬於「儒家的自我修養理論」？且不說後四條目屬於外王，茲因前四條目屬於內聖，對於架構儒家的自我修養理論可謂休戚相關，由空無到實有孕育成為人的剎那。筆者根據《大學》的脈絡理解其義理如下：「格物」是指己身意識對應的外物，釐訂客體，人意識到外物的實有，從而詳查其內容；「致知」是指通過認識外物的實有，獲取知識，知識幫忙人證悟天理，從而把握住存在；「誠意」是指將天理往內在做收攝，澄清心靈，讓人展開意識的轉化，從而體認出自性；「正心」是指人不斷深化發掘內在，端正自性，往外應對人事而不惑，從而讓生命自如。在「格物」前，人處於前意識狀態，行事不知不覺；「格物」本身則處於意識狀態；「致知」則處於意識到潛意識狀態；「誠意」則處於潛意識狀態；「正心」則再回意識狀態。然而，自「正心」後，人的意識狀態就已再拔高其覺醒，從而人就能開始面對「修、齊、治、平」的後四條目，因此「正心」即使不是儒家修養心理學的第一個

步驟，卻的確至關緊要。按照《大學》的文本脈絡來說，「正心」是指面對人際前的精神氣象；「修身」則是指面對人際後的動靜舉止，兩者雖然脈絡相同，但前面指向「心」的議題，後面指向「身」的議題，這兩者屬於「未發」與「已發」的轉軸機關。「修身」是帶著整個「格、致、誠、正」的次第來修身，使得「修身」成為承接前四條目的基石，沒有按照這個次第來修身就會動搖到根本，這就是為何《大學・經一章》說：「自天子以至於庶人，壹是皆以修身為本，其本亂而末治者否矣；其所厚者薄，而其所薄者厚，未之有也。」依據這個說法，筆者繪製「大學塔」這幅圖，如圖 6-4 所示。

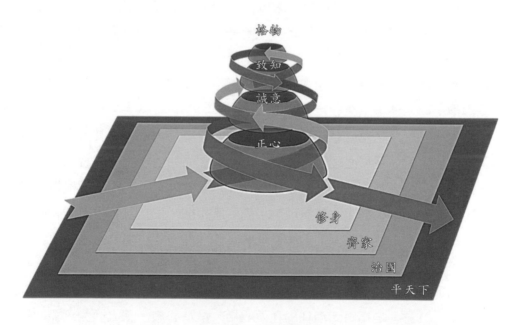

格物
致知
誠意
正心
修身
齊家
治國
平天下

圖 6-4　大學塔

　　如果「自天子以至於庶人，壹是皆以修身為本」，則本來就不應該存在「庶人倫理」與「士人倫理」這兩種對立性的概念，不論是「天子」或「庶人」，大家都應該齊一精神，做個「志於道」來修身面世的士人。在圖 6-4 中，內聖四條目呈現圓形的造型，因這是屬於個人內在圓滿的狀態；外王四

條目呈現方形的造型，則因其屬於個人外在經世的狀態。從《大學》的角度來說，「外王」的前提在於「內聖」，然而「內聖」同樣可通過「外王」來進而深化，兩者通過八條目的次第產生雙向循環。當我們回過來檢視黃光國表示：「正心」這門工夫還包含幾個重要的步驟，接著徵引《大學・經一章》：「知止而後有定；定而後能靜；靜而後能安；安而後能慮；慮而後能得。」這顯示出他認為「止、定、靜、安、慮、得」是「正心」的步驟。不過，如順著《大學・經一章》本來的文義脈絡來解讀，這應當是整個實踐《大學》關注於「明明德、親民、止於至善」這三大目標可落實的工夫，怎麼會專門變成「止心」的工夫呢？以「止、定、靜、安、慮、得」作為工夫，很細密在闡釋人由意識回歸潛意識再出來意識的過程，筆者覺得這層工夫論確實談到儒家修養心理學由「自我」轉化「自性」的具體內容：「止」是指停止思慮，將內外世界區隔與辨識；「定」是指深化感知，把握住向內探索的軸線；「靜」是指回歸寧靜，感受無內且無外的深度；「安」是指體驗自性，獲得平安與祥和的頻率；「慮」是指面對課題，琢磨對治的態度與作法；「得」是指獲得領會，帶著清明的精神來生活。黃光國沒有深談其間的細節究竟，來解釋儒家的自我修養理論，卻單獨拿「知止而後有定」來說個人必須知道「自我」在人際互動中應當遵循的規則，他才能保持心境的平靜，而不受情緒的干擾，並說這就是所謂的「定而後能靜」，意即儒家修養所謂「正心」的工夫（黃光國，2009，頁338），其前後文義太過於簡略，無法讓我們清晰洞見背後主張的理則（並將「知止而後有定」與「定而後能靜」解釋成同一種觀念），著實會令人費解。接著，黃光國再指出「靜而後能安」的「安」字是指「定位」（anchorage），讓客觀世界中的每一事物都能如其所是地呈現在其認知系統中，要做到這點，《大學》提出的對策是「誠意」（黃光國，2009，頁346）。如果「靜而後能安」現在再被轉成解釋是「誠意」的工夫，那前面怎麼又說是「正心」的工夫呢？同樣的問題，就「格物」這個層面而言，黃光國指出：由於「物」是指「自我」在其生活世界中遭遇的「事物」，宋明理學家主張「即物而窮其理」，意即找出每件事物的

道理，因為「天下之物，莫不有理」，如果「理有未窮」，則必「知有不盡」。然而，個人該如何「窮其理」呢？先秦儒家提出的對策是「誠意」，唯有冷靜認識外在世界中客觀事物的變化，才能知道該事物的是非對錯（黃光國，2015，頁 349）。依其文義合理的說法應該是指黃光國認為「格物」的工夫就是「誠意」，殊不知「格物」本來就是門獨立的工夫，現在概念被虛設，轉為「誠意」的替換詞彙，難道對黃光國而言，這些工夫當真沒有任何差異，其文義可輕易互換解釋嗎？

雖然，黃光國自己表示「人情與面子的理論模型」和儒家的「庶人倫理」具有「同構」（isomorphic）的關係，該模型可用來說明不同社會中有關人際互動的形式性理論，然而除了「庶人倫理」外，儒家思想還有其獨特的宇宙論、天命觀、心性論和修養論，這整體的結構形成我們理解儒家「仁、義、禮」倫理體系的「背景視域」（黃光國，2009，頁 161），且不說黃光國詮釋出來的「庶人倫理」究竟是否屬於嚴格意義的「儒家思想」，當他在《儒家關係主義：哲學反思、理論建構與實徵研究》到《盡己與天良：破解韋伯的迷陣》這兩本鉅著中大量闡釋「人情與面子的理論模型」與儒家關係主義的同構關係時，則真正屬於儒家思想中「士人倫理」的獨特意涵，意即黃光國前面指出的「宇宙論、天命觀、心性論和修養論」就跟著被淡化隱沒了，這使得他後續討論《大學》與《中庸》呈現不對應性（還包括《論語》與《孟子》在內，這些都屬於士人倫理的內容，並不能證成黃光國基於庶人倫理架構有關利益關係主義的說法），儒家修養心理學的內容變得空洞虛無，這樣的問題直到他這段時間書寫與發表〈《大學》的修養工夫論〉依然未見解決（黃光國，2016a），並且其依然堅持著「正心、誠意、格物、致知、修身、齊家、治國、平天下」這種自創新說的八條目。然而，其中有個重要的差異點：他開始利用瑞士心理學家榮格的說法，終於開始在行文間承認有種「未曾發現的自我」（undiscovered self），意即我們再三強調的「自性」（the Self），藉由榮格心理學中有關「自性」的討論，綜合「儒家思想第三次現代化」的研究成果，來重新詮釋《大學》和《中庸》，以作為發展

修養心理學的基石（黃光國，2016a，2016b）。這無疑是個很值得關注的新發展，然而榮格心理學如何能詮釋《大學》和《中庸》，黃光國並未深度著墨，倒是他在繼續強調「先秦儒家把『正心』列為『修身』的第一步驟」時，除徵引《大學・傳七章》說：「所謂修身在正其心者：身有所忿懥，則不得其正；有所恐懼，則不得其正；有所好樂，則不得其正；有所憂患，則不得其正。心不在焉，視而不見，聽而不聞，食而不知其味」（謝冰瑩主編，2002，頁 13）。當個人的自我受到忿懥、恐懼、好樂與憂患等情緒干擾的時候，心境無法保持在「喜怒哀樂之未發」的平靜狀態，他很可能就會有前面所說的各種身心狀況，無法冷靜反思自己的生命處境，更難學習新的事物。黃光國指出，這些各種正向或負向的情緒，絕不是像西方文化這些年發展出來的「正向心理學」（positive psychology）那般追求「快樂」（happiness）（黃光國，2016a）。正向心理學呈現某種失控性，使得人無法真正面對現實，近年來已經開始引發學者的反省（高紫文譯，2015）。朱熹畢生都在思考這個根本問題：「喜怒哀樂未發前是何氣象？」他先後提出「中和舊說」與「中和新說」，最後才發展出「心統性情」的修養理論，認為「自我」應該用自己的「意識」（心）來探索自己的本性，並主導情緒的表現，來邁出自己人生該有的「道」，這也替《大學》中說的「定、靜、安、慮、得」做出重要的具體詮釋（黃光國，2016a）。

　　朱熹思考「喜怒哀樂未發前的氣象」絕對是個根本問題，黃光國已看出《大學》本來未對「止、定、靜、安、慮、得」做出具體詮釋，直到朱熹才開始釐清其脈絡，這點確實相當重要。然而，黃光國前文提到六字真言，除漏掉「止」這個字外，並將《大學・傳三章》對「止於至善」的詮釋與其混淆在一起，該章提到：「詩云：『穆穆文王，於緝熙敬止！』為人君，止於仁；為人臣，止於敬；為人子，止於孝；為人父，止於慈；與國人交，止於信」（謝冰瑩主編，2002，頁 8）。在《盡己與天良：破解韋伯的迷陣》第十章，黃光國就據此表示「知止而後有定」的「知止」與該章的內容都是「止息」的意思（黃光國，2015，頁 337-338），意即黃光國將作為修養工夫該

修持的第一意念放到人生不同社會關係該呈現的最高境界裡來認識，顯見他並未掌握這兩者的差異。黃光國將《大學》與《中庸》的義理相互交錯解釋，還顯現在他將《中庸》第一章講「喜怒哀樂之未發，謂之中」的「中」，直接稱作個人內心處於《大學》說的「正心狀態」（黃光國，2016b），這種跨越不同書籍相互交錯解釋其義理，如果研究者能精確梳理文本脈絡，本來未見得不可如此，但黃光國其實是將《大學》面對自性該有的「誠意」與面對人際該有的「正心」這兩個次第視作同一件事情，殊不知「喜怒哀樂未發前的氣象」不該來自意識狀態，而該來自潛意識狀態，以「誠意」作為清澄的潛意識才能幫忙人活出未發的良知，那種未發的良知究竟該如何認識呢？如果暫且擱置《大學》的次第，轉而只從《中庸》的角度來認識儒家修養心理學，就會發現黃光國強調「誠意」這個觀念確實極具意義，畢竟這是儒家思想談修養很關鍵的環節，誠如《中庸》第二十章說：「誠者，天之道；誠之者，人之道也。誠者，不勉而中，不思而得，從容中道，聖人也；誠之者，擇善而固執之者也」（謝冰瑩主編，2002，頁45）。其間，「不勉而中，不思而得，從容中道」就是「喜怒哀樂未發前的氣象」。既然「誠」是「天道」的特徵或內容；那人究竟該如何「誠之」來作為實踐天道的辦法呢？黃光國在《盡己與天良：破解韋伯的迷陣》這本書裡並未回答，他只是採取「白描」的筆法翻譯，並指出選擇做個具有道德主體性的我來「擇善固執」，而這是種永無止盡的歷程（黃光國，2015，頁347）。筆者認為，實踐天道的「誠意」這門工夫，如果按照《中庸》的本來義理，並不是來自「行」的勤勉與「知」的焦思，而是來自對於自性的「凝然合一」，其具體的工夫次第則譬如操作「止、定、靜、安、慮、得」這六個由意識回歸潛意識再來到意識的過程，其展現的生命氣象就會是「從容中道」，意即庸然大器且決斷合宜。

筆者這兩年來與黃光國大量針對本土心理學的相關學術議題展開對話，並自2016年開始陸續撰文與其細緻論學，終於得見其撰寫〈儒家文化中的倫理療癒與修養心理學〉一文（黃光國，2016c），其將榮格講的「自性」大量會通到儒釋道三家的典籍內闡釋，他徵引筆者談南宋陸九淵主張「發明本

心」，引發個人與宇宙的交通感，只有在悟得自性才能明白，此際天人內外被打通，再沒有限隔，這就是「天人合一」的實際體會（陳復，2016）。他接著指出「自性」應當是「經驗匯聚的中樞」，並不是心理分析學派在講的「自我」（the Ego），其繪製的「自我的曼陀羅模型」具有普世性，適用於任何文化，但「自性」具有文化特殊性，唯有儒釋道三教合一的文化傳統，才會特別強調「自我」中有「自性」這個層面（黃光國，2016c）。有關黃光國如何談榮格講的自性，筆者會再撰寫專文來仔細討論，但當他開始承認中華思想長期存在探索自性的文化傳統，則談儒家修養心理學時就不應該再堅持著「庶人倫理」的說法，而應該從「士人倫理」的角度來打開格局，使得修養心理學不再是個「戲論」（梵文稱作papanca，意指無法令人獲得解脫的學問），更不能把這些論理過程只當作語言遊戲（language games），而應該全面地將修養心理學導向中華思想（尤其儒家思想）特有的「心體論」（nousism）與「工夫論」（kungfuism），來發掘其觀念資源與修養門徑，才能完成社會科學本土化的工作，並有益於世人解決個人困惑與社會問題。黃光國曾表示：士人同時會是庶人，庶人倫理是包括士人在內所有人都應當遵循的觀念（黃光國，2015，頁 251）。筆者認為，這段話應該相反過來說：庶人同時能做士人，士人倫理才是包括庶人在內都應當遵循的修養觀念，這個觀念的終點就是「成聖」。只有藉由當前學術語言來詮釋「成聖」的具體辦法，打通「微觀世界」與「生命世界」的隔閡，才有儒家修養心理學可言，我們共同念茲在茲的「中華文化（或儒家思想）的第三次現代化」才有具體意義。

　　「成聖」對於現代人置身於當前時空背景，難道已是個與潮流脫節的過時議題嗎？不！如果工商業社會的節奏異常緊繃，人除了賺取金錢外，很難不對自己投身於工作，卻只是個宛如機器裡的螺絲釘般毫無價值感，這時候如果沒有修養意識，就很常會引發各種身心疾病。「成聖」不是什麼宗教密法，而是自我轉化成自性的過程裡，藉由工夫操練最終獲得自如且利他的生命。我們委實不能只活在西方文化帶來的生活型態裡，卻沒有中華文化特有的生命態度，否則個人將如何轉危為安，人類整體在各種天災與人禍不斷的

環境裡，又將如何讓全球文明獲得永續發展？因此，筆者認為，儒家自我修養理論應該往士人倫理調整，發展具有「天、人、物、我」四大象限意涵的儒家關係主義，才能將儒家修養心理學獲得正確的認識。

　　本章從士人倫理的角度出發來思索問題，相關論點雖與黃光國頗有不同，然而相信我們企圖擘畫中華文化現代化的本衷與宏願並無二致，期待這些討論對於化解「道術裂解」的現況或有實益。

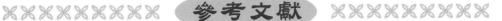

參考文獻

中文部分

孔穎達（1995）。周易正義。**十三經注疏（第一冊）**。臺北市：藍燈文化。

王志弘、王淑燕、郭菀玲、莊雅仲、游美惠、游常山（譯）（1999）。**東方主義**（原作者：E. Said）。臺北市：立緒。

何善蒙（2006）。**隱逸詩人：寒山傳**。浙江：浙江人民出版社。

林品石（註譯）（1990）。**呂氏春秋今註今譯**。臺北市：臺灣商務印書館。

高紫文（譯）（2015）。**失控的正向思考**（原作者：B. Ehrenreich）。臺北市：左岸文化。

陳復（2016）。黃光國難題：如何替中華文化解開戈迪安繩結。**本土心理學研究，46**，73-110。

陳復（2018）。儒家心理學：黃光國難題正面臨的迷陣與突破。**本土心理學研究，49**，3-154。

黃光國（2009）。**儒家關係主義：哲學反思、理論建構與實徵研究**。臺北市：心理。

黃光國（2015）。**盡己與天良：破解韋伯的迷陣**。新北市：心理。

黃光國（2016a）。**《大學》的修養工夫論**。（未發表）

黃光國（2016b）。**《中庸》的實踐智慧**。（未發表）

黃光國（2016c）。**儒家文化中的倫理療癒與修養心理學**。（未發表）

楊家駱（主編）（1994）。**新校本漢書並附編二種（第二冊）**。臺北市：鼎文書局。

蔡錦昌（2009年1月）。從「差序格局」到「感通格局」：社會學中國化的再一次嘗試。發表於第三次臺灣社會理論工作坊。宜蘭縣：佛光大學社會學系。

謝冰瑩（主編）（2002）。**新譯四書讀本**。臺北市：三民。

顏學誠（2013）。中國文明的反關係主義傳統。**考古人類學刊，78**，1-36。

瀧川龜太郎（1986）。**史記會注考證**。臺北市：洪氏。

英文部分

Ames, R. T. (1994). The focus-field self in classical Confucianism. In R. T. Ames, W. Dissanayake, & T. P. Kasulis (Eds.), *In self as person in Asian theory and practice* (pp. 187-212). Albany, NY: State University of New York Press.

Elvin, M. (1985). Between the earth and heaven: Conceptions of the self in China. In M. Carrithers et al. (Eds.), *The category of the person* (pp. 156-189). London, UK: Cambridge University Press.

King, A. Y. C. (1985). The individual and group in Confucianism: A relational perspective. In J. M. A. A. Donald (Ed.), *Individualism and holism: Studies in Confucian and Taoist values* (pp. 57-70). MI: Center for Chinese Studies, the University of Michigan.

Markus, H. R., & Kitayama, S. (1994). The cultural shaping of emotion: A conceptual framework. In S. Kitayama & H. R. Markus (Eds.), *Emotion and culture: Empirical studies of mutual influence* (pp. 339-351). Washington, DC: American Psychological Association.

Yang, C. K. (1959). *Chinese communist society: The family and the village*. Cambridge, MA: MIT Press.

第七章　由「關係主義」到「修養心理學」

黃光國

　　2015 年筆者自臺灣大學退休時，學生們為筆者辦了「心理學第三波：黃光國教授『榮進』學術研討會」，陳復提出「黃光國難題」以來，上一章是他針對同一主題所寫的第三篇論文。對於第一篇論文，筆者寫了一篇兩萬六千多字的〈「自我」與「自性」：破解「黃光國難題」的「戈迪安繩結」〉（黃光國，無日期）加以回應；筆者對第二篇論文〈儒家心理學：黃光國難題正面臨的迷陣與突破〉（陳復，2018）的回應，已刊登於《本土心理學研究》的「評論對話」；在第三篇論文〈修養心理學：黃光國儒家自我修養理論的問題〉中，陳復又提出了三項問題。筆者對此必須加以釐清，才有可能從儒家文化傳統中發展出「修養心理學」。

第一節　普世的理論模型

　　在第三篇論文的第一節「普世性或特殊性？黃光國的自我觀念」中，陳復（2017）回顧了筆者所建構的「自我的曼陀羅模型」及「人情與面子的理論模型」之後，認為：

> 　　如果黃光國將「人情與面子的理論模型」視作人類普世性有關社會關係（或人際關係）的形式性理論則可；然如欲將其稱作有關「社會關係的深層結構」則會有問題，因為這個「關係主義」的模型理論只講到「關係的表象」而沒有講到「關係的內裡」，只講到

「關係的局部」而沒有講到「關係的全貌」，為何會這樣說呢？我們置身於宇宙間，人面對各種情境都與其發生「關係」，關係從來都不會只有個人與他人的關係，如將關係歸類，計有「天」（天理）、「人」（人際）、「物」（外物）與「我」（本我）這四層關係。人只有先認識本我（the Self，自性），跟本我建立起深密的關係，將其從自我（the Ego）中超拔出來，才能接著認識外物（the Object），認識任何外在於己身的存在，並釐清己身作為生命的主體（subject）與客體（object）間的關係，從而架構出客體的內容，發展出有關客體的各類知識；之後才能認識人際（the Crowd），了解人與人在社會裡的範圍與關係，這是黃光國關係主義著墨的重點內涵，但這並不是終點，還應該再繼續認識天理（the Heaven），了解宇宙有關成住壞空的生滅變化，掌握最終的實相（reality）。如果我們將關係著重在自性的認識，則只有由內部再架構出「本我關係主義」、「物我關係主義」、「人我關係主義」與「天我關係主義」，再加上屬於外部較間接的「人物關係主義」與「天物關係主義」，整個關係主義的內涵才能完整呈現。

▣ 人我關係

在這段論述中，陳復很明顯地誤解了「社會關係之深層結構」的意義。在本篇回應中，筆者首先要承認的是：筆者所講的「關係主義」確實只限於「人我」之間的社會關係。陳復希望筆者進一步考量「天」、「人」、「物」、「我」四個層次之間的關係，這個建議確實有道理。只是筆者在思考這四者之間的關係時，是把先秦儒家思想當作一個「文化系統」（cultural system）來看（Hwang, 2015），而不是考量這四者之間的排列組合。筆者所採取的研究策略，旨在解決儒家思想史上「良知理性」分裂的重大問題，而不是要恢復先秦儒家思想的原貌。

什麼叫做「良知理性」的分裂呢？從漢武帝「罷黜百家，獨尊儒術」以來，儒家倫理與道德已經成為支撐華人生活世界的先驗性形式架構。在先秦儒家諸子中，孔子的學說是以「仁」作為核心。他周遊列國十餘年，不為諸侯所用，於68歲回到魯國，著述《春秋》，並與弟子合著《易傳・文言》，這是他晚年思想最為成熟時的作品。所以子貢感嘆：「夫子之文章，可得而聞也；夫子之言性與天道，不可得而問也」（《論語・公冶長》）。他最為年輕的弟子曾參和他的孫子子思所著的《大學》和《中庸》，分別從不同角度試圖說明先秦儒家思想的形上學基礎。將之傳給孟子，而形成孔孟以「仁、義」作為核心的思想體系。今日我們要了解儒家的庶人倫理，必須加入荀子主張的「禮」，將孔、孟、荀三人的思想綜合構成先秦儒家的「仁、義、禮」倫理體系。

◨ 邏輯關係

然而，除了「庶人倫理」之外，先秦儒家諸子更重視培養儒家的「士」，希望他們能夠「以道濟世」。由於「士之倫理」是「庶人倫理」的擴充，所以兩者應當一併考量。然而，其考量方式並不是如陳復（2017）所說的：

> 這裡將關係主義與《大學》的次第論結合，《大學・經一章》說：「物格而後知致，知致而後意誠，意誠而後心正，心正而後身修，身修而後家齊，家齊而後國治，國治而後天下平。」釐清天物關係主義的議題就是「物格而後知致」；釐清天我關係主義的議題就是「知致而後意誠」；釐清人我關係主義的議題就是「意誠而後心正」；釐清人物關係主義的議題就是「心正而後身修」。因《大學》裡的「我」直接對應「人」，使得其「意誠而後心正」，當人物關係主義因心正而獲得對應與擴充，「身」成為更大格局的生命，接著對應「物」就不再是本來的「物」，而開始發展「齊、

治、平」這三段論（齊家、治國、平天下）逐級張開的「生活世界」，這就是「內聖」後的「外王」。

在第六章的圖 6-3 中，陳復（2017）首先描繪出「本我」、「人我」、「物我」、「天我」、「天物」等六種「關係主義」，其實這是「天」、「人」、「物」、「我」四者排列組合所構成的「邏輯空間」（logical space）。從「文化系統」的角度來看，這種「邏輯空間」中可能有許多「空欄」（empty cell），並不具文化意義，如圖中的「人物關係主義」和「天物關係主義」都是儒家文化系統很少觸及的。

⊡ 文化分析的策略

不僅如此，該圖將關係主義與《大學》修身次第論相結合的作法，筆者也有所保留。在筆者看來，孔子最主要的人格特質，是「聖之時者」。《中庸》第二十八章更明確地引述孔子的話：「愚而好自用，賤而好自專。生乎今之世，反古之道。如此者，災及其身者也。」更清楚地說，任何一個時代的中國知識分子，都必須要有人能夠針對時代的要求，對於儒家倫理與道德提出可以為當代人所接受的完整論述，否則那個時代中國人的「良知理性」便可能面臨分裂的危機。

針對這張圖，筆者要問的問題是：圖 6-3 真的能讓我們提出符合現代需要的「修身次第論」嗎？在此不妨從筆者最關心的「物我關係」談起。陳復（2017）說得很正確：

> 《大學》未曾談到物我關係主義，這是條具有西方文化特徵的「主客對立思維」，筆者認為這層關係主義對於華人開展科學概念、科學態度與科學方法更具有意義，應該落實「意誠而後客立」，讓「物」在「微觀世界」內被客體化，使得格物能順此發展其解析型的思辨脈絡。

　　這一點非常重要，正因為「主客對立思維」的「物我關係主義」具有西方文化特徵，筆者一向主張：未來一個世代，中華文化發展的方向之一，必然是以「儒、釋、道」三教合一的文化傳統作為基礎，吸納作為西方文明之精華的科學哲學，再回頭來整理自己的文化傳統。

　　在〈「自我」與「自性」：破解「黃光國難題」的「戈迪安繩結」〉一文中（黃光國，無日期），筆者曾經說明筆者對分析文化傳統所採取的策略。在《儒家關係主義：哲學反思、理論建構與實徵研究》第四章中（黃光國，2009；Hwang, 2012），筆者曾經說明筆者如何以「批判實在論」的科學哲學作為基礎，建構出「人情與面子的理論模型」。在《盡己與天良：破解韋伯的迷陣》第二章中（黃光國，2015，頁 91-94），筆者也引用 Grace G. Harris（1989）對於人類學文獻所作的深入回顧，結果顯示：不論在哪一個文化中，人格的結構都是由生物學層次的「個體」（individual）、心理學層次的「自我」（self），以及社會學層次的「人」（person）所構成。

◉ 普世性的理論模型

　　從以上的析論可以很清楚地看出：筆者所謂的「深層結構」，是指「社會關係」以及「自我」心智的「深層結構」。它是把「社會關係」以及「自我」客體化或物化所得的結果，而不是把「天」、「人」、「物」、「我」四者排列組合所構成的各種「關係主義」。這種分析方式遵循「後實證主義」的科學哲學，以「實在論」反對時下國內心理學界流行的「實證主義」研究取向。至於筆者為什麼要刻意如此為之，則要從筆者治學的目標說起。在出版《儒家關係主義：哲學反思、理論建構與實徵研究》一書之前，筆者從事本土心理學研究之終極目的，是要建立華人自主的社會科學傳統。這樣的目標絕非靠一人之力所能達成，因此筆者必須要以此書為例，教人如何以西方的科學哲學為基礎，建構與「儒家關係主義」有關的各種「科學微世界」。

⊡ 「利益」與「道義」

針對這個理論模型，陳復（2016）提出了非常尖銳的批評：

「報」是種普遍存在於人類社會中的規範，更是任何文化都公認的基本道德，人類的社會關係莫不建立在「報」的規範上。中華文化中的「需求法則」、「公平法則」與「人情法則」都是「報」該一規範的衍生，其主要差異在於適用的人際關係範疇不同，「報」的方法與期限就跟著有所不同。黃光國舉例說明，中國家庭依照「需求法則」來發展的情感性關係，同樣適用於「報」的規範，諸如：「養兒防老，積穀防餓」，就蘊含著父母預期孩子回報的意思（黃光國，2009，頁114-115）。從這個角度出發，我們或許才能理解黃光國闡釋關係主義的觀念要旨，但當關係主義完全是個人利益在不同關係裡的衡量與決斷時，其衡量與決斷的主體就在自我，且該自我並無「天人合一」的終極意義，卻有「人我合一」的社會意義。如果黃光國對中華文化裡人際關係的詮釋無誤，這就頗值得思索：該自我產生的關係主義，因基於個人利益在不同關係裡的安頓，是否只是個人主義思維在亞洲文化的亞型變化呈現呢？如果父母與孩子的情感性關係只是來自「需求法則」，這將如何解釋絕大多數父母生育孩子，其當下犧牲與付出完全不計孩子後來是否回報的事實？這層來自「天性」（或如孟子講「天爵」的義理）的層面如果不考量進去，關係主義將徹底變成「利益關係主義」而不是「道義關係主義」。

這個批評是完全正確的。筆者一再強調：如果我們把「人情法則」看作是「均等法則」的一個特例，它強調個人一旦收受了個人的恩惠，一定要設法給予等量的回報，則「人情與面子的理論模型」應當是一個可以適用於各

種不同文化的理論模型。它是生物決定的，反映出人類社會互動的普遍心智，所以「其內容只見利益性不見道義性」。

▣ 水晶體結構

在《盡已與天良：破解韋伯的迷陣》一書的第三部分，筆者以這兩個普世性的理論模型作為基礎，用詮釋學的方法重新詮釋先秦儒家經典，說明儒家的「文化形態學」（morphostasis），這時候方能彰顯出其「道義性」。

對於「自我的曼陀羅模型」，陳復（2017）也有類似的困惑。他說：

> 筆者認為這幅圖（指「自我的曼陀羅模型」）頗能解釋人類普世性的自我概念，然而正因如此，其太關注於「自我」的意涵，只能解釋個體如何透過自我經由「行動與智慧」或「實踐與知識」而蛻變成個人，卻無法解釋自我如何經由社會化的「自我」（the Ego）蛻變成神聖化的「自性」（the Self）；或能概括性地解釋心理如何受到文化的影響，卻無法解釋中華文化特有的修養心理學如何「變化氣質」，讓自我最終發展出其大我性或無我性。並且，這幅圖有個重大缺陷：其構面並不完整且不立體，若按圖索驥思索，將無法解釋「個體與實踐」、「個體與知識」、「個人與智慧」與「個人與行動」這四大面向究竟何指或如何連結，則其貫穿含攝的「圓圈」想藉此象徵的曼陀羅意涵會在哪裡呢？黃光國對此並未做過任何闡釋（黃光國，2015，頁 90-100），然而他卻基於曾參觀印尼婆羅浮屠的經驗，深知佛塔作為曼陀羅的壇城，其塔基、塔身與塔頂各自代表佛教認為人生修練過程常具有「欲界」（Kamadhatu）、「色界」（Rupadhatu）與「無色界」（Arupadhatu）這三個不同境界，如果黃光國繪製的這幅圖真能象徵佛教的曼陀羅特徵，他將會如何說明人從充滿「貪、嗔、癡、慢、疑」的欲界，蛻變到拘泥於外顯形象的色界，最後再來到沒有任何執著的無色界呢？黃

光國同樣在書中沒有任何詮釋（黃光國，2015，頁 85-88），他認為曼陀羅具有內圓外方的結構（其實不盡然如此，結構或可能外圓內方），這是「自我」（self）的特徵，表現出心靈的整體性，並涵融人類與世界的關係，然而他繪製的「自我的曼陀羅模型」，其「內圓外方」的線條都不具有實指的精神意涵，反映出自我空洞化的困境，這是頗值得深思的問題。

陳復講得一點也不錯。「自我的曼陀羅模型」其實只是婆羅浮屠佛塔在其某一特定時空的一個橫截面而已。它是空洞的，並沒有任何實質的內容。用榮格對於「自性」之本體所作的描述來說，「自性」就像母體子宮中的胎兒一樣，只有透明的水晶體結構（crystalline structure in the mother's liquid）（如圖 2-1 所示），但它出生後，卻可能生長成任何形狀（如圖 2-2 所示）。這就是佛教所謂的「緣起性空」。《六祖壇經》說：「心地含諸種，普雨悉皆萌，頓悟華情已，菩提果自成。」「自性」中含有人生百態的種子，在眾緣和合的情況下，就會開出各種不同的生命花朵；如果能從花開花謝中，悟得「自性」，就可以證得無上菩提。

◨ 走出「自我之道」

在榮格自傳「序言」的一開始，他說：「我的一生是一個潛意識充分自我實現的故事。潛意識中的一切竭力要表現出來，人格也強烈要求從其潛意識狀態中成長，並以整體的方式來經驗自身」（Jung, 1965）。所謂「以整體的方式來經驗自身」，就是他窮盡一生之力所要發現的「自性」。他的這本自傳名為《回憶，夢，反思》，他反思的內容主要是自己的潛意識，包括個人潛意識及集體潛意識在內的「自性」。在這本書的「自序」中，榮格也說：

　　「我向來覺得，生命就像以根莖來延續生命的植物，真正的生命是看不見、深藏於根基的。露出地面的生命只能延續一個夏季，

然後便凋謝了。真是有夠短暫！當我們想到生命和文明永無休止的
生長和衰敗時，人生果真如夢！」

　　用榮格的這個比喻來說，深藏於根基中的「真正生命」就是「自性」。
人的一生，從出生至死亡，「自我」意識所能及的範圍，僅是「露出地面的
生命」而已。榮格所說的「自性化」，就是走出「自我之道」（coming to
selfhood）或「實現自性」（Self-realization）（Jung, 1928）。這就是《中
庸》開宗明義所說的：「天命之謂性，率性之謂道，修道之謂教。」

第二節　「關係主義」或「反關係主義」

　　上一節的析論顯示：歷史學者出身的陳復，尚未能充分體會建構「形式
性的理論」（formal theory）在社會科學研究中的重要性。在本節中，筆者要
首先說明的是：(1)為什麼在社會科學本土化運動中，我們必須以西方科學哲
學的「解析性思維」來建構儒家「庶人倫理」的理論模型；然後，筆者要(2)
以陳復在〈修養心理學：黃光國儒家自我修養理論的問題〉第二節提出的問
題為例，說明：為什麼「庶人倫理」必須和「自我的曼陀羅模型」合併使用；
希望讀者能夠藉此了解(3)如何建構「含攝文化的理論」。

▣ 普遍的精神實體

　　牟宗三（1988）在其所著的《歷史哲學》一書中指出：

　　　　就個人言，在實踐中，個人的生命就是一個精神的生命，精神
　　的生命函著一個「精神的實體」。此實體就是個人生命的一個
　　「本」。就民族言，在實踐中，一個民族的生命就是一個普遍的精
　　神生命，此中函著一個普遍的精神實體。此普遍的精神實體，在民
　　族生命的集團實踐中，抒發出有觀念內容的理想，以指導它的實

踐，引生它的實踐。觀念就是他實踐的方向與態度。（頁 1-2）

牟宗三認為，「實踐」是精神生命表現其理想（尤其是道德理想）的活動，脫離了精神生命及其理想，便無「歷史」可言。每一個民族都有其「普遍的精神實體」，歷史即是「普遍的精神實體」在實踐中表現其觀念的過程。然而，因為人類有動物性，故精神實體本身只能在動物性地限制下表現其觀念，在這兩種力量的拉扯之下，決定了各民族有不同的文化系統與觀念型態。

用「自我的曼陀羅模型」來看，牟宗三之所謂「中國人普遍的精神實體」，就是華人社會中作為「人」（person）的文化理想，是宋明理學家所謂的「理」，也是王陽明所說的「良知」。歷史學家黃俊傑（2014）在其力作《儒家思想與中國歷史思維》中指出，傳統中國史家與儒家學者都主張：學術研究的目的在於淑世、經世乃至於救世。為了彰顯儒家價值的淑世作用，他們都非常強調：以具體的歷史「事實」來突顯儒家的「價值」，並在歷史「事實」的脈絡中說明儒家「價值」的意義。這就是所謂的「重變以顯常，述事以求理」，也就是章學誠所說的「述事而理以昭焉，言理而事以範焉」。浸潤在儒家文化氛圍中的傳統中國史家認為，價值理念的「普遍性」（universality）深深地根植於歷史與人物的「特殊性」（particularity）之中，而「抽象性」的「天道」或「理」，也可以從「具體性」的史實之中提煉或抽離而出，黃俊傑稱之為「具體的普遍性」（concrete universals）。

▣ 「具體的普遍性」

傳統中國史學家重新建構具體而特殊之歷史事實的最高目標，是為了要從其中抽煉出普遍性的原理，以作為經世之依據，此正如司馬遷在〈報任安書〉中所言：

> 僕竊不遜，近自託於無能之辭，網羅天下放失舊聞，考之行

事，稽其成敗興壞之理，凡百三十篇，亦欲以究天人之際，通古今之變，成一家之言。

由於太史公著書立說之目的在於「究天人之際，通古今之變」，所以他「網羅天下放失舊聞，考之行事，稽其成敗興壞之理」，而寫成本紀、世家、列傳的對象，泰半是王侯將相，殊少納入一般庶民百姓，形成中國史家「以史論經」的傳統。朱熹在〈古史餘論〉中也提出類似觀點：

> 若夫古今之變，極而必反，如晝夜之相生，寒暑之相代，乃理之當然，非人力之可為。是以三代相承，有相因襲而不得變者，有相損益而不可常者。然亦惟聖人為能察其理之所在而因革之，是以人綱人紀，得以傳之百世而無弊。不然，則亦將因其既極而橫潰四出，要以趨其勢之所便，而其所變之善惡，則有不可知者矣。

然而，這具有「普遍性」的「天道」或「理」究竟是什麼呢？朱熹主張：「理一分殊，月印萬川」，認為源自「天道」的「理」會呈現在「人心」或諸多事物的素樸狀態中。他從各種不同角度，反覆析論仁、義、禮、智、信等儒家所謂的「人綱人紀」都是「理」的展現。但是，在「天人合一」的文化傳統裡，宋明理學家雖然致力於「道問學」，他們卻很難將具有「普遍性」的儒家價值理念建構成形式性的理論，來說清楚「儒家價值是什麼」。朱子認為，三代相承之「理」，「有相因襲而不得變者，有相損益而不可常者」，但只有聖人之「心」才能夠「察其理之所在而因革之」，並將儒家所重視的「人綱人紀」一代代地傳承下去。基於這樣的歷史觀，中國傳統史家傾向於將注意焦點集中在統治者身上，這就是朱子所說的：

> ……天下之事其本在於一人，而一人之事其主在於一心，故人主之心一正，則天下之事無有不正，人主之心一邪，則天下之事無

有不邪。（〈己酉擬上封事〉）

　　這樣的觀點當然不可能再適用於現代華人社會，也不可能成為社會科學的原理或原則。今日我們要想建立自主性的本土社會科學，一定要針對我們在推動社會科學本土化時所遭遇的難題，運用不同的科學哲學典範，逐一予以解決，這就是筆者所謂的「多重哲學的研究取向」。儒家文化第三次的現代化，必須充分吸納西方文明精華的科學哲學，以「多重哲學典範」（multiple philosophical paradigms），建構「含攝文化的理論」（culture-inclusive theories）。這樣建構出來的理論，必須適用於華人社會中的每一個「人」，而不僅止於「帝王將相」。

◨ 知識論的關係主義

　　何友暉提出的「方法論的關係主義」認為，在做「關係分析時，理論家試圖解釋個體的行為，必須先考慮文化如何界定關係」，因此，其「策略性的分析單位並不是單獨的個體或情境，而是『各種關係中的人』（person-in-relations，其焦點為不同關係中的個人）以及『關係中的人們』（persons-in-relation，其焦點為在某一關係脈絡中互動的人們）」（Ho, 1998; Ho & Chiu, 1998）。

　　「各種關係中的人」以及「關係中的人們」是分析「關係主義」文化中社會互動極其重要的「策略性的分析單位」，但這並不是一種理論，所以只能稱為「方法論的關係主義」，而不能稱之為「知識論的關係主義」。相較之下，「自我的曼陀羅模型」和「人情與面子的理論模型」卻是普世性的理論模型，它可以「各種關係中的人」和「關係中的人們」作為「策略性的分析單位」，但它們已經從「方法論」的層次，提升到「知識論」的層次。

第三節　儒家「庶人倫理」的「仁、義、禮」倫理體系

在《儒家關係主義：哲學反思、理論建構與實徵研究》一書第五章中，筆者進一步說明如何以「人情與面子的理論模型」作為基礎，分析先秦儒家諸子所著的經典（黃光國，2009；Hwang, 2012）。這樣分析所得的結果顯示：先秦儒家思想的內容，包含了四大部分：

1. 儒家的天命觀。
2. 儒家的修養論：修身以道。
3. 儒家的「庶人倫理」。
4. 儒家的「士之倫理」：濟世以道。

由於先秦儒家將人際關係的倫理安排分成兩大類：庶人倫理和士之倫理。前者是包括「士」在內的所有人都應當遵循的。由於《儒家關係主義：哲學反思、理論建構與實徵研究》一書的焦點是在研究華人社會中一般人的人際關係，因此先將分析的焦點集中在「庶人倫理」之上。

筆者認為，儒家經典中最能夠反映儒家「庶人倫理」之特色者，是《中庸》第二十章上所說的一段話：「仁者，人也；親親為大。義者，宜也；尊賢為大。親親之殺，尊賢之等，禮之所由生也。」這一段話說明儒家主張個人和其他任何人交往時，都應當以「親疏」和「尊卑」兩個社會認知向度（social cognitive dimensions）來衡量彼此之間的角色關係：前者是指彼此關係的親疏遠近，後者是指雙方地位的尊卑上下。在做完評定之後，「親其所當親」，是「仁」；「尊其所當尊」，是「義」；依照「親親之殺，尊賢之等」所做出的差序性反應，則是「禮」。

回 同構關係

儒家的「庶人倫理」還可以用西方的「正義理論」來加以解釋。後者將

人類社會中的「正義」分為兩大類：「程序正義」，是指群體中的成員認為應當用何種程序來決定分配資源的方式；「分配正義」，則是指群體中的成員認為應當用何種方式分配資源（Leventhal, 1976, 1980）。依照儒家的觀點，在人際互動的場合，應當先根據「尊尊」的原則，解決「程序正義」的問題，決定誰是「資源支配者」，有權選擇資源分配或交易的方式；然後再由其根據「親親」的原則，決定資源分配或交易的方式。

儒家的「庶人倫理」和筆者所建構的「人情與面子的理論模型」（Hwang, 1987）具有一種「同構」（isomorphic）的關係。當請託者要求資源支配者將其掌握的資源作有利於請託者的分配時，資源支配者分別以需求法則、人情法則和公平法則來和對方進行互動。在資源支配者的心理過程中，關係、交換法則，以及外顯行動三者和儒家「庶人倫理」的「仁、義、禮」倫理體系是互相對應的：關係對應於「仁」，交換法則對應於「義」，外顯行動則必須合乎於「禮」（如圖 7-1 所示）。

▣ 「五倫」與「三綱」

在「程序正義」方面，儒家「庶人倫理」所強調的是「尊尊法則」；在「分配正義」方面，它所強調的是「親親法則」。儒家認為，君臣、父子、夫婦、兄弟、朋友是社會中五種最重要的人際關係，此稱之為「五倫」。五倫中每一對角色關係的互動都應當建立在「仁」的基礎之上。然而，由於五倫的角色關係各不相同，它們之間應當強調的價值理念也有所差異：「父子有親，君臣有義，夫婦有別，長幼有序，朋友有信」（《孟子‧滕文公上》）。

父子、夫婦、兄弟三倫旨在安排家庭中的人際關係，是屬於情感性關係的範疇；朋友、君臣則是混合性關係。值得強調的是：除掉「朋友」一倫外，其他四倫都蘊含有「上／下」、「尊／卑」的縱向差序關係：「何謂人義？父慈，子孝；兄良，弟悌；夫義，婦聽；長惠，幼順；君仁，臣忠，十者謂之人義」（《禮記‧禮運篇》）。

資源支配者的心理歷程

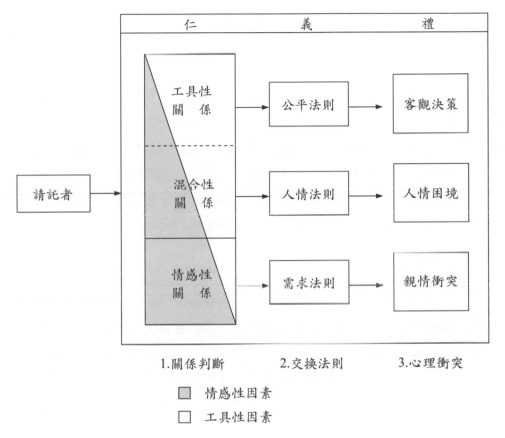

圖 7-1 儒家庶人倫理中的「仁、義、禮」倫理體系

資料來源：黃光國（2015，頁 70）

◻ 「相互倫理」

　　這段引文將朋友一倫排除在外，而特別強調這五種角色關係的互動都必須遵循「尊尊法則」。更清楚地說：依照儒家所主張的「十義」，扮演「父、兄、夫、長、君」等角色的人，應當分別依照「慈、良、義、惠、仁」的原則做出決策；而扮演「子、弟、婦、幼、臣」等角色的人，則應當依照

「孝、悌、聽、順、忠」的原則，善盡自己的義務。

更具體地說，以前述的「庶人倫理」的深層結構作為基礎，儒家對個人生命中的五種角色關係，又按彼此間的「尊卑」及「親疏」程度，分別作不同的倫理要求，而形成一種「相互倫理」，要求每一個人在五種重要的人際關係中善盡自己的義務，而這就是所謂的「五倫」。其中，儒家最重視的是親子關係中的「父慈／子孝」，這樣的倫理安排跟儒家的生命觀有十分緊密的關聯。儒家在反思自我生命的起源時，並不像基督教那樣，設想出一位獨立於世界之外的造物主，相反的，他們從自己的宇宙觀出發，認識到一個簡單且明確的事實：自己的生命是父母親肉體生命的延續。儒家有關「孝道」的觀念，都是從這個不容置辯的事實衍生出來的。

▣ 「絕對倫理」

筆者在分析儒家思想的內在結構時，用來詮釋的文本是以孔子和孟子為主的先秦儒家思想。這種「共時性分析」的目的旨在說明儒家的「文化形態學」（morphostasis）（Archer, 1995）。事實上，中國在秦、漢之後的漫長歷史上，儒家思想還有非常複雜的發展，而且對於中國人社會行動有所影響的，也不只是儒家思想而已。筆者之所以決定以孔、孟思想作為詮釋的文本，一則是因為「分析二元論」研究取徑的要求；再則是因為他們廣為一般中國人所熟知，對中國文化有深遠的影響。可是，自漢代董仲舒提出「三綱」之說，主張「君為臣綱、父為子綱、夫為妻綱」，將先秦儒家要求自己的「相互義務」轉變成要求下對上單方面服從的「絕對義務」，此對中國社會的歷史發展造成了非常惡劣的影響。筆者在《盡己與天良：破解韋伯的迷陣》一書中也有深入的批判。這種「歷時性分析」的目的，則是在說明儒家文化形態的衍生及其轉化（morphogenesis）。

▣ 「四端」之心

以「自我的曼陀羅模型」和「儒家的庶人倫理」為基礎，我們還可以進

一步了解儒家的兩個重要概念：「四端」和「五常」。

《孟子・公孫丑上》中，有一段話：

> 無惻隱之心，非人也；無羞惡之心，非人也；無辭讓之心，非人也；無是非之心，非人也。惻隱之心，仁之端也；羞惡之心，義之端也；辭讓之心，禮之端也；是非之心，智之端也。人之有是四端也，猶其有四體也。有是四端而自謂不能者，自賊者也；謂其君不能者，賊其君者也。

在《孟子・告子上》中，他又以相反的語氣表達了類似的觀念：

> 惻隱之心，人皆有之；羞惡之心，人皆有之；恭敬之心，人皆有之；是非之心，人皆有之。惻隱之心，仁也；羞惡之心，義也；恭敬之心，禮也；是非之心，智也。仁、義、禮、智，非由外鑠我也，我固有之也，弗思耳矣。故曰：「求則得之，舍則失之。」或相倍蓰而無算者，不能盡其才者也。

這兩段引文中的第一段採負面表述，強調「無四端之心」，「非人也」。第二段採正面表述，強調「四端之心」「人皆有之」。然而，因為儒家強調：個人必須盡一己之心力施行「仁道」，施行「仁道」的範圍愈廣，個人在立體「自我的曼陀羅模型」上的道德成就便愈高，所以孟子指出，人在這方面可能有「成倍」的差異，甚至到無法計算的境界（「或相倍蓰，而無算者」）。

▣ 第二序道德

先秦儒家認為，「仁、義、禮、智」是由「四端之心」發展出來的，而「惻隱之心」、「羞惡之心」、「辭讓之心」、「是非之心」則是發展出

「仁、義、禮、智」的「道德情緒」，是「人固有之」的。這跟康德強調，道德判斷必須以「理性思辨」作為基礎，極不相同。歷來儒家學者在解釋這兩段話的意義時，大多偏向於「以經解經」，引用各家學者對這段話的詮釋來說明其意義，而不是從社會科學的角度，建構出普世性的理論模型，來說明它們的心理功能。

然而，從本章的析論來看，「儒家的庶人倫理」可以解釋「仁、義、禮」，「智」則是「自我的曼陀羅模型」中的「智慧」。Gergen（2009）在其著作《關係性的存在》（*Relational Being: Beyond Self and Community*）中，曾經將道德區分為兩類：第一序道德（first-order morality）或倫理，包含構成任何長久存在之關係型態的價值，它在「某種生活方式中有意義」，但卻與善、惡無關，是隱晦而無所不在的。個人可以藉此整合「為人之道」的各種不同觀念，形成他的「自我認同」，也可以在某一個特定的社會團體裡，形成他的「社會認同」。經由自我覺察的反思，第一序道德可能由隱晦變為清晰，並可以用一組規則將之加以陳述，而形成第二序道德（second-order morality）。

上述這種情況通常發生在兩個文化群體相互遭逢，並在信仰、價值或實踐等方面發生衝突的時候。用Gergen（2009）的概念來說，「智」是「第一序道德」，自我可以隨機應變，靈活地將它展現在個人與他人的互動過程中。「智」對這三者的反思則可能成為「仁、義、禮」的「第二序道德」，是可以用規範、原則或律則表現出來的道德。這四個概念，並不是同一層次的東西，先秦儒家卻從道德情緒的考量將之並列為「四端」，但傳統儒家以及人文學者不論從哪一個角度來加以詮釋，都不容易說清楚。儒家通常所謂的「五常」，是「仁、義、禮、智、信」，「信」是雙方互動時，個人的堅持，無法以這些形式性的理論模型表現出來，但其後果，卻可以再進一步建構「含攝文化的理論」來加以說明（黃光國，2009；Hwang, 2012）。

▣ 「有道」的「智慧」

筆者在分析「儒家倫理與道德的結構」時（Hwang, 2016），一方面強調它是支撐住華人生活世界的「先驗性形式架構」（transcendental formal structure），另一方面強調「智」是因人而異、因時而異的「第一序道德」。這一點對於了解儒家倫理的屬性非常重要。筆者非常欣賞陳復（2016）的質疑：

> 　　如果「科學微世界」的有無被視作現代化最核心的指標，當黃光國想循此角度從事中華文化的現代化，就面臨著極其重大的困難。因為中華文化對永恆性的回歸，使得該文化的核心價值就在不斷探索何謂「道」，並將「道」轉化出整體性的智慧（我們可稱「道即智慧」的思維，這個「即」有「就是」的意思），作用於日常生活中。而這正是中華文化的最主要特徵，本不需要將「道」分化出系統性的知識（我們可稱「知識即道」的思維，這個「即」有「靠近」的意思），「轉化」的路徑使得「天道就是人道」，意即給出智慧，該智慧具「有道性」；「分化」的路徑使得「人知靠近真知」，意即給出知識，該知識具有「無道性」，因為知識畢竟不如智慧就是「道本身」，其建構的系統只是在完成人類「自圓其說」或「自得其樂」的世界，拿「無道」的手段或方法，想呈現「有道」的內容，終令其被當前社會承認其價值與意義，如拿莊子的寓言來譬喻，這究竟是在「拾筌捕魚」，抑或是替「渾沌開竅」？

筆者非常贊同「道即智慧」的主張，也了解筆者在以「科學微世界」的概念建構「儒家倫理與道德的結構」時，是以「知識即道」的思維，將「道」分化出系統性的知識。拿「無道」的手段或方法，來呈現「有道」的內容，

既是「拾筌捕魚」，又是替「渾沌開竅」。可是，筆者必須指出的是：這種研究取徑不管是如何的「無道」或「慘無人道」，筆者在建構「自我的曼陀羅模型」時，終究還是為它留下了一個「活口」，那就是作為「第一序道德」的「智慧」（wisdom）。

第四節　「儒家人文主義」的自主學統

在此值得再次強調的是：「自我的曼陀羅模型」和「人情與面子的理論模型」相結合所構成的「知識論的關係主義」，僅是一種形式性的理論而已，它們還不是筆者所謂的「含攝文化的理論」。倘若我們以此作為分析架構，考量一個文化中所流行的「人觀」，用它來分析某種特定的文化傳統時，則可以形成各種「含攝文化的理論」，例如：在《儒家關係主義：哲學反思、理論建構與實徵研究》一書中（黃光國，2009；Hwang, 2012），筆者建構了一系列的理論模型，包括：社會交換、臉面觀念、成就動機、組織行為、衝突策略等；在《倫理療癒與德性領導的後現代智慧》一書中（黃光國，2014），筆者分析儒家、法家、兵家的文化傳統在現代華人文化中的體現；《盡己與天良：破解韋伯的迷陣》一書（黃光國，2015）則聚焦於分析儒家的文化傳統，並與 Weber 對《中國的宗教》之論述進行對話，這些都可以說是「含攝文化的理論」之例。

▣ 科學研究綱領

在《盡己與天良：破解韋伯的迷陣》一書的第三部分，筆者以這兩個普世性的理論模型作為基礎，用詮釋學的方法，重新詮釋先秦儒家經典，說明儒家的「文化形態學」（morphostasis），這時候方能彰顯出其「道義性」。儒家倫理與道德是支撐住華人生活世界的「先驗性形式架構」，它對華人的社會生活，正如「水」之對於「魚」，是無所不在的。「儒家倫理與道德的結構」一旦建構出來（Hwang, 2016），我們就可以之作為基礎，進一步再建

構「儒家關係主義」的一系列理論。

用 Imre Lakatos（1922-1974）所提出的「科學研究綱領」來看（Lakatos, 1978），這一系列理論構成了「儒家關係主義」的「保護帶」，而「儒家倫理與道德的結構」則為其「硬核」。以此「硬核」作為基礎，我們還可以在各種不同的領域中建構出「含攝文化的理論」，以逐步建立「儒家人文主義」的自主社會科學的學術傳統。

我們可以用陳復（2017）所舉的歷史故事為例，說明如何以「儒家倫理與道德的結構」作為基礎，來建構「含攝文化的理論」。

> 周朝創立後，姜太公被封到齊國，周公旦被封到魯國，姜太公任用夷人當地的賢士來替齊國做事，並由實際的績效與否來做賞罰的依據，這種不依靠血緣裙帶關係來做事的態度，既是空前未有的創舉，更使得齊國迅速壯大起來，這種措施被稱為「尊賢上功」；周公旦則摒除夷人，依據親疏任用自己周人的貴族來替魯國做事，靠著血緣裙帶關係來確立管理政治的信任感，由於魯國對宗法制度的嚴格落實，使得其國祚綿亙悠久，這種措施則被稱為「親親上恩」。

▣ 含攝文化的組織理論

陳復（2017）並引用史書來印證齊魯兩國後來不同的發展：

> 如《漢書・地理志》說：「昔太公始封，周公曰：『何以治齊？』太公曰：『舉賢而上功。』周公曰：『後世必有篡殺之臣。』其後二十九世為彊臣田和所滅，而和自立為齊侯。」該篇還將兩人的角色對調過來說：「周公始封，太公問：『何以治魯？』周公曰：『尊尊而親親。』太公曰：『後世寖弱矣。』故魯自文公

以後，祿去公室，政在大夫，季氏逐昭公，陵夷微弱，三十四世而為楚所滅。」

在這則歷史故事中，姜太公和周公兩人之間的對話，充分反映出中國傳統史家所要彰顯的「具體的普遍性」（黃俊傑，2014）。如果把他們兩人的對話放在「方法論的知識論」的脈絡中，他們兩人在作出「親親上恩」或「尊賢上功」的決策「行動」時，心裡必然會考量「關係中的人們」所面對的「義／利衝突」及其可能的反應。然後綜合得失，依據個人的「智慧」，作出他們認為對國家最有利的判斷。然而，他們判斷的準則仍然是儒家的「親親法則」，「二十九世」或「三十四世」方為「疆臣」或「敵國」所滅。

所有的歷史都是現代人的歷史。倘若我們站在現代社會中企業組織的立場來作類似的考量，我們便可以建構出「含攝文化的企業組織理論」。由於社會科學理論的建構必然有其片面性（one-sidedness）（Weber, 1949），當我們考慮的面向不同，我們便能建構出不同的理論。從這個角度來看，不含實質內容的形式性理論，才「能生萬法」，具有「生生不息」的功能。這就是佛教所謂的「真空妙有」。

▣ 「同氣相求」的君子

陳復（2017）引用蔡錦昌的說法，批評費孝通關於「差序格局」的論點。他認為：

　　儒家的「德」是種「同聲相應，同氣相求」的「共感作用」或「共鳴作用」，就像同一頻率的兩支音叉在隔空共振那般，「有德君子」就像一支強頻大音叉那樣，只要振動就會誘發周圍的事物與其共振，愈與其接近者，不管本來頻率如何，被誘發共振的能量都愈大且反應愈快；而頻率與其相同或接近者，即使相隔某個有效距離，被誘發共振的能量愈大而且反應愈快。蔡錦昌再引用《易經‧

繫辭上》來說明其看法：「子曰：『君子居其室，出其言善，則千
里之外應之。況其邇者乎？居其室，出其言不善，則千里之外違
之。況其邇者乎？言出乎身，加乎民；行發乎邇，見乎遠。言行，
君子之樞機。樞機之發，榮辱之主也。言行，君子之所以動天地
也。可不慎乎？』」

　　筆者完全同意這樣的論點，但要指出的是：現代社會中的「君子」，其
言行之「善或不善」，必須以其「知識」作為基礎。知識背景差距太大的兩
個人，是很難產生共鳴作用的。用「自我的曼陀羅模型」來說，唯有「知識」
加上「德性」，兩者互相配合的智慧，才能構成「君子之樞機」，其「行
動」或「實踐」才有所謂的「樞機之發，榮辱之主」，也才能突破「血緣關
係」的差序格局。這一點，對於知識分子（士）在現代各種社會組織中所扮
演的角色，以及我們所要發展的「修養心理學」都有非常重要的含義，必須
再作進一步的析論。

第五節　現代社會中的「士之倫理」

　　了解筆者對「儒家心理學」的基本立場之後，便不難理解筆者為什麼會
主張孔門自我修養的工夫論包括「正心、誠意、格物、致知」四個步驟。陳
復（2017）認為：

　　　　我們查閱《大學・經一章》：「物格而後知致，知致而後意
誠，意誠而後心正，心正而後身修，身修而後家齊，家齊而後國
治，國治而後天下平」後，就會發現修身前正確的工夫次第其實是
「格物、致知、誠意、正心」，這個次第不顛倒，才能解釋儒家如
何從前意識（preconscious）來到意識（conscious），接著由意識來
到潛意識（unconscious），再經由潛意識回歸到意識，意即由自我

拔高到自性的歷程,再經由自性來逐級落實「修身、齊家、治國、平天下」,這「八條目」就是這樣經由「內聖」而「外王」來整合實踐。

◙ 現代社會中的「士」

陳復是個忠實的儒家捍衛者,然而筆者念茲在茲的卻是如何培養出現代社會中的「士」,建立儒家人文主義的自主社會傳統,來完成儒家思想的第三次現代化。

《大學》和《中庸》本來是《禮記》中的兩篇文章。到了朱子,才將《大學》、《論語》、《孟子》、《中庸》編集註解,而成為「四書」。錢基博《四書解題及其讀法》一書的序言說:「其教人也,以大學、語、孟、中庸為入道之序。而後及諸經。」1194 年 10 月,朱熹為宋寧宗準備的〈經筵講義〉上說:

> 大學者,大人之學也。古之為教育者,有小子之學,有大人之學。小子之學,灑掃應對進退之節,詩書禮樂射御之文,是也。大人之學,窮理修身治國平天下之道,是也。

在朱子的理想裡,「古之聖王,設為學校,以教天下之人。使自王世子、王子、公侯、卿大夫、元士之適子,以至庶人之子,皆以八歲而入小學,十有五歲而入大學」。用現代教育的觀念來看,所謂「小學」,可以說是國民基本義務教育;所謂「大學」,應當就是有選擇性的大學教育。

◙ 士尚志

值得注意的是:在那個時代,朱熹已經把「窮理」放在「修身」之前,認為「大人之學」的順序,應當是「窮理、修身、治國、平天下」。放在現

代社會的脈絡中來看，一個學生在進入大學之前，他一定要先決定自己的志向，想清楚自己要念什麼樣的專業科系；進入大學之後，要「窮」哪一方面的理。《孟子・盡心上》中有一段著名的對話：

> 王子墊問曰：「士何事？」
> 孟子曰：「尚志。」
> 曰：「何謂尚志？」
> 曰：「仁義而已矣。殺一無罪，非仁也；非其有而取之，非義也。居惡在？仁是也；路惡在？義是也。居仁由義，大人之事備矣。」

今日如果有學生問大學教師：「士何事」，他在闡論孔孟的「仁義之道」之前，必然要先跟學生討論：如何選擇符合其性向的科系。陳復（2017）問道：

> 黃光國表示：「正心」這門工夫還包含幾個重要的步驟，接著徵引《大學・經一章》：「知止而後有定；定而後能靜；靜而後能安；安而後能慮；慮而後能得。」這顯示出他認為「止、定、靜、安、慮、得」是「正心」的步驟。不過，如順著《大學・經一章》本來的文義脈絡來解讀，這應當是整個實踐《大學》關注於「明明德、親民、止於至善」這三大目標可落實的工夫，怎麼會專門變成「正心」的工夫呢？

▣ 止於至善

陳復講得一點也不錯。在《大學・經一章》所講的修養六步驟中，筆者最重視的是「知止」中的「止」字，也就是「止於至善」一詞中的「止」字，

其原意為「止息」。《大學・傳三章》中記載，孔子看到一隻呢喃黃鳥停息在山丘一隅，他說：「於止，知其所止，可以人而不如鳥乎？」接著又說：

> 詩云：「穆穆文王，於緝熙敬止。為人君，止於仁；為人臣，止於敬；為人子，止於孝；為人父，止於慈；與國人交，止於信。」

在上述引文中，「止」均為「止息」之意。仁、敬、孝、慈、信，則是自我在扮演不同社會角色時，應當遵循的「明德」。朱熹窮畢生之力，與師友們反覆論辯，發展出儒家的「道德形上學」，則認為：「天地之性」和「氣質之性」既不一又不二，兩者之間具有一種「不離不雜」的弔詭關係，它跟「天道」是相通的。這種受之於天的「理」，他稱之為「天理」。前文引到《詩經》中所強調的「仁、敬、孝、慈、信」等，都是「天理」在各種人際關係中的展現，這就是宋明理學家所謂「理一分殊，月印萬川」：「天理」只有一個，但它在不同的人際關係中，就會有不同的展現，正如月亮照映在無數的河川中，就會呈現出不同的樣貌。

陳復（2017）認為，儒家修養心理學由「自我」轉化「自性」的具體內容是：

> 「止」是指停止思慮，將內外世界區隔與辨識；「定」是指深化感知，把握住向內探索的軸線；「靜」是指回歸寧靜，感受無內且無外的深度；「安」是指體驗自性，獲得平安與祥和的頻率；「慮」是指面對課題，琢磨對治的態度與作法；「得」是指獲得領會，帶著清明的精神來生活。黃光國沒有深談其間的細節究竟，來解釋儒家的自我修養理論，卻單獨拿「知止而後有定」來說個人必須知道「自我」在人際互動中應當遵循的規則，他才能保持心境的平靜，而不受情緒的干擾，並說這就是所謂的「定而後能靜」，意

即儒家修養所謂「正心」的工夫（黃光國，2009，頁 338），其前後文義太過於簡略，無法讓我們清晰洞見背後主張的理則（並將「知止而後有定」與「定而後能靜」解釋成同一種觀念），著實會令人費解。

◨ 正心

陳復在上述引文中的說法，是儒家傳統的修養工夫。筆者一向認為，一個現代社會中的知識分子（士），必須終身奉行兩種不同的「道」：一種是他個人的「自我認同」，也就是一生要走的「道」；另一種「社會認同」，則是儒家主張的「仁道」。對於前者而言，他必須忠於自己的「知識系統」；對於後者，才是孔子所說的：「於止，知其所止。」一個有智慧的人必須知道自己所處的社會情境（於止），並實踐最適合於該情境的價值目標。在社會互動情境中扮演「君、臣、父、子」等不同角色的人，都應當依循「天理」，分別以「仁、敬、孝、慈」作為「自我」行動的定向。不論是要走出自己的「人生之道」，或是要落實儒家的「仁道」，他在情緒方面，都必須維持心情的平靜。

　　所謂「修身在正其心」者，身有所忿懥，則不得其正；有所恐懼，則不得其正；有所好樂，則不得其正；有所憂患，則不得其正。心不在焉：視而不見，聽而不聞，食而不知其味。（《大學・傳七章》）

當個人的自我受到忿懥、恐懼、好樂、憂患等情緒干擾的時候，心境就無法保持在「喜怒哀樂之未發」的平靜狀態，他很可能「視而不見，聽而不聞，食而不知其味」，不能冷靜地反思自己的生命處境，也很難學習新的事物，所以先秦儒家把「正心」列為「修身」的第一步。

◙ 誠意

在價值取捨方面，雖然處理「仁道」必須注意人際關係的脈絡，而強調諸如「仁、敬、孝、慈」之類的價值觀；可是，不論是落實「仁道」或實踐自己的「人生之道」，他都必須重視「誠」的價值。《大學》對「誠」的定義是：

> 所謂「誠其意」者，勿自欺也。如惡惡臭，如好好色，此之謂自謙。故君子必慎其獨也。（《大學‧傳六章》）

「自謙」是「真誠地面對自己」，正如「好好色，惡惡臭」一樣。如何走出個人的「人生之道」，完全是一己之事，與他人毫不相干。所以《大學》主張「君子慎獨」。陳復（2017）本人也承認：「如果我們暫且擱置《大學》的次第，轉而只從《中庸》的角度來認識儒家修養心理學，就會發現黃光國強調『誠意』這個觀念確實極具意義，畢竟這是儒家思想談修養很關鍵的環節。」

《中庸》第二十章說：「誠者，天之道也，誠之者，人之道也。誠者，不勉而中，不思而得，從容中道，聖人也；誠之者，擇善而固執之者也。」在《中庸》第二十一章中，對「誠」的意義作了更深一層的解釋：「自誠明，謂之性；自明誠，謂之教。誠則明矣，明則誠矣。」《中庸》在此處特別註明：「右第二十一章，子思承上章，夫子天道人道之意，而立言也。自此以下十二章，皆子思之言，以反覆推明此章之意。」用朱熹晚年成熟之後的哲學來看，「自誠明，謂之性」一詞中的「性」，是指「天地之性」或「本然之性」，而不是「氣質之性」。這句話的意思是說：自然而然、毫不做作地做出符合「明德」的行動，就是「天地之性」；「自明誠，謂之教」則是指，讓一個人自己懂得努力學習「正心誠意」的工夫。這就是儒家教育的目的。針對這一點，陳復（2017）又問：

就「格物」這個層面而言，黃光國指出：由於「物」是指「自我」在其生活世界中遭遇的「事物」，宋明理學家主張「即物而窮其理」，意即找出每件事物的道理，因為「天下之物，莫不有理」，如果「理有未窮」，則必「知有不盡」。然而，個人該如何「窮其理」呢？先秦儒家提出的對策是「誠意」，唯有冷靜認識外在世界中客觀事物的變化，才能知道該事物的是非對錯（黃光國，2015，頁349）。依其文義合理的說法應該是指黃光國認為「格物」的工夫就是「誠意」，殊不知「格物」本來就是門獨立的工夫，現在的概念被虛設，轉為「誠意」的替換詞彙，難道對黃光國而言，這些工夫當真沒有任何差異，其文義可輕易互換解釋嗎？

☑ 格物

筆者並不認為「誠意」和「格物」可以「互換解釋」。在筆者看來，這兩者之間確有其先後的次第：「誠意」在先，「格物」在後。《中庸》第二十二章說：

> 「唯天下至誠，能盡其性；能盡其性，則能盡人之性；能盡人之性，則能盡物之性；能盡物之性，則可以贊天地之化育；可以贊天地之化育，則可以與天地參矣。」

這段話的第一句「唯天下至誠，能盡其性」中的「性」，仍然是指「天地之性」或「本然之性」。所謂「天下至誠」，是指已經達到儒家修養最高境界的「聖人」，唯有聖人才能完全發揮他的「天地之性」，才有可能「贊天地之化育」，「與天地參」。至於尚未達到聖人境界的一般人，又該如何？《中庸》第二十三章說：

「其次致曲，曲能有誠。誠則形，形則著，著則明，明則動，動則變，變則化，唯天下至誠為能化。」

朱子對於「致曲」一詞的註釋是：「致推致也，曲一偏也。」這個註釋可以溯源至《易經·繫辭上》第六章的最後一段話：「範圍天地之化而不過，曲成萬物而不遺，通乎晝夜之道而知，故神無方而易無體。」這段引文前兩句話的意思是：易理能夠規範天地的變化，不會有絲毫過錯；它能以「偏致」的方式成就世間萬物，而不會有所遺憾。順著這個文意來看，「其次致曲，曲能有誠」是接著《中庸》第二十二章的「唯天下至誠」而講的。它的意思是說：還沒有達到「天下至誠」的聖人境界之前，一般人認識某一件事物，一定要從某一特定的偏至立場切入，這樣才能專心致意（曲則有誠）。然而，「誠則形，形則著，著則明，明則動，動則變，變則化」，最後仍然可以達到「唯天下至誠為能化」。

走筆至此，我們就可以正式析論，陳復和筆者對於《大學》修養工夫論觀點的根本差異。陳復（2017）說：

黃光國表示：「正心」這門工夫還包含幾個重要的步驟，接著徵引《大學·經一章》：「知止而後有定；定而後能靜；靜而後能安；安而後能慮；慮而後能得。」這顯示出他認為「止、定、靜、安、慮、得」是「正心」的步驟。不過，如順著《大學·經一章》本來的文義脈絡來解讀，這應當是整個實踐《大學》關注於「明明德、親民、止於至善」這三大目標可落實的工夫，怎麼會專門變成「正心」的工夫呢？

▣ 王陽明的工夫論

陳復是王陽明的忠實信徒，他一心想從王陽明的「心學」發展出以「心

體論」（nousism）和「工夫論」（kungfuism）作為核心的「心學心理學」（nouslogy）。因此，他關心的是《大學》關注於「明明德、親民、止於至善」三大目標的工夫，也就是：

> 儒家修養心理學由「自我」轉化「自性」的具體內容：「止」是指停止思慮，將內外世界區隔與辨識；「定」是指深化感知，把握住向內探索的軸線；「靜」是指回歸寧靜，感受無內且無外的深度；「安」是指體驗自性，獲得平安與祥和的頻率；「慮」是指面對課題，琢磨對治的態度與作法；「得」是指獲得領會，帶著清明的精神來生活。（陳復，2017）

從王陽明「心學」的角度來看，陳復的這個論點是正確的。大家都知道，青年王陽明信從朱子「格物」之說，去「格竹子」，結果卻格出病來的故事。這個經驗讓他深刻感受到不能「心外求物」。在王陽明思想成熟之後，他對於先儒所謂的「格物」，就有了自己的詮釋。王陽明認為：「物者，事也。凡意之所發，必有其事。意所在之事，謂之物。」「如意在於事親，即事親便是一物。意在於事君，即事君便是一物。意在於仁民愛物，即仁民愛物便是一物。意在於視聽言動，即視聽言動便是一物。所以某說無心外之理，無心外之物。」

由於「物」是指「自我」在其生活世界中所遭遇的「事物」，而不是客觀「物理世界」（physical world）中之「物」。王陽明關注的焦點在於「仁道」的合理安排，所以他說：「格者，正也；正其不正以歸於正之謂也。正其不正者，去惡之謂也；歸於正者，為善之謂也。夫是之謂格。」就這個角度來看，陳復主張的「工夫論」可以說是儒家傳統的「工夫論」，構成了王陽明「心學」的核心，其目的在於「親民」，亦即處理人們關心的「事物」。

◉ 「成物，知也」

筆者對於儒家文化傳統所作的詮釋，其目的在於建立「儒家人文主義」的自主社會科學傳統。為了達到這樣的目標，除了以「庶人倫理」為基礎，建構一系列「含攝文化的理論」，構成「儒家關係主義」的科學研究綱領之外，還必須以「士之倫理」為基礎，發展「修養心理學」。在從事這項工作的時候，筆者所關心的「士」，並不是傳統社會的「士」。在筆者看來，現代社會中的「士」，除了修習「仁道」，以處理自己的人際關係之外，他必須花更多的時間，來學習客觀知識，以走出自己的「人生之道」。這時候，他所關切的「物」，已不是人際間的事物，而是客觀世界中之「物」。《中庸》第八章有言：「誠者，非自成己而已也，所以成物也。成己，仁也；成物，知也；性之德也，合外內之道也，故時措之宜也。」

先秦儒家認為他們之所以會提出「誠」的哲學，不僅是要「成己」，而且是要「成物」。所謂「成己」，是要求「行動的自我」實踐「仁道」，所以說：「成己，仁也。」所謂「成物」，是「反求諸己」，以自己作為認識主體，去認識外在世界中客觀事物的變化，所以說：「成物，知也。」

◉ 窮理致知

從心理學的角度來看，朱子對於客觀事物的學習之認識，要比王陽明深刻許多。在他所編的《四書集註》中，附有一篇著名的〈朱子格物致知補述〉：

> 所謂致知在格物者，言欲致吾之知，在即物而窮其理也。蓋人心之靈，莫不有知；而天下之物，莫不有理；惟於理有未窮，故知其有不盡也。是以大學始教，必使學者即凡天下之物，莫不因其已知之理而益窮之，以求至乎其極。至於用力之久，而一旦豁然貫通焉，則眾物之表裡精粗無不到，而吾心之全體大用無不明矣。此謂

格物，此謂知之至也。

朱熹主張「即物而窮其理」，找出每一件事物的道理，因為「天下之物，莫不有理」，如果「理有未窮」，則必「知有不盡」。然而，個人該如何「窮其理」呢？他提出的對策是「誠意」：唯有冷靜認識外在世界中客觀事物的變化，才能知道該一事物的來龍去脈，以及自身處理方式的是非對錯（性之德）。所以說：「誠者，物之始終，不誠無物。」作出對於該一事物的客觀判斷，才能夠在特定時空中採取正確的行動，來對待外在世界中的事物，這就是所謂的「時措之宜」。

用 Eckensberger（1996, 2012）的行動理論來看，朱子的修養論雖然也要求個人作「世界取向」的反思，但其反思的焦點仍然是生活世界中的社會事物，而不是物理世界中的客觀事物。個人認識客體的方法，正如皮亞傑發生認識論所主張的，必須藉由主體和客體的交互作用，這就是所謂的「合內外之道」。朱熹一生都在思考一個根本的問題：「喜怒哀樂未發前是何氣象」，並先後提出「中和舊說」和「中和新說」，最後才發展出「心統性情」的修養理論，認為「自我」應當以自己的「理性」（心）探索一己的本性，並主導情緒的表現，以走出自己的人生之「道」。因此他認為，「大學之道，在明明德，在親民，在止於至善」三綱領中的「親民」一詞，應當改為「新民」。

▣ 心統性情

朱子「心統性情」的修養理論，使宋明之後的儒家學者對於儒家修養的工夫，分成兩支：程朱一系，主張以「道問學」為宗旨的「窮理致知」；陸王一系，則是主張以「尊德性」為主的「涵養居敬」。他們對於「格物致知」的見解有明顯的不同，但對於「正心誠意」的觀點卻差異不大。

在〈答江德功書〉中，朱子更清楚地說明了他的立場：

格物之說，程子論之詳矣。而其所謂格至也，格物而至於物，則物理盡者，意句俱到，不可移易。熹之謬說，實本其意，然亦非苟同之也。

蓋自十五、六歲時，讀是書，而不曉格物之義，往來於心三十餘年。近歲就實用功處求之，而參以他經傳記，內外本末，反復證驗，乃知此說之的當，恐未易以一朝卒然立說破也。

夫，天生蒸民，有物有則。物者，形也；則者，理也。形者，所謂形而下者也。理者，所謂形而上者也。人之生也，固不能無是物矣。而不明其物之理，則無以順性命之正。而處事物之當，故必即是物以求之。知求其理矣，而不至夫物之極，則物之理有未窮，而吾之知亦未盡。故必至其極而後已。此所謂格物而至於物，則物理盡者也。物理皆盡，則吾之知識廓然貫通，無有蔽礙。而意無不誠，心無不正矣。

從這封信中，可以很清楚地看出王陽明的「心學」和朱熹的「理學」對於「格物」的不同看法。王陽明的「心學」在意的是人際事物，為了要維持個人在其生活世界中的「心理社會均衡」，陽明學的修養「工夫論」主張對於心內的每一個「物」都要「正其不正以歸於正」，務期做到「心外無理，心內無物」的境界，所以他重視「正心」的每一步驟。

朱子的「理學」則不能僅止於此。在思索「喜怒哀樂未發前是何氣象」時，朱熹想的不只是作為「意識」之主體的「心」，而且是包括「意識」與「潛意識」在內的整體人格。他認為：「天生烝民，有物有則」，「物者，形也；則者，理也」。為了要了解「格物之義」，他的感受是：「求其理矣，而不至夫物之極，則物之理有未窮，而吾之知亦未盡。」因此，他從「人之生也，固不能無是物矣」的「形而下之物」，進而索求其「形而上之理」，希望能做到「順性命之正，處事物之理」。這樣「內外本末，反覆驗證」，「往來於心三十餘年」，最後形成他的「格物之說」，讓他感受到

「物理皆盡」，「吾之知識廓然貫通，無有蔽礙」。在這個漫長的過程裡，朱子很像是一個「實在論」的哲學家，他最後達到的境界是「義無不誠，心無不正」，不再斤斤計較於「正心」的細節步驟。

　　筆者在建構「儒家心理學」時，自己切身感受的心路歷程比較接近於朱子。筆者在推動社會科學本土化時，主張「實在論」的科學哲學，也希望能夠培養出有這種哲學素養的現代知識分子（士）。因此，筆者所主張的「修養工夫」，特別強調「正心、誠意、格物、致知」，而不及於其他。這應當可以說是對儒家文化傳統的一種「革故鼎新」吧！

　參考文獻

中文部分

牟宗三（1988）。**歷史哲學**。臺北市：臺灣學生書局。

陳復（2016）。黃光國難題：如何替中華文化解開戈迪安繩結。**本土心理學研究**，**46**，73-110。

陳復（2017）。修養心理學：黃光國儒家自我修養理論的問題。載於黃光國（編），**中西會通與儒佛會通：破解黃光國難題**。臺北市：臺灣大學出版中心。

陳復（2018）。儒家心理學：黃光國難題正面臨的迷陣與突破。**本土心理學研究**，**49**，3-154。

黃光國（2009）。**儒家關係主義：哲學反思、理論建構與實徵研究**。臺北市：心理。

黃光國（2014）。**倫理療癒與德性領導的後現代智慧**。臺北市：心理。

黃光國（2015）。**盡己與天良：破解韋伯的迷陣**。新北市：心理。

黃光國（無日期）。**「自我」與「自性」：破解「黃光國難題」的「戈迪安繩結」**。（未出版之手稿）

黃俊傑（2014）。**儒家思想與中國歷史思維**。臺北市：臺灣大學出版中心。

英文部分

Archer, M. S. (1995). *Realist social theory: The morphogenetic approach.* Cambridge, UK: Cambridge University Press.

Eckensberger, L. H. (1996). Agency, action and culture: Three basic concepts for cross-cultural psychology. In J. Pandey, D. Sinha, & D. P. S. Bhawuk (Eds.), *Asian contributions to cross-cultural psychology* (pp. 72-102). New Delhi, India: Sage.

Eckensberger, L. H. (2012). Culture-inclusive action theory: Action theory in dialectics and dialectics in action theory. In J. Valsiner (Ed.), *The Oxford handbook of culture and psychology* (pp. 357-402). New York, NY: Oxford University Press.

Gergen, K. (2009). *Relational being: beyond self and community*. Oxford, UK: Oxford University Press.

Harris, G. G. (1989). Concepts of individual, self, and person in description and analysis. *American Anthropologist, 91*, 599-612.

Ho, D. (1998). Interpersonal relationship and relationship dominance: An analysis based on methodological relationalism. *Asian Journal of Social Psychology, 1*, 1-16.

Ho, D. Y. F. & Chiu, G. Y. (1998). Collective representations as a metaconstruct: An analysis based on methodogical relationalism. *Culture and Psychology, 4*(3), 349-369.

Hwang, K.-K. (1987). Face and favor: The Chinese power game. *American Journal of Sociology, 92*, 944-974.

Hwang, K.-K. (2012). *Foundations of Chinese psychology: Confucian social relations*. New York, NY: Springer.

Hwang, K.-K. (2015). Cultural system vs. pan-cultural dimensions: Philosophical reflection on approaches for indigenous psychology. *Journal for the Theory of Social Behavior, 45*(1), 1-24.

Hwang, K.-K. (2016). The structure of Confucian ethics and morality. In M. Fuller (Ed.), *Psychology of morality: New research* (pp. 19-59). New York, NY: Nova.

Jung, C. G. (1928). The relations between the ego and the unconsious. *Collected works of C.G. Jung* (Vol. 7). Princeton, NJ: Princeton University Press.

Jung, C. G. (1965). *Memories, dreams, reflections*. New York, NY: Vintage Books.

Lakatos, I. (1978). History of science and its rational reconstructions. *The methodology of scientific research programmes*. Cambridge, MA: Cambridge University Press.

Leventhal, G. S. (1976). The distribution of reward and resources in groups and organizations. In L. Berkowitz (Ed.), *Advances in experimental social psychology* (Vol. 9) (pp. 91-131). New York, NY: Academic Press.

Leventhal, G. S. (1980). What should be done with equality theory? In K. J. Gergen, M.

S. Greenberg, & R. H. Willis (Eds.), *Social exchange: Advance in theory and research* (pp. 27-55). NY: Plenum Press.

Weber, M. (1949). *The methodology of the social sciences*. New York, NY: The Free Press.

第八章　文化傳承與典範轉移之一役：華人宗教研究上的黃光國難題

張蘭石

「宗教學」發展自神學，「宗教」（religion）這概念事實上就是西方的，西方宗教學的概念框架並不適用於分析華人的儒釋道信仰。Max Weber 以降，學者在以西方理論來觀察華人文化現象時，往往在方法學上犯了「概念熔接的謬誤」（fallacy of conflation）（Archer, 1988, 1995, pp. 58, 79-80, 2000, p. 5; Hwang, 2014, p. 48），這一點黃光國已論述於《盡己與天良：破解韋伯的迷陣》一書中。黃俊傑指出，二十世紀中國知識界受西方概念影響而認為儒家傳統是人文主義的、缺乏宗教內涵的（黃俊傑，1999，頁 395），他提出反駁：

> 儒學有強烈的「宗教性」（religiosity），也有強烈的「宗教感」（sense of religiosity），但不是西方傳統定義下的「宗教」（religion）。因此，「儒學是不是宗教」這個問題不是一個非此即彼的問題，而是涉及所謂「宗教」的定義的問題。（黃俊傑，1999，頁 397）

社會學家楊慶堃一反 Weber 等學者的西方觀點，提出「普化宗教」（diffused religion），以別於機構式宗教（institutional religion）來理解中國民間宗教，這顯然比西方宗教學傳統更能解釋華人信仰（Yang, 1961）。人類學

家李亦園提出了「三層面和諧均衡」理論模型（李亦園，1987；Li, 1992），建構了華人宗教信仰的全範疇。這全範疇，表現在 Robert Redfield（1897-1958）所謂大傳統（great tradition）（Redfield, 1956），則有儒家「天人合一」哲學；表現在小傳統（little tradition），則見於民俗信仰、命相醫卜、祖先崇拜（Li, 1988）。依此理論模型所編製的「個人宗教性量表」（宋文里、李亦園，1988）調查顯示：華人大多浸淫於傳統信仰文化中，雖然常不自認是宗教徒。因此，李亦園指出：「時空宇宙觀都是宗教觀念的一部分」（李亦園，1992，頁199），「命、運、八字等約束中國人的時間觀，風水約束中國人的空間觀」（李亦園，1992，頁201），他認為調查中回答「沒有宗教信仰」者，多只因未信奉機構式宗教（李亦園，1992）。蔡彥仁透過更大範圍的調查也發現：「臺灣人民雖然有15.4%自稱無宗教信仰，不過完全不祭拜或不祈禱者卻僅占2%，此顯示一般人對宗教歸屬的認知和實際的宗教行為存有差異」（蔡彥仁，2012）。西方宗教學所發展的「宗教性」、「委身」（commitment）、「改宗」（conversion）與「世俗化」（secularization）等概念，都不適用於分析華人社會。所以，在華人宗教研究上，「典範轉移」是必要的。

第一節　科學哲學省思中的「典範轉移」

Thomas S. Kuhn 認為，不同「典範」（paradigm）的觀點有全面性的更換，所以典範間有不可通約性（incommensurability）。某一典範所擱置的課題，在另一典範中可能是研究發展的關鍵；典範間的議題、研究法與評斷標準，均不相同。因此，科學的進程不是線性漸進的積累，而是周期性的革命，此即「典範轉移」（paradigm shift）（Kuhn, 1962）。

Imre Lakatos受Karl Popper的影響而批判邏輯實證論，但他不同意Popper的「樸素否證論」，因為科學理論並非孤立存在，而是一系列相互聯繫的。他的「精緻否證論」（sophisticated falsificationism）指出，「理論系列」或

「科學研究綱領」（scientific research programmes）才是科學成果的實際狀態。科學研究綱領所包含的基礎理論硬核（hard core），是不受經驗檢驗卻具有啟發力的形而上理論預設；在理論硬核之外由許多「輔助假設」（auxiliary hypotheses）構成保護帶（protective belt），將經驗反駁的矛頭引向自身（Lakatos, 1968）。在理論系列中，後續理論對前行理論添加「輔助假設」以消化「異例」（anomalies），從而保護、補強較核心的理論；以實徵研究檢討此系列理論時，後續理論假設會先被檢討。建構能處理異例的後續理論，是此研究綱領的「理論上的進步」（theoretically progressive）；而當整個理論系列更被經驗佐證（corroborated），也是「經驗上的進步」（empirically progressive）。當一個後續理論的建構在理論上與經驗上都是進步的，則此一調整過程為「進化的」，對這科學綱領的發展是有益的；反之，則為「退化的」。

　　黃光國所建構的「含攝文化的理論」（culture-inclusive theories），為了克服西方實證論的侷限，故基於多重哲學典範（multiple philosophical paradigms）（黃光國，2014b，頁 42）而援引 Roy Bhaskar 的「批判實在論」（Bhaskar, 1975）與 Margaret S. Archer 的「文化實在論」、「分析二元說」（analytical dualism），這便成為「批判實在論」此科學研究綱領的一個「理論上的進步」，甚至開創一個全新的科學研究綱領。然而，新的科學研究綱領，仍只是科學微世界的建構工具。「含攝儒釋道文化的理論」要藉此工具，將主客對立的「西方科學」銜接到「東方文化」所體現的主客冥合，並將傳統的「文化系統」（cultural system）轉化為「後現代智慧」（黃光國，2014a），還須要能完成一連串艱巨的理論建構過程。這就是陳復所說的「黃光國難題」。

第二節　「分析二元說」所突顯的方法學
　　　謬誤

　　黃光國藉由 Archer 的「分析二元說」而精確地指出 Max Weber 在分析儒家文化現象時所犯的方法學謬誤，並提出「儒家關係主義」（黃光國，2009；Hwang, 2012）等「含攝文化的理論」，這是文化研究之典範轉移的革命嚆矢。Archer 基於「文化與結構的實在論」（cultural and structural realism）而指陳無形無相卻實實在在對社會變遷產生影響的「文化系統」，其「分析二元說」在研究方法上將「文化系統」區別於「社會─文化互動」（socio-cultural interaction）（Archer, 1988），故能解釋社會變遷中的文化內部動力（Archer, 2000, p. 6）。以此為據，黃光國在探究華人的「文化系統」時，不像 Weber 般只摘取表面、片面的文化現象，而是回溯到漢語文化中持續具權威性、可懂性的傳統經典，因為那是曾存在的知識社群所建構的文化實在（Archer & Elder-Vass, 2012, p. 95）。傳統經典中的概念環環相扣，故能在不同社會情勢中持續維繫其意涵；人們的宗教、文化行為雖然隨社會情勢而有所取捨，但宗教文化行為背後之終極關懷卻仍需訴諸經典根據，例如：在探討「天鬼神雙重信仰」（Hwang, 2014）時，他不是觀察當前殯儀等民俗與概念而逕行化約，而是回歸《易經》與出於《禮記》祭祀體系之《中庸》、《大學》等文本對「天」、「鬼神」、「人」的論述，以萃取其定義。

　　如此區分「文化系統」與「社會─文化互動」，便能避免兩方向的「熔接的謬誤」。Archer 認為，很多社會理論有將社會現象之發生機制的因果兩端混為一談的傾向，於是可能流於兩極端，而產生熔接的謬誤（Archer, 1988, 1995, pp. 58, 79-80）：一個極端是向下熔接的謬誤（fallacy of downwards conflation），此一極端在談因果機制時，提出「物體化」（reified）或「本質化」（essentialized）的「結構」（structure），而視為獨立於施為者（agent）之外的存在，且因此忽略施為者的自主性，例如：某些原教旨主義者，

漠視社會—文化互動，執取某傳統經文來理解地緣政治（geopolitics）。西方學界對此一極端，也有不少批判；但事實上，西方根據個人主義所建立的社會科學，不也是個人主義文化的「物體化」（Hwang, 2011b）？

　　另一個極端是向上熔接的謬誤（fallacy of upwards conflation），亦即在談因果機制時擱置結構而著眼於施為者，在社會現象中只著眼於個人的行動與意義建構，以為能將巨觀現象化約為微觀現象來解釋（Archer, 2000, p. 5）。當人們以對某宗教現象的片面觀察來評斷宗教，在方法學上便犯了此謬誤，例如：若以西方悲傷研究典範來檢視華人殯儀，只用片面的量測指標來詮釋殯儀文化，卻疏於探究華人的宗教性（religiosity; religiousness）與殯儀所本的儒釋道傳統經典，不僅過度化約華人殯儀的複雜功能，更錯將「社會—文化互動」等同於「文化系統」，流於「文化虛無主義者」（cultural nihilist）（Hwang, 2011b）。又如：某些西方人對東方宗教的宗教恐懼症，錯用複雜因素下的恐怖主義來理解某宗教，以西方對部分穆斯林行為之觀察或量測指標來詮釋伊斯蘭文化，卻未探究《可蘭經》。

　　為了能預測人的行為乃至社會變遷的文化內部因素，就必須要能把握「文化系統」，探究「文化系統」內在結構中的各種機制（mechanisms），這就需要將「文化系統」（教義微世界）轉化為「後現代智慧」（科學微世界）。問題來了：如何將儒釋道「文化系統」轉化為「後現代智慧」？依據黃光國所洞察，這必須依據「多重哲學典範」與「文化實在論」來建構「含攝華人文化的理論」。在黃光國的學術策略中，「建構含攝華人文化的理論」，便是「將儒釋道文化系統轉化為後現代智慧」；要建構華人自主社會科學，便須完成社會科學的典範轉移。然而，正如自古以來所有科學革命無不面對當下科學界的強烈質疑甚至壓抑，黃光國所帶領的典範轉移也必定會受到社會科學界與科學哲學界的質疑。更甚者，由於黃光國的目標是建構含攝文化的社會科學理論，完成儒家思想的第三次現代化，這也必須通過儒家文化界內部的質疑與論戰才能得到最基本的肯定，而得到文化傳承上的立足點。目前已可見到以下所述腹背受敵的局面。

第三節　與「含攝文化的理論」相互辯證的立場

「儒家關係主義」等理論模型，在方法論上的重要依據是Archer的「文化實在論」與「分析二元說」。黃光國分析先秦儒家思想的內在結構，呈現儒家的「文化系統」，構成一系列「含攝儒家文化的理論」。如上一節所述，「分析二元說」對立於其他三類觀點，四類觀點形成相互辯證的立場；故而，「含攝文化的理論」也必然蘊含四類立場的鴻溝與相關質疑，這便是「黃光國難題」。

上一節所述的西方社會科學理論中關於「結構」與「施為者」的兩極觀點，二者皆被Archer指出犯了概念熔接的謬誤。第三類觀點試圖整合兩端，例如：社會學家 Anthony Giddens 的結構化理論（structuration theory）。Giddens依據結構的「二重性」（duality），而將「結構」或「施為者」這兩端視為一體兩面（Giddens, 1984, p. 25, 1993, p. 3）。Giddens 指出，施為者具有理性，故能藉持續的反思（reflectivity）來監控（monitor）行動，使一個人具有自我意識且被社會生活目的所監控（Giddens, 1984, p. 3），並非受制外部結構而作出機械性反應（Giddens, 1984, p. 181）。社會系統的結構化特性是人們組織施為的媒介，也是施為的結果，所以結構並不是個體外在之物，而是施為活動的內在物（Giddens, 1984, p. 25）。

但Archer仍反對這第三類看法，她認為「二重性」無法釐清兩方的交互影響，阻礙進一步的因素分析（Archer, 1990, p. 83）。她提出的型態生成觀點（morphogenetic perspectives）拆解了結構與施為之間的辯證性相互影響（Archer, 1990, p. 76），所運用的「分析二元說」便成為第四類觀點。對於相互辯證的觀點，佛教的「四句法」很適合用來加以梳理（張蘭石，2016，2018），與「結構」、「施為者」相關的四類觀點梳理，如圖 8-1 所示。

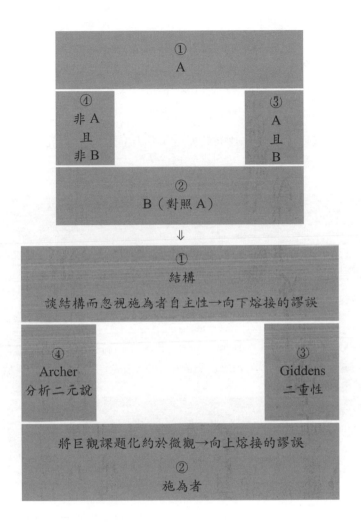

圖 8-1　「分析二元說」的「四句」辯證

　　圖 8-1 下方的①（結構）與②（施為者）是西方社會科學理論觀點的兩端。Giddens「二重性」（③）是把①和②視為互相蘊含；Archer「分析二元說」（④）則指出①和②各別的主體性，在方法論上獨立分析①和②。

　　「含攝文化的理論」在方法論上援引了圖 8-1 的「分析二元說」，對應圖 8-1，便有了圖 8-2 的「四句」辯證關係。「分析二元說」釐清的「結構」與「施為者」兩方面研究，即是圖 8-2 中的「文化系統」與「實證科學」。「分析二元說」拆解了「二重性」，對應的，「含攝文化的理論」則解析著「生活世界」。圖 8-2 便是用佛教的「四句法」來分析黃光國難題。

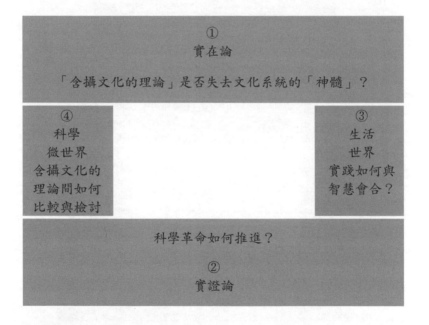

圖 8-2　「含攝文化的理論」所面對的「四句」辯證

圖 8-2 所示的四句辯證，即蘊含四方面難題：

1.「實在論」（①）上的難題：質疑「含攝文化的理論」所含攝文化系統的完整性。如何正確而完整地含攝一文化系統？如何檢討此完整性？

2.「實證論」（②）上的難題：質疑「建構含攝文化的理論」所依據的科學哲學。如何推進此「典範轉移」？

3.「生活世界」（③）的難題：質疑「含攝文化的理論」中的實踐如何與智慧會合？

4.「科學微世界」（④）的難題：如何充分建構「含攝儒家文化的理論」、「含攝佛教文化的理論」等，並且讓不同系列理論之間能互相比較、檢討而進化此科學研究綱領？

以下分四節來解釋這四道「黃光國難題」。

第四節　第一道黃光國難題：「含攝文化的理論」面對文化界的質疑

陳復所提出的「黃光國難題」的主要部分，其實是在儒家立場上質疑「含攝儒家文化的理論」能否精確含攝儒家思想的神髓。事實上，「含攝文化的理論」終究需要回應文化系統傳承者的質疑。

例如：據「自我的曼陀羅模型」提出佛教明行理論的佛教學者越建東，始終關切一個議題：定位為「世俗諦」的「含攝佛教文化的理論」，能否完整地傳承佛法而切實導向「勝義諦」？「含攝佛教文化的理論」必須面對佛教界的質疑：在佛教文化系統被理性化、客體化而建構為系列理論的過程中，是否會失去某些「佛法宗旨」與「真諦」？

從佛教文化系統本身來看，科學微世界中的理論硬核也只是「權巧／假施設」的「方便法」，只是運用「世俗諦」（語言）來承載「離言的勝義諦」的一套語言架構。所以，「含攝佛教文化的理論」的建構是可行的，但問題是：此科學研究綱領仍有待檢討，亦即其後的一系列「輔助假設」都必須被檢討，這裡便浮現了第一道黃光國難題的難解處：這種質疑幾乎得說暫時無解——無法在一時之間論斷。

又如：佛教的「道次第」若基於「自我的曼陀羅模型」而建構為此科學

研究綱領中的輔助假設，可嘗試完整建構「含攝佛教道次第文化的理論」。
但此系列理論如何被檢討？考諸歷史，佛世之後，在原始佛教的基本系統之
外，中觀派所建構的中觀學與瑜伽派所建構的唯識學是如何被檢討的？它們
是在百年的學派辯論與千年的信眾修證中被檢討，也是在歷史上的學派消長
中被檢討。「含攝佛教文化的理論」或許就像一個新的佛教學派般，只能在
人們相當長期的思辨與修養經驗後被檢討。

第五節　第二道黃光國難題：「含攝文化的
　　　　理論」面對科學界的質疑

　　非／反實在論（non/anti-realism）僅將宗教視為語言遊戲（language
game），雖與傳統信徒一起使用宗教核心語言，但卻擱置其實在性。然而，
若把宗教詮釋為一種社會符號系統，或止於實證論而侷限在具有實徵規律的
瑣碎課題，將不會對接教義微世界中的核心課題，更不會嘗試接通內在參研
體悟與外在實徵研究而參究表象下的「機制」。從建構實在論來看，宗教的
核心敘述是「建構的實在」（constructed reality），因此要探究活生生的宗教
文化內在結構（inner structure）中的「機制」，就不能只把科研的目標限制
在實徵規律（empirical invariance）。Bhaskar（1975）由「先驗實在論」
（transcendental realism）建構了跨學科的科學實在論體系，以「機制」作為
科研的目標，在社會科學上成立了「批判的自然主義」（critical natural-
ism），在此基礎上便能建構關於宗教現象之發生機制的理論。

　　黃光國批評 Weber 落於歐洲中心主義，那麼黃光國的「儒家關係主義」
會不會落於華人中心主義？這一點，須從科學方法論的層次來談。「含攝文
化的理論」的建構，是基於普世性的認識論，亦即上述的「批判實在論」以
及 Archer 的「文化實在論」。因此，從「文化系統」建構「含攝文化的理
論」這進路，不僅期能建構華人自主社會科學，更當能協助其他非西方國家
建立自主的社會科學。

　　然而，社會科學界對於這樣的典範轉移當然會有廣泛質疑。即使是本土心理學界，對黃光國肇始的科學研究綱領，也打了個大問號，如李美枝所說的：

　　　　可能由於其論述概念的層次高，使得想依循一般的實徵研究歷程，根據他的理論模式構思可驗證性之具體命題的研究並不多，因此其理論模型的經驗性效度還有待檢驗。反之，因為黃教授的國內外知名度很高，不少研究者不知不覺地將其尚待檢驗效度的理論模型視為真，而忽略了提供他修改其理論模型的實徵資料。（李美枝，2011，頁120）

更重要的質疑，是來自於科學哲學界的，如黃光國所記述：

　　　　1993 年，在北京大學社會學系講授科學哲學多年的蘇國勳教授，對我的主張很不以為然地指出：「『科學研究綱領』主要是適用於近代自然科學，而不是用於社會科學，尤其不是用於社會心理學和社會學」；它「是 Lakatos 作為科學史家以事後回顧的方式，對科學史上出現的和發生影響的各種學說和理論做出評價時所用的，不是科學工作者自身所用的，因此，『社會科學中國化』不應以『科學研究綱領』為謀」。完全否定了我的主張。（黃光國，2010，頁 19）

　　蘇國勳認為，Lakatos所述的「科學研究綱領」方法論與科學哲學，是針對自然科學之近代發展史的後設分析，在社會科學上不一定是這樣的。
　　在此，黃光國首先承認了蘇國勳的說法，卻又提出了重要的辯解。這辯解，不但指出了華人學界都須面對的黃光國難題，更點出了破解難題的核心方略：

　　蘇教授的說法基本上是正確的。作為科學發展前鋒的西方核心國家，科學哲學確實是思想史家或哲學家針對「科學史上出現的和發生影響的各種學說和理論」做出反思和評價所得的結果，並不是「科學工作者自身所用的」。然而，對於像臺灣或中國大陸這樣非西方社會的邊陲國家，如果不了解西方科學哲學的精神，充其量只能套用西方國家發展出來的研究模式，蒐集一些零零碎碎的實徵研究資料，怎麼可能發展出「本土心理學」或「本土社會科學」？（黃光國，2010，頁 19）

　　蘇國勛的關鍵質疑是：若要在社會科學領域主張「科學研究綱領」作為發展策略，就需要有社會科學史上的事實。顯然，黃光國反駁蘇國勛之質疑的唯一方法，就是用自己的主張完成「將儒釋道文化系統轉化為後現代智慧」，以此具體成果示範一個新的社會科學研究綱領的建立、檢討、調整與進化。這就是第二道黃光國難題。

　　雖然，黃光國以十多年的學術耕耘回應了蘇國勛的質疑，在其中啟示了第二道黃光國難題的解法，但仍須透過長期檢驗，才可能邁向牟宗三所說的道統、學統、政統三統，並進而實現儒家人文主義。

第六節　第三道黃光國難題：「含攝文化的理論」中實踐如何與智慧會合

　　牟宗三認為儒釋道文化是「攝所規能」、「攝物歸心」的，在主體中以「天人合一」的方式收攝對象，這便異於西方科學與民主制度中的主客對立。於是，他提出了良知的「自我坎陷」之說，經由「自我坎陷」，心靈便能由「與物無對」轉為「主客對列」，由道德主體轉而為認知主體。其實，牟宗三處理的，即是此處的第三道黃光國難題。然而，牟宗三的解法顯然有所不足，因為牟宗三所知的科學哲學仍未有後實證論，「良知」面向「實在論科

學」，故有「自我坎陷」（黃光國，2015）。

　　夏允中依據「含攝文化的理論」之進路所提出的「無我心理學」（Shiah, 2016），碰觸了「智慧與實踐如何會合」這問題。但，在「含攝文化的理論」中，作為終極真實的「自性」、「佛性」、「神性」等，如何實踐於「生活世界」（lifeworld）？這問題其實就是「微世界」（microworld）如何銜接「生活世界」？科學微世界中的理論，必然是以主客對立的研究法所建立，那麼，它如何能銜接「生活世界」中的修養工夫（主客之間冥契、合一的境界）？

　　「含攝儒釋道修養文化的理論」若不能實踐，那該如何檢驗？若不能銜接「微世界中的智慧」與「生活世界中的實踐」，就會被質疑是未能含攝完整的修養文化系統。

　　在黃光國建構的「自我的曼陀羅模型」（Hwang, 2011a, p. 330）裡，自我的「中心」定義於曼陀羅圓心，能在四種力場的牽制與外鑠中覺察到知識、行為、個體與人格皆非純然「自我」，更能逐步昇華、「自我實現」，而終於「證悟自性」而趨近曼陀羅的「終極圓滿」（ultimate wholeness）（黃光國，2011，頁7）。

　　事實上，黃光國建構「自我的曼陀羅模型」的靈感來源——婆羅浮屠的「曼陀羅」，本就是三維的，代表自我生命境界的逐步提升。在黃光國對「自我的曼陀羅模型」的初步（二維）詮釋中，「智慧」與「實踐」是兩端牽制的，「智慧與實踐的會合」似乎是不可能；然而，若「自我的曼陀羅模型」的「輔助假設」能補充三維的建構，說明從「自我」到「自性」的豎向發展，便可詮釋「智慧與實踐的會合」。當分處兩端的「智慧／知識」與「行動／實踐」能會合於「自性」，「科學微世界」的主客對立思辨與「生活世界」的主客冥合境界便能相應。

　　解開第三道黃光國難題，「含攝文化的理論」須能含攝儒學的「工夫論」或佛法的「道次第」（如宗喀巴的道次第學說）。這有待此科學研究綱領之系列理論的發展。

第七節　第四道黃光國難題：「含攝文化的理論」浩瀚的待建構空間

　　當陳復提出「黃光國難題」時，其最關切的其實是諸如「作為自我修養的目標，自性是空是有？自我的至善境界，是有我無我？」然而，誠如黃光國於宜蘭研討會所言，這「黃光國難題」其實是「陳復難題」。因為，作為理論硬核，黃光國的理論架構可以建構「含攝儒家文化的理論」，也可以建構「含攝佛教文化的理論」。易言之，黃光國的理論可以是指向「真空」的，也可以是指向「妙有」的；可以是指向「無我」的也可以是指向「神我」的；可以是指向「佛性」的，也可以是指向「神性」的。這些，其實都是「輔助假設」的建構工作，也是黃光國將期許於後續學人的。

　　「含攝文化的理論」須能完整轉化一個「文化系統」，才具有可實踐性（「智慧與實踐的會合」屬於第三道黃光國難題）與可檢驗性。否則，如西方正念療法般只摘取部分佛法而喪失宗旨，就不是「含攝佛教文化的理論」。而「含攝文化的理論」如何被充分建構？

　　「含攝文化的理論」所含攝的文化系統，必須是體系完整而概念間環環相扣的。所以，一個「含攝文化的理論」一旦被提出，便指向了更多有待建構的課題。易言之，在黃光國提出「儒家關係主體」、「自我的曼陀羅模型」後，點出的待建構空間，就比已建構空間更浩瀚得多。若尚未能呈現體系完整的「含攝儒（或佛、道）文化的理論」，便不能在工夫論層次體現「含攝文化的理論」的重大價值。如何充分填補「輔助假設」以呈現完整的「含攝儒家文化的理論」、「含攝佛教文化的理論」等，並且讓這些理論系統互相競爭、接受檢討？這是第四道黃光國難題。

第八節　結語

　　黃光國難題其實是「建構含攝文化的理論」時必然觸及的課題，包含「所含攝之文化系統」如何精確詮釋（第一道難題）、結合修證（第二道難題）而完整含攝，以及「能含攝之理論」如何促成典範轉移（第三道難題）並進化這新的科學研究綱領（第四道難題）。前者，涉及文化系統的傳承與勝義諦之詮釋，自古以來便玄奧難解，與其說這是黃光國一個人的難題，不如說是黃光國交給有志學人的課題；後者，如何讓「科學微世界」的實證進程與「生活世界」的修養契悟能相互銜接、導引、輔助、印證，這其實是古今哲人始終求解的謎題。

✖✖✖✖✖✖✖✖✖ 　參考文獻　 ✖✖✖✖✖✖✖✖✖

中文部分

宋文里、李亦園（1988）。個人宗教性：臺灣地區宗教信仰的另一種觀察。**清華學報，18**（1），113-139。

李亦園（1987）。和諧與均衡：民間信仰中的宇宙詮釋與心靈慰藉模型。載於**現代人心靈的真空及其補償研討會論文集**。桃園縣：中原大學。

李亦園（1992）。**文化的圖像（下）：宗教與族群的文化觀察**。臺北市：允晨文化。

李美枝（2011）。評論黃光國的「含攝文化的心理學」：好像不是心理學？**本土心理學研究，36**，111-125。

張蘭石（2016）。四句的應用：心靈現象之多面向研究法。**本土心理學研究，46**，25-71。

張蘭石（2018）。儒家修養曼陀羅模型：華人「天」「鬼神」雙重信仰機制的分析架構。**本土心理學研究，50**，3-58。

黃光國（2009）。**儒家關係主義：哲學反思、理論建構與實徵研究**。臺北市：心理。

黃光國（2010）。走出「典範移植」的困境：論非西方國家的學者養成。**人文與社會科學簡訊，11**（4），15-20。

黃光國（2011）。**心理學的科學革命方案**。臺北市：心理。

黃光國（2014a）。**倫理療癒與德性領導的後現代智慧**。臺北市：心理。

黃光國（2014b）。論「含攝文化的積極心理學」。**臺灣心理諮商季刊，6**（2），36-47。

黃光國（2015）。**盡己與天良：破解韋伯的迷陣**。新北市：心理。

黃俊傑（1999）。試論儒學的宗教性內涵。**臺大歷史學報，23**，395-410。

蔡彥仁（2012）。臺灣地區宗教經驗之比較研究：簡介一個跨學科研究的案例。**人文與社會科學簡訊，13**，175-183。

英文部分

Archer, M. S. (1988). *Culture and agency: The place of culture in social theory*. Cambridge, UK: Cambridge University Press.

Archer, M. S. (1995). *Realist social theory: The morphogenetic approach*. Cambridge, UK: Cambridge University Press.

Archer, M. S. (2000). *Being human: The problem of agency*. Cambridge, UK: Cambridge University Press.

Archer, M. S., & Elder Vass, D. (2012). Cultural system or norm circles? An exchange. *European Journal of Social Theory, 15*, 93-115.

Archer, M. (1990). Human agency and social structure: A critique of Giddens. In J. Clark, C. Modgil, & S. Modgil (Eds.), *Anthony Giddens: Consensus and controversy* (pp. 73-88). London, UK: Falmer.

Bhaskar, R. A. (1975). *A realist theory of science*. Leeds, UK: Leeds Books.

Giddens, A. (1984). *The constitution of society. Outline of the theory of structuration*. Berkeley, CA: University of California Press.

Giddens, A. (1993). *New rules of sociological method: A positive critique of interpretative sociologies* (2nd ed.). Stanford, CA: Stanford University Press.

Hwang, K.-K. (2011a). The mandala model of self. *Psychological Studies, 56*(4), 329-334.

Hwang, K.-K. (2011b). Reification of culture in indigenous psychologies: Merit or mistake? *Social Epistemology, 25*(2), 125-131.

Hwang, K.-K. (2012). *Foundations of Chinese psychology: Confucian social relations*. New York, NY: Springer.

Hwang, K.-K. (2014). Dual belief in heaven and spirits. In B. S. Turner & O. Salemink (Eds.), *Routledge handbook of religions in Asia* (pp. 47-62). New York, NY: Routledge.

Kuhn, T. S. (1962). *The structure of scientific revolutions*. Chicago, IL: University of

Chicago Press.

Lakatos, I. (1968). Criticism and the methodology of scientific research programmes. *Proceedings of the Aristotelian Society, 69*, 149-186.

Li, Y. Y. (1988). Ancestor worship and the psychological stability of family members in Taiwan. In K. Yoshimatsu & W. S. Tseng (Eds.), *Asia family mental health* (pp. 26-33). Tokyo, Japan: Psychiatric Research Institute of Tokyo.

Li, Y. Y. (1992). In search of equilibrium & harmony: On the basic value orientations of traditional Chinese peasants. In C. Nakane & C. Chiao (Eds.), *Home bound: Studies in east Asian society* (pp. 127-148). Hong Kong: The Center for East Asian Cultural Studies.

Redfield, R. (1956). *Peasant society and culture: An anthropological approach to civilization*. Chicago, IL: University of Chicago Press.

Shiah, Y. J. (2016). From self to nonself: The nonself theory. *Frontiers in Psychology, 7*, 124.

Yang, C. K. (1961). *Religion in Chinese society*. Berkeley, CA: University of California Press.

第九章　華人宗教研究的典範移轉

黃光國

　　張蘭石是北京大學哲學系宗教學博士，目前在閩南師範大學心理學系任教。他看了「自我的曼陀羅模型」之後，寫了一篇〈四句的應用：心靈現象之多面向研究法〉（張蘭石，2016），筆者拜讀後大為驚艷，一方面對檀城「外方內圓」之結構所代表的意義有了更深一層的了解，另一方面也體悟到什麼叫做「窮智以見佛」。

　　在〈文化傳承與典範轉移之一役：華人宗教研究上的黃光國難題〉一文中，張蘭石（2017）再度藉用佛經「四句」辯證的方式，問了四個「華人宗教研究上的黃光國難題」，這四個難題與陳復（2016）所提的「黃光國難題」，有若干重複之處，因此本章將對他們共同的問題一併作答。

第一節　華人宗教研究的黃光國難題

　　為了說明「華人宗教研究上典範轉移的必要」，張蘭石引述黃俊傑（1999）的論點，針對二十世紀中國知識界受西方概念影響，普遍認為儒家人文主義缺乏宗教內涵的觀點，所提出的反駁：

　　　　儒學有強烈的「宗教性」（religiosity），也有強烈的「宗教感」（sense of religiosity），但不是西方傳統定義下的「宗教」（religion）。因此，「儒學是不是宗教」這個問題不是一個非此即彼的問題，而是涉及所謂「宗教」的定義的問題。（黃俊傑，1999，頁397）

筆者完全贊同這樣的觀點。在《盡己與天良：破解韋伯的迷陣》一書中（黃光國，2015），筆者曾經詳細論證：Max Weber（1951）所著的《中國的宗教：儒教與道教》（*The Religion of China: Confucianism and Taoism*）一書，企圖用基督宗教的文化系統（cultural system, CS）來評斷儒教，而犯了「歐洲中心主義」的謬誤（fallacy of Eurocentrism），其實是很難理解儒家對於「天」及「鬼神」信仰的雙重結構（Hwang, 2014）。儒家相信：天是超越的，是生命價值的根源，人死之後，可以依其道德成就的高下而變成鬼神，但絕不可能變成天。因此，西方宗教學發展出來的「宗教」、「宗教性」、「委身」（commitment）、「改宗」（conversion）與「世俗化」（secularization）等概念，都不適用於分析華人社會。所以，在華人宗教研究上，「典範轉移」是必要的。

▣ Giddens 的結構化理論

然而，在華人宗教的社會科學研究上，我們該如何做到此種「典範轉移」呢？在〈文化傳承與典範轉移之一役：華人宗教研究上的黃光國難題〉這篇論文中，張蘭石（2017）先從 Archer 的「分析二元說」（analytical dualism），批判 Giddens 的結構化理論，再以「自我的曼陀羅模型」的「外方」代表佛教的「四句」辯證，架構出他的四個問題（如第八章之圖 8-1 所示）。Giddens（1984, 1993）的結構化理論（structuration theory）確實是筆者建構「自我的曼陀羅模型」時很重要的一個靈感來源，為了要回答張蘭石的問題，首先必須從「建構實在論」（constructive realism）的觀點（Wallner, 1994），說明「結構化理論」和「自我的曼陀羅模型」之間的關聯。

Giddens 的結構化理論，依據結構的「二重性」（duality），將「結構」或「施為者」（agency）兩端視為一體兩面（Giddens, 1984, p. 25, 1993, p. 3）。Giddens 指出，施為者具有理性，故能藉持續的反思（reflectivity）來監控（monitor）行動，使一個人具有自我意識且被社會生活目的所監控（Giddens, 1984, p. 3），並非受制外部結構而作出機械性反應（Giddens,

1984, p. 181）；社會系統的結構化特性是人們組織施為的媒介，也是施為的結果，所以結構並不是外在於個體之物，而是施為活動的內在物（Giddens, 1984, p. 25）。

◙ 自我的曼陀羅模型

為了說明文化傳統與個人行動之間的關聯，「自我的曼陀羅模型」所關注的焦點，是自我在其生活世界中所採取的行動（Hwang, 2011a, 2011b）。在這個理論模型中，所謂「自我」是指業經社會化而具有反思能力的個人，其生活世界可以用曼陀羅內圓外方的結構圖來表示（如第一章之圖 1-1 所示）。

圖 1-1 顯示：在一個特定的社會情境裡，個人的「自我」經常是處在一個「心理力場」（psychological field of force）裡。他為了獲取各種資源，滿足「個體」的需要，必須依照該一情境對於如何做「人」的角色要求，以其「智慧」，運用他對外在環境的知識，作出各種「行動」。如果他行動的依據是系統裡的知識，則可稱之為「實踐」。

以「自我的曼陀羅模型」和 Giddens 的「結構化理論」相互比較，可以用「自我的曼陀羅模型」來分析「施為者」的「心理力場」，因為「施為者」具有「能知性」（knowledgeability），他在一個特定的社會組織中，能夠學習到「社會系統的結構化特性」，使之成為個人「知識」的一部分。當他與該組織中的某一特定對象進行互動時，他的「反思性」（reflectivity）能夠監控自己的「行動」，使他能夠依據該情境對於做「人」之規範，獲取自己所欲的資源，而達到社會生活的目的。

◙ 熔接的謬誤

以這樣的對比作為基礎，就可以逐步回答張蘭石（2017）所提出的各項問題。張蘭石的論文提到：Archer 認為，很多社會理論將社會現象之發生機制的因果兩端混為一談，結果是流於兩極端，而產生熔接的謬誤（fallacy of conflation）（Archer, 1988, 1995, pp. 58, 79-80）：一個極端是在談因果機制時，提出「物體化」（reified）或「本質化」（essentialized）的「結構」（structure），而視為獨立於施為者之外的存在，且因此忽略施為者的自主性，而產生向下熔接的謬誤（fallacy of downwards conflation）。

另一個極端是在談因果機制時擱置結構而著眼於施為者，在社會現象中只著眼於個人的行動與意義建構，以為能將巨觀現象化約為微觀現象來解釋（Archer, 2000, p. 5），例如：以西方悲傷研究典範來檢視華人殯儀，以片面的量測指標來詮釋殯儀文化，卻疏於探究華人的宗教性（religiosity；religiousness）與殯儀所本的儒釋道傳統經典，不僅過度化約華人殯儀的複雜功能，更錯將「社會─文化互動」（socio-cultural interaction, S-C）等同於「文化系統」，流於「文化虛無主義者」（cultural nihilist）（Hwang, 2011b），犯了向上熔接的謬誤（fallacy of upwards conflation）。

🔲 分析二元說

對於 Giddens（1984）所提出的「結構化理論」，Archer 仍然抱持批判的態度。她認為：所謂「二重性」不但無法釐清「結構」與「施為者」兩方的交互影響，而且會阻礙進一步的因素分析（Archer, 1990, p. 83）。她提出的型態生成觀點（morphogenetic perspectives）拆解開結構與施為者之間的辯證性相互關係（Archer, 1990, p. 76），並運用「分析二元說」來解決相關問題。對於相互辯證的觀點，張蘭石（2016）特地用佛教「四句法」來梳理，與「結構」、「施為者」相關的四類觀點梳理，如第八章之圖 8-1 所示。

張蘭石（2017）指出，該圖的①（結構）與②（施為者）是西方社會科學理論觀點的兩端。Giddens「二重性」（③）是把①和②視為互相蘊含；Archer「分析二元說」（④）則指出①和②各別的主體性，在方法論上獨立分析①和②。筆者主張以「多元哲學典範」，建構「含攝文化的理論」，也採用了 Archer 的「分析二元說」。了解張蘭石（2017）如何以「四句」辯證說明 Archer 的分析二元說，便可以進一步用「四句」辯證來析論所謂的「黃

光國難題」。筆者將張蘭石所提出的四項難題依理論建構的順序，稍做調整如圖 9-1 所示，並逐一回答如下。

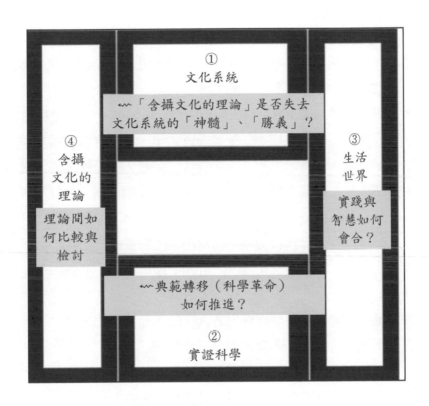

圖 9-1　「含攝文化的理論」所面對的「四句」辯證

第二節　普世性的理論模型

圖 9-1 所示的四句辯證，即蘊含四方面難題：

一是來自「實證科學」的難題：質疑「建構含攝文化的理論」所依據的科學哲學。如何推進此「典範轉移」？

張蘭石（2017）說得很正確，建構「含攝文化的理論」，是基於普世性

的方法論，亦即上述的「批判實在論」以及 Archer 的「文化實在論」。所以，「儒家關係主義」的理論建構包含兩個步驟：第一，先建構普世客觀的（objectivist）理論模型；第二，根據如此建構的行為機制分析某一文化，則是特殊而可錯的（fallibilist）。因此，從「文化系統」建構「含攝文化的理論」這進路，不僅能夠建構華人自主社會科學，更應當能協助其他非西方國家建立自主的社會科學。

筆者推進此一「典範轉移」時所採取的策略，第一步是建構普世性的「自我」和「關係」的理論模型。筆者一再指出，在「自我的曼陀羅模型」中（如第一章之圖 1-1 所示），「人／自我／個體」的人格結構，是 Harris（1989）回顧大量人類學文獻之後指出，不論是在哪一個文化裡，其人格結構都十分類似，而且個人在其生活世界中的行動，莫不受到其「智慧／知識」的影響，因此可以說：「自我的曼陀羅模型」是普世性的。

不僅如此，在任何一個文化裡，「自我」都是一種「關係的存在」（relational being）（Gergen, 2007），他在人際關係中生存並成長。我們要對人類行動有相應的理解，就是要建構出普世性的「關係」的模型。《儒家關係主義：哲學反思、理論建構與實徵研究》一書第四章（黃光國，2009；Hwang, 2012），說明筆者如何以「批判實在論」的科學哲學作為基礎，建構出「人情與面子的理論模型」。這個理論模型也是普世性的。

二是來自「文化系統」的難題：質疑「含攝文化的理論」所含攝文化系統的完整性。如何正確而完整地含攝一文化系統？如何檢討此完整性？

張蘭石所提的這一個難題，包含兩部分：第一部分和陳復所提出的「黃光國難題」一樣，都在儒家立場上質疑「含攝文化的理論」能否精確含攝儒家思想的神髓；第二部分則是在質疑所謂「文化系統」的完整性。

▣ 「利益」與「道義」

針對「人情與面子的理論模型」，陳復（2016）提出了非常尖銳的批評：

　　「報」是種普遍存在於人類社會中的規範，更是任何文化都公認的基本道德，人類的社會關係莫不建立在「報」的規範上。中華文化中的「需求法則」、「公平法則」與「人情法則」都是「報」該一規範的衍生，其主要差異在於適用的人際關係範疇不同，「報」的方法與期限就跟著有所不同。黃光國舉例說明，中國家庭依照「需求法則」來發展的情感性關係，同樣適用於「報」的規範，諸如：「養兒防老，積穀防餓」，就蘊含著父母預期孩子回報的意思（黃光國，2009，頁114-115）。從這個角度出發，我們或許才能理解黃光國闡釋關係主義的觀念要旨，但當關係主義完全是個人利益在不同關係裡的衡量與決斷時，其衡量與決斷的主體就在自我，且該自我並無「天人合一」的終極意義，卻有「人我合一」的社會意義。如果黃光國對中華文化裡人際關係的詮釋無誤，這就頗值得思索：該自我產生的關係主義，因基於個人利益在不同關係裡的安頓，是否只是個人主義思維在亞洲文化的亞型變化呈現呢？如果父母與孩子的情感性關係只是來自「需求法則」，將如何解釋絕大多數父母生育孩子，其當下犧牲與付出完全不計孩子後來是否回報的事實？這層來自「天性」（或如孟子講「天爵」的義理）的層面如果不考量進去，關係主義將徹底變成「利益關係主義」而不是「道義關係主義」。

　　這個批評是完全正確的。筆者一再強調：如果我們把「人情法則」看作是「均等法則」的一個特例，它強調個人一旦收受了個人的恩惠，一定要設法給予等量的回報，則「人情與面子的理論模型」應當是一個可以適用於各種不同文化的理論模型。它是生物決定的，反映出人類社會互動的普遍心智。然而，我們該如何把儒家文化的影響列入考量，來建構「含攝文化的理論」呢？

◉ 分析二元說

對於這個問題，筆者受益於Archer（1995, 1996）所提出的文化與結構的實在論（cultural and structural realism），以及她據此而提出的「分析二元說」。她特別強調：不可將它跟哲學上的二元說混為一談。所謂「分析二元說」並非主張社會結構、文化和施為者是可以拆分的實體，而是說研究者應當將它們當作在分析上是可分離的。這種分析上的區分所使用的概念，將迫使研究者考量社會結構與文化之間的實質差異，檢視它們之間的交互作用，以了解社會生活中物質利益與文化理念之間的相對區辨（Archer, 1996, p. xi）。

Archer（1996）指出，由於社會結構的分析單位像角色、組織、機構等比較容易區辨，相較之下，許多社會學理論傾向於以直覺的方式掌握文化而不加以分析。文化概念的粗糙可以溯源自早期人類學對於「文化整合的迷思」（the myth of cultural integration）。

◉ 「知識精英的著作全集」

這種迷思促成了一種觀點，以為文化（在社會—文化的層次上）是由整個社群所共享，結果在建構社會理論時，反倒（在文化系統的層次上）將文化的意義忽略掉（Archer, 2005）。如果將文化和施為者混為一談，而不在文化的那一「部分」和「人」之間作分析性的區辨，這種「熔接的謬誤」不僅會妨礙兩者交互作用的分析，而且無法解釋社會變遷所必要的文化內在動力，結果會使人誤認為：社會變遷的動力是來自外部（Archer, 2005, p. 19）。因此，她認為我們必須在文化系統（CS）和社會—文化互動（S-C）之間作出分析性的區分。

Archer 認為，在任何間點上存在而且包含有各種可知之理念的文化體系可能為真，也可能為假，但它們都是人類實在的產品（Archer & Elder-Vass, 2012, p. 95）。「文化系統是由曾經存在之知識精英（existing intelligibilia）

的著作全集所構成的，這些東西可以為人們所掌握、辨讀、理解並知曉」。依這個定義來看，「知識精英在形構一種文化系統的時候，他們所有的理念都必須以通行的語言表達出來（或者原則上是可翻譯的），這是他們可以為人所知的先決條件」（Archer, 1998, p. 504）。

⊡ 儒家思想的「關係論」

基於這樣的見解，在《儒家關係主義：哲學反思、理論建構與實徵研究》一書第五章中，筆者進一步說明如何以「人情與面子的理論模型」作為基礎，分析先秦儒家諸子所著的經典（黃光國，2009；Hwang, 2012）。這樣分析所得的結果顯示：先秦儒家思想的內容，包含了四大部分：

1. 儒家的天命觀。
2. 儒家的修養論：修身以道。
3. 儒家的「庶人倫理」。
4. 儒家的「士之倫理」：濟世以道。

然而，先秦儒家思想並不足以說明儒家整體的文化系統。在筆者出版的《內聖與外王：儒家思想的完成與開展》一書中（黃光國，2018）。筆者綜合過去三十幾年的研究成果指出，儒家思想的內容主要包含「關係論」、「天道觀」和「心性論」三大部分。歷史上儒家諸子對這三部分發展的步調並不相同。孔子是春秋戰國時期中華文化的集大成者，他周遊列國 14 年，於 68 歲時回到魯國，跟弟子一起寫易傳文信，希望把自己平日講學的內容，建立在堅強的形上學基礎上。但他沒還把話說清楚就過世了，所以子貢說：「夫子之文章，可得而聞也；夫子之言性與天道，不可得而聞也」《論語・公冶長篇》。

孔子逝世之後，曾參寫《大學》，子思著《中庸》，孟子提出「四端」之心，並跟當時的學者展開有關「心性論」的辯論，希望把儒家的「關係論」建立在「心性論」的基礎之上。可惜及至秦始皇焚書坑儒，相關問題的討論也因而中斷。

　　到了漢代，董仲舒將孟子的「四端」擴充成為「仁、義、禮、智、信」的「五常」，完成儒家「關係論」的初步建構。他希望把儒家的「關係論」建立在「陰陽五行」的「宇宙論」之上，但他這部分的思想並沒有被後世儒者所接受。

◉ 「心性論」的開展

　　到了唐代，禪宗六祖慧能和《六祖壇經》的出現，開啟了大乘佛教「儒佛會通」的契機；中唐時期，韓愈提出「道統」之說，李翱著《復性書》，為宋明時期儒學的復興創造了有利的條件。但，這樣的發展並沒有解決孔子當年留下的難題。儒學第二期的發展，也因此分裂成為程朱一系的「理學」與陸王一系的「心學」。

　　由先秦儒家諸子對「天道」抱持「存而不論」的態度，有關「心性」的討論，又是在走一條「內在超越」的路，它跟西方文化追求的「外在超越」，正好形成明顯的對比。「內在超越」的文化並沒有辦法完成它自身，而必須藉助於「外在超越」的西方文化。

　　五四運動之後出現的「港、台新儒家」是儒學第三期的發展，其方向即在於此。牟宗三窮畢生之力，企圖在哲學的層次上會通中西；基本上就是想借用康德哲學的助力，解決「心學」和「理學」分裂為二的難題。劉述先從朱熹當年提倡的「理一分殊」，看出中西會通需要精通「兩行之理」。所謂「兩行之理」中的「一行」，是指中華文化傳統，另「一行」則是指西方的科學哲學。《儒家文化系統的主體辯證》一書，說明筆者以「多重哲學典範」分析儒家文化系統的知識論策略（黃光國，2017），而《內聖與外王：儒家思想的完成與開展》（黃光國，2018）則是要以一系列的理論建構，具體說明儒家的文化系統。

第三節　智慧與實踐

以「自我的曼陀羅模型」和「儒家的庶人倫理」為基礎，我們就可以回應張蘭石（2017）所提的另一道難題：

三是來自「生活世界」的難題：質疑「含攝文化的理論」中的智慧與實踐如何會合？

在「含攝文化的理論」中，作為終極真實的「自性」、「佛性」、「神性」等，如何實踐於生活世界？這問題其實就是「微觀世界」（micro world）如何銜接「生活世界」（life world）？科學微世界中的理論，必然是以主客對立的研究法所建立，那麼，它如何能銜接生活世界中的修養工夫（主客之間冥契、合一的境界）？

「含攝儒釋道修養文化的理論」若不能實踐，那該如何檢驗？若不能銜接「微觀世界中的智慧」與「生活世界中的實踐」，就會被質疑是未能含攝完整的修養文化系統。

在這本書第二章曾經引用 Gergen（2009）的概念來說，「仁、義、禮」是「第二序道德」，是可以用規範、原則或律則表現出來的道德，也是「智」對這三者的反思。「智」是「第一序道德」，自我可以隨機應變，靈活地將它展現在個人與他人的互動過程中。儒家通常所謂的「五常」，是「仁、義、禮、智、信」，「信」則是雙方互動時，個人的堅持，而無法以這些形式性的理論模型表現出來，但其後果，卻可以再進一步建構「含攝文化的理論」來加以說明（黃光國，2009；Hwang, 2012）。

回 智慧的結晶

從這個角度來看，任何一個文化傳統都會有許多「智慧的結晶」（crystallized intelligence），幫助其成員處理有關「生命規劃」（life planning）、「生活管理」（life management）、「人生回顧」（life review）等重大的生

命議題（Baltes & Smith, 1990; Baltes, Dittmann-Kohli, & Dixon, 1984）。楊士英研究臺灣華人的智慧觀時（楊士英，2008；Yang, 2007），發現臺灣社會民眾的智慧通常是在日常生活中以下列方式呈現：(1)妥善處理生活事務，例如：解決工作上所遭遇到的難題與挑戰，在強大壓力下堅持做自己認為正確的事，化危機為轉機；(2)圓融地經營人生，例如：決定人生發展方向，活得有意義，生活有價值；(3)成功地造福社會，例如：幫助他人或對大環境有所建樹，以求共善。

張蘭石（2017）說：

　　黃光國建構「自我的曼陀羅模型」的靈感來源——婆羅浮屠的「曼陀羅」，本就是三維的，代表自我生命境界的逐步提升。在黃光國對「自我的曼陀羅模型」的初步（二維）詮釋中，「智慧」與「實踐」是兩端牽制的，「智慧與實踐的會合」似乎是不可能；然而，若「自我的曼陀羅模型」的「輔助假設」能補充三維的建構，說明從「自我」到「自性」的豎向發展，便可詮釋「智慧與實踐的會合」。當分處兩端的「智慧／知識」與「行動／實踐」便能會合於「自性」，科學微世界的主客對立思辨與生活世界的主客冥合境界便能相應。

　　筆者完全贊同這個說法。筆者曾經說過，筆者之所以能夠建構出〈自我的曼陀羅模型〉，是受益於第三度參觀「婆羅浮屠」佛塔所獲得的靈感（黃光國，2011；Hwang, 2011a）。「婆羅浮屠」位於日惹市西北 40 公里處，完成於西元第九世紀，據說是由當時統治爪哇島的夏連特拉王朝的統治者所興建，是當時世界上最大的佛教建築物。後來因為火山爆發，使這座佛塔下沉，並隱蓋於茂密的熱帶叢林中，將近千年之久，直到十九世紀初才被清理出來，與中國的長城、埃及的金字塔和柬埔寨的吳哥窟並稱為古代東方的四大奇蹟。

生命的終極目的

　　婆羅浮屠本身就是一整座大佛塔，其主要建築分為塔基、塔身和塔頂三個部分。此座塔共九層，下面的六層是正方形，上面的三層是圓形。塔基是一個邊長為 123 米的正方形，高 4 米。塔身由五層逐漸縮小的正方形構成。第一層距塔基的邊緣 7 米，然後每層以 2 米的差距縮小，留下狹長的走廊。塔頂由三層圓形構成，每一層上建有一圈多孔的舍利塔，三層的舍利塔形成三個同心圓。頂層的中心是一座圓形佛塔，總共被七十二座鐘形舍利塔團團包圍。每座舍利塔裝飾著許多孔，裡面端坐著佛陀的雕像（Soekmono, 1976）。當導遊告訴我們「婆羅浮屠」佛塔的基本結構時，筆者突然領悟到：原來「婆羅浮屠」佛塔的結構是一座立體的「壇城」，而且不論是「壇城」也好，「婆羅浮屠」佛塔也罷，它們都代表了生命的原型！

　　在 Jaffe 所寫的論文〈視覺藝術中的象徵主義〉中（Jaffe, 1964），他指出：在西元 1000 年左右時出現的各種教派和運動中，煉金術士扮演了極重要的角色，他們尋求的是包括人類心靈與肉體在內的圓滿整體，並為此圓滿整體創造了許多名字和象徵，其中一個核心象徵稱作「正方的圓形」（quadratura circle），這名稱聽起來令人感到困惑難解，其實它可以用一個標準的曼陀羅表現出來。婆羅浮屠這座「立體壇城」中的欲界、色界和無色界，則具體表現出：自我經由修持而可能達到的不同境界。

　　在他的這篇論文裡，Jaffe 指出：不論是在原始人的太陽崇拜或是在現代宗教裡，在神話或是在夢裡，在西藏僧侶繪製的曼陀羅，或是在文明社會中世俗和神聖建築的平面圖裡，圓的象徵都是指向生命最重要的境界，即生命的終極圓滿（ultimate wholeness），而方型則是世俗事物、肉體與現實的象徵。

　　在此筆者要說的是：「儒、釋、道」三教合一的文化傳統，本來就以各種不同的形式儲存在華人「社會知識庫」或「集體潛意識」之中。當個人抱持求「道」之心，而立志加以學習時，它們會在個人的意識中形成系統性的

「智慧相關知識」，儲存於「個人知識庫」中，而成為指引其「行動」的「個人潛意識」。當我們建構出「含攝文化的理論」，幫助個人悟「道」之後，在「生活世界」中以「知行合一」的方式，「實踐」源自其文化傳統的「智慧」時，他會感受到自己的生命境界像是在立體的「自我的曼陀羅模型」中一級一級地往上提升。

第四節　理論系統的研究綱領

　　了解「實踐」與「智慧」在立體「自我的曼陀羅模型」中的關係後，其實我們已經回答了張蘭石（2017）所提的第四道難題：

　　四是來自「科學微世界」的難題：如何充分建構「含攝儒家文化的理論」、「含攝佛教文化的理論」等，並且讓不同系列理論之間能互相比較、檢討而進化此科學研究綱領？

　　儒家的倫理與道德是支撐住華人生活世界的先驗性形式架構，在筆者用「多元哲學典範」將之建構「含攝文化的理論」之後，它已經由華人的「集體潛意識」進入其「社會知識庫」之中，有志於建立華人自主社會科學之傳統的學者，便可以將自己不同學科的背景視域（horizon）為基礎，以之作為「硬核」，繼續建構「儒家關係主義」的「科學研究綱領」。

　　張蘭石（2017）講得非常正確：

　　　　作為理論硬核，黃光國的理論架構可以建構「含攝儒家文化的理論」，也可以建構「含攝佛教文化的理論」。易言之，黃光國的理論可以是指向「真空」的，也可以是指向「妙有」的；可以是指向「無我」的，也可以是指向「神我」的；可以是指向「佛性」的，也可以是指向「神性」的。這些，其實都是「輔助假設」的建構工作，也是黃光國將期許於後續學人的。

　　筆者經常跟筆者的研究團隊講：「自我的曼陀羅模型」的整體，就是「自性」。它是個空的形式性架構，就像母體子宮中胎兒的晶體結構（crystalline structure in the mother liquid）一樣，可以長成任何形狀。任何一個人只要對著它提問，他自己的潛意識就會給他答案。所以不管是誰在問「黃光國難題」，其實都是他在看了筆者的作品之後，自己心中浮現的難題，這些難題都不難在筆者的作品中找到答案。至於看了筆者的作品後，問不出任何問題的人，那就只像孔子所說的那樣：「不憤不啟，不悱不發；舉一隅不以三隅反，則不復也。」

第五節　結論

張蘭石（2017）說：

　　「含攝文化的理論」須能完整轉化一個「文化系統」，才具有可實踐性（「智慧與實踐的會合」屬於第三道黃光國難題）與可檢驗性。否則，如西方正念療法般只摘取部分佛法而喪失宗旨，就不是「含攝佛教文化的理論」。而「含攝文化的理論」如何被充分建構？

　　「含攝文化的理論」所含攝的文化系統，必須是體系完整而概念間環環相扣的。所以，一個「含攝文化的理論」一旦被提出，便指向了更多有待建構的課題。易言之，在黃光國提出「儒家關係主體」、「自我的曼陀羅模型」後，點出的待建構空間，就比已建構空間更浩瀚得多。若尚未能呈現體系完整的「含攝儒（或佛、道）文化的理論」，便不能在工夫論層次體現「含攝文化的理論」的重大價值。如何充分填補「輔助假設」以呈現完整的「含攝儒家文化的理論」、「含攝佛教文化的理論」等，並且讓這些理論系統互相競爭、接受檢討？這是第四道黃光國難題。

　　筆者完全同意張蘭石的這段論述。做為本章的結尾，筆者要說的是：當有志於建構華人自主社會傳統的同道都有了這樣的認知，「黃光國難題」就已經變成「我們的難題」，有待大家同心協力一起來加以克服。凡我同道，其共勉之！

參考文獻

中文部分

張蘭石（2016）。四句的應用：心靈現象之多面向研究法。**本土心理學研究**，**46**，25-71。

張蘭石（2017）。**文化傳承與典範轉移之一役：華人宗教研究上的黃光國難題**。（未出版之手稿）

陳復（2016）。儒家心理學：黃光國難題正面臨的迷陣與突破。載於 **2016 本土諮商心理學國際學術研討會：含攝文化的諮商心理學論文集**（頁 193-194）。

黃光國（2009）。**儒家關係主義：哲學反思、理論建構與實徵研究**。臺北市：心理。

黃光國（2011）。**心理學的科學革命方案**。臺北市：心理。

黃光國（2015）。**盡己與天良：破解韋伯的迷陣**。新北市：心理。

黃光國（2017）。**儒家文化系統的主體辯證**。臺北市：五南。

黃光國（2018）。**內聖與外王：儒家思想的完成與開展**。新北市：心理。

黃俊傑（1999）。試論儒學的宗教性內涵。**臺大歷史學報**，**23**，395-410。

楊世英（2008）。智慧的意涵與歷程。**本土心理學研究**，**29**，185-238。

英文部分

Archer, M. S. (1988). *Culture and agency: The place of culture in social theory*. Cambridge, UK: Cambridge University Press.

Archer, M. S. (1990). Human agency and social structure: A critique of Giddens. In J. Clark, C. Modgil, & S. Modgil (Eds.), *Anthony Giddens: Consensus and controversy* (pp. 73-88). London, UK: Falmer.

Archer, M. S. (1995). *Realist social theory: The morphogenetic approach*. Cambridge, UK: Cambridge University Press.

Archer, M. S. (1996). *Culture and agency: The place of culture in social theory* (Rev. ed.). Cambridge, UK: Cambridge University Press.

Archer, M. S. (1998). Addressing the cultural system. In M. Archer, R. Bhaskar, A. Collier, T. Lawson, & A. Norrie (Eds.), *CR: Essential readings* (pp. 503-543). London, UK: Routledge.

Archer, M. S. (2000). *Being human: The problem of agency*. Cambridge, UK: Cambridge University Press.

Archer, M. S. (2005). Structure, culture and agency. In M. D. Jacobs & N.W. Hanrahan (Eds.), *The Blackwell companion to the sociology of culture* (pp. 17-34). UK: Blackwell.

Archer, M. S., & Elder-Vass, D. (2012). Cultural system or norm circles? An exchange. *European Journal of Social Theory, 15*, 93-115.

Baltes, P. B., & Smith, J. (1990). Toward a psychology of wisdom and its ontogenesis. *Wisdom: Its nature, Origins, and Development, 1*, 87-120.

Baltes, P. B., Dittmann-Kohli, F., & Dixon, R. A. (1984). New perspectives on the development of intelligence in adulthood: Toward a dual-process conception and a model of selective optimization with compensation. *Life-span Development and Behavior, 6*, 33-76.

Gergen, K. (2009). *Relational being: Beyond self and community*. Oxford, UK: Oxford University Press.

Gergen, K. J. (2007). Relativism, religion, and relational being. *Common Knowledge, Symposium: "A Dictatorship of Relativism?", 13*(2-3), 362-378. doi: 10.1215/0961754X-2007-011

Giddens, A. (1984). *The constitution of society: Outline of the theory of structuration*. Berkeley, CA: University of California Press.

Giddens, A. (1993). *New rules of sociological method: A positive critique of interpretative sociologies* (2nd ed.). Stanford, CA: Stanford University Press.

Harris, G. G. (1989). Concepts of individual, self, and person in description and analysis. *American Anthropologist, 91*, 599-612.

Hwang, K.-K. (2011a). The mandala model of self. *Psychological Studies, 56*(4), 329-334.

Hwang, K.-K. (2011b). Reification of culture in indigenous psychologies: Merit or mistake? *Social Epistemology, 25*(2), 125-131.

Hwang, K.-K. (2012). *Foundations of Chinese psychology: Confucian social relations.* New York, NY: Springer.

Hwang, K.-K. (2014). Dual belief in heaven and spirits: Metaphysical foundations of Confucian morality. In B. Turner & O. Salemink (Eds.), *Handbook of Asian religions* (pp. 47-62). New York, NY: Routledge.

Jaffe, A. (1964). Symbolism in the visual arts. In C. G. Jung (Ed.), *Man and his symbols.* New York, NY: Dell Pub. Co.

Soekmono, R. (1976). *Chandi Borobudur: A monument of mankind.* Paris, France: The Unesco Press.

Wallner, F. (1994). *Constructive realism: Aspects of a new epistemological movement.* Wien, Austria: W. Braumuller.

Weber, M. (1951). *The religion of China: Confucianism and taoism.* New York, NY: The Free Press.

Yang, S. Y. (2007). Conceptions of wisdom among Taiwanese Chinese. *Journal of Cross-Cultural Psychology, 32*(6), 662-680.

第十章　黃光國難題：自性的有無

陳泰璿、夏允中、張峻嘉、張蘭石

第一節　黃光國提出「自我有自性」的緣由

　　人類之所以探究心理學理論，其最終的目的，應該是讓自我更加圓滿，並且能夠療癒諸多心理障礙，進而成為一位健全圓滿之人。在這基礎之上，透過對於自我心理認知的探討、了解、運用，來達到自我修養、脫離不成熟狀態的自己，以及開發白我未知的潛能。正如康德所說的啟蒙運動，是一種人類擺脫「自己加諸於自己的不成熟狀態」（Kant, 1784），所以啟蒙運動之所以能夠無遠弗屆，是因為它的價值是為了使人類運用理智脫離自己的不成熟狀態。但是，探討心理不應該只是使自己脫離不成熟而已，也是為了使自我能夠走向圓滿、完整，因此必須要經過自我修養的過程。本著這樣的一個目的，以釋儒道文化所建構之修養心理學，更應該成為東方心理學的一種「運動」。

　　從古至今，科學家、哲學家與宗教家一直以各種方式來探究「自我」，其中包含了西方的心理學思想與東方的心學。在十九世紀，榮格質疑弗洛伊德的「泛性主義」，隨後發展出自己獨有的人格理論，並在晚年提出所謂的「未曾發現的自我」（undiscovered self）（Jung, 1957），亦即透過潛意識或夢的徵兆而認知到的所謂「自性」（Self）這種「原型」（archetype）。

　　第一個依據「含攝文化的理論」（culture-inclusive theory）與「多重哲學典範」（multiple philosophical paradigms）（黃光國，1999）而建構的關於「自我」理論模型，是黃光國所提出的「自我的曼陀羅模型」（Hwang,

2011），如圖 10-1 所示。

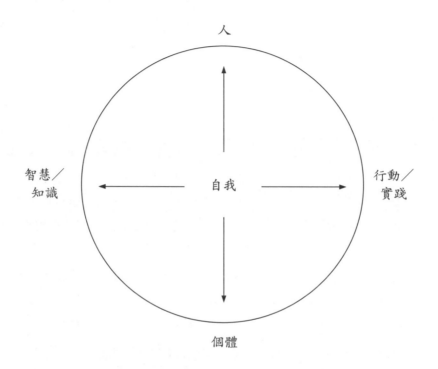

圖 10-1　黃光國的「自我的曼陀羅模型」

資料來源：黃光國（2015，頁 92）

　　所謂的「曼陀羅」，源自於印度佛教，原指神佛的壇城淨土世界。所以，探究黃光國所說「自我」之「自性」的有無，如果本著佛法來做研究，會更契合。此在下文也會明確解釋。

第二節　黃光國所述「自性」與「自我」的差別

　　在陳復提出「黃光國難題」（陳復，2016，2018）中，最核心的質疑

是：黃光國所提出的「自我的曼陀羅模型」並未能含攝儒家內聖外王的修養之道。

黃光國回覆陳復之提問，提出了自性（Self）與自我（self/ego）的差別，這是一個與榮格所說的「自性」有不同視角的說法。榮格透過夢境意識到二號人格的存在，認知到有一個「未曾發現的自我」，也就是其所謂的自性，他所關注的是達到自我及自性二者的協調，以消除諸多情結的問題。黃光國則認為，「自性」是「自我的曼陀羅模型」之圓融內攝的中心點，「自我」（self/ego）可以成為「經驗的中樞」，而「自性」（Self）則可能成為「修養的中樞」。用圖 10-1 與圖 10-2 的對比，就可以了解，圖 10-1 的中心為「自我」，圖 10-2 的頂點則為「自性」。

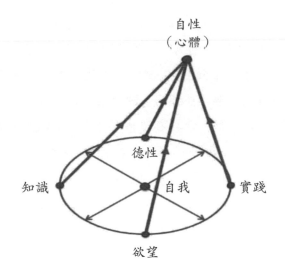

圖 10-2　陳復的「朝向自性的自我輪轉模型」

因為唯有自性才能夠含攝、超越、圓滿自我，所以就修養心理學來說，發現自性、探討自性可說是相當重要的一步。因為是從自我修養的角度來說自我有自性，所以說自性是修養的中樞。

因此，黃光國對「黃光國難題」的初步回覆，是在其「自我的曼陀羅模型」基礎上提出一個延伸理論，指出「自我」與「自性」兩者間的關聯（黃光國，無日期），但這也引出了一個難題。

第三節　黃光國援引榮格學說提出「自性」而衍生的「自性難題」

黃光國在含攝釋儒道而建構之「修養心理學」中，參照榮格的「自我實現歷程」（individuation process）與「集體潛意識」（collective uncon-scious）理論，提出「自性」作為「自我的曼陀羅模型」的修養中樞。如此，便有了「自性之有無」的爭議，本文簡稱為「自性難題」。

從佛教與「無我心理學」（Shiah, 2016）的觀點來看，此難題的產生是因為榮格學說本來就有西方方法學上的侷限；縱使黃光國以佛儒思想來重新詮釋榮格所說的「自性」（Self，又譯作「本我」），仍然無法脫離榮格心理學對「自我」的概念框架。在榮格心理學中，「自性」是在「自我」之外的意識與無意識協調者，是「自我實現歷程」的驅動者；人們的一生，都依「自我－自性的軸線」（ego-Self axis）來發展（Neumann, 1973）。由於榮格所提出的「自性」，仍在「原型」的框架中，故非佛教所說的「無我」。當「自性」在實在論（realist）框架中被錯誤認知為恆常獨立的存在時，將使得「自我」更加鞏固，非但無法導向「無我」的修養，反而產生更多環繞「我執」（藏文：བདག་འཛིན།）的煩惱。這是以「自我的曼陀羅模型」銜接榮格「自性」之說所產生的難題。

在下文會清楚地說明「自我有自性」此觀點會導致什麼矛盾，會衍生出什麼難題。要而言之，要解決這「自性難題」，就須以「無自性」（梵文：niḥsvabhāva；藏文：རང་བཞིན་མེད་པ།）、「自性空」（梵文：svabhāva-śūnyatā；藏文：ཌགས་རིག）來談修養心理學，這一點在下文也會說明。

第四節　自性難題：自性如何定義？如何修養自我？

黃光國除了參照榮格學說而提出其「自性說」，還藉由佛儒二家來說明「自性」。但是，對於他企圖含攝佛儒修養文化的「自性說」，吾人必須提出兩個問題：

其一，佛儒二家所說的「自性」，皆標榜其能超越、含攝、圓滿自我。這樣的「自性」，如何在科學微世界中客體化而加以定義？榮格所說的「自性」，是否為同一定義？

其二，若「自性」是「自我修養的中樞」，那麼，「自性」是如何達到自我的修養？

▣ 考究佛教曼陀羅中「自我」的意義

張蘭石曾指出，「自我的曼陀羅模型」中的人、個體、智慧與實踐四力場之間具有「四句」結構，因此「自我」是「辯證性的存在」（張蘭石，2016）。基於「四重四句」的立體架構，「自我的曼陀羅模型」可發展出類似「胎藏界曼陀羅」形式的「自我修養的曼陀羅模型」，則曼陀羅中心的位置，便是「自性」；而這「自性」是作為辯證之終極的離言真諦，佛教有時權巧地稱之為真如（bhūta-tathatā）、佛性（Buddha-dhātu）或如來藏（Tathāgatagarbha），並非榮格心理學的「本我」（「Self」除了「自性」的另一譯法）或宗教上的「神我」（張蘭石，出版中）。

由佛教的曼陀羅思想來看，「自我」作為經驗匯聚的中樞（locus of experience），事實上是「眾多心理活動在互相交替而不偏失的情況下所構築出的一個軌跡」。因此，此「軌跡」就不一定是處於中間的位置（「自我的曼陀羅模型」中之中心點）。考諸佛教主要的曼陀羅圖像，如圖 10-3 所示的胎藏界曼陀羅，畫面中的每一個本尊（象徵佛與佛心）都是「自我」；正因為

圖 10-3　胎藏界曼陀羅

每個曼陀羅裡面都不只有一個本尊，就說明了心靈自我是一連串的軌跡，自我沒有固定的形象、中心位置與本質，因此說「自我」沒有佛教所說的「自性」（梵文：svabhāva；藏文：རང་བཞིན；指事物自身擁有其恆常而獨立的存在型態與性質）。

　　因為在「自我的曼陀羅模型」中「自我」是四力場的中心點。圖 10-4 顯示，「自我」是橫豎兩對力場的十字交點，卻不一定是「中心點」。藉著顯示「十字交點不一定是中心點」，圖 10-4 以無數經緯線所交錯之每個交集點來解說「無自性的自我」，並表徵圖 10-3「胎藏界曼陀羅」中的每尊神佛。這說明了每個十字交點都可以作為一個自我的經驗軌跡中樞。透過這個道理就可以知道，自我的經驗軌跡是一連串的交感反應，經驗匯聚的中樞並非恆常「允執厥中」。因此，唯有當我們放下對於「自我只有一個既定的經驗匯聚的中樞之執著」後，每一個十字交點都作為經驗軌跡的中樞，便如同星光

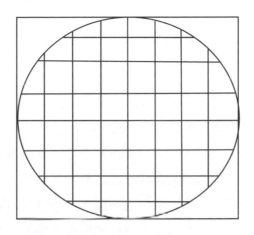

圖 10-4　無自性的自我

閃爍。這就如《華嚴經》中「帝釋珠網」的譬喻，珠網之間可以重重無盡地相映；又如同千面鑽石，每一個面都是自我的現象。並且，每一個經驗軌跡都彼此產生聯繫，當逐漸達到橫豎兩對力場的均衡和諧時，便逐步成就了「自我的曼陀羅模型」中的圓形所象徵的終極圓滿（ultimate wholeness），亦等於是成就了「自我－自性的軸線」所欲達到圓滿、全知的覺醒。這就是佛教基於「無自性的自我」而建立的自我修養之道。

　　當提到自我修養，為什麼一定要去尋找一個中心點（自性）來居高臨下地統攝眾多「自我」？「自我」有煩惱、道德觀、自私、愛，每一個不同的階段、不同的心態，都是「自我」透過不斷的對比而轉換經驗的軌跡。當我們沒有全觀這情況，而要去找一個修養的中心點「自性」，就已經陷入對「自我」的偏執之中。況且如果我們一直以來的思考方式，都是站在「去發現有一個『自我的曼陀羅模型』最終極的中心點（自性）」的角度去思考的話，會不會到頭來發現，所謂的「自性」只不過是自我的一連串經驗軌跡（十字交點）之中的其中一個中心位置而已？如此一來，在不斷的自性迷思中，如何完成自我修養的建構？因此，就不得不陷入「自性的戈迪安繩結」之中。

◲ 透過夢境徵兆而發現潛意識未知的自我，並不足以說明自性存在

黃光國（無日期）說：「在榮格晚年的著作《未曾發現的自我：象徵及夢的解釋》（Jung, 1957），他所謂的『未曾發現的自我』確實是有『自性』的意義，和一般心理學者的用法並不一樣。」

然而，本章認為無法透過「未曾發現的自我」來推論有「自性」，無論此「自性」的定義是儒學的「天」或印度宗教、基督宗教所說的「神我」。由於我們的夢徵及潛意識是多元的，每一個人從小時候開始，受到不一樣的文化、環境背景所薰陶，以及接受不一樣的家庭、學校之教育，遇到不一樣的人，並且經歷不一樣的事情，所以每一個人塑造的、未曾發現的自我大相逕庭。另外，就自己個人來說，在每一段不同的時段裡，透過各種夢境的徵兆，也可以了解到那個「未曾發現的自我」其實是處在不斷變化的狀態當中。然而，若「自性」定義為「不變的修養中樞」，又怎麼能用這個觀點來說明修養中樞之自性的意義呢？難道自性也有很多個？抑或是「自性」也會隨著文化背景跟環境的不同，以及每個教育階段性的影響而轉變呢？那又如何去含攝多變而豐富之自我？這是一個難題。

所以，「未曾發現的自我」未必具有「自性」的意義。正如上文解釋經緯線交織的「無自性的自我」時所說的：自我有無數個經驗軌跡，處在「未曾發現、有待發現」的狀態。由於這些「未曾發現的自我」有無數個，所以沒有必要有一個自性的執著。故在這些眾多的經驗軌跡之上，並不需要自性來統攝才能修養。當我們漸漸能發現、接受、善加運用這些無數個自我的經驗軌跡時，自我就可以漸漸地走向圓滿、全能的狀態。

◲ 回溯佛教經典來求解「自性難題」

就儒家文化來說，在《倫語‧子罕》說到：「子絕四：無意、無必、無固、無我。」在四個無當中，最後一個是「無我」，其意旨是否也可以含攝於「無我心理學」（Shiah, 2016）這一個「含攝佛教文化的理論」？在王陽

明的四句教中，頭一句是說「無善無惡心之體」，所以自性如果解釋成修養的中樞，那麼它只是一個使人「斷惡修善」的中樞，卻無法含攝惡的、負面情緒。然而，慾望是自我，道德感也是自我，也唯有自我的所有經驗軌跡之縱橫交織，才能建築出一個完整的自我曼陀羅。因此，如果自性只是解釋為修養的中樞，那又如何來圓融內攝有善有惡之自我曼陀羅？如何蘊含「有善有惡意之動」？所以「無善無惡心之體」或許須以佛教的「無自性」來解釋，才能夠突破這樣的一個有侷限的難題。

　　在援引佛教「無自性」這概念之前，需要先釐清這概念，避免以片面的、含糊的或民俗的概念來作不精確的詮釋。這是根據 Margaret Archer 的「分析二元說」（analytical dualism），為了避免方法學上「向上熔接的謬誤」（fallacy upwards conflation）（Archer, 1988），在分析方法上須將「文化系統」（cultural system）與「社會─文化互動」（socio-cultural interaction）作區別（Archer, 1988）。因為，雖然在各時空背景之華人對「自性」、「心體」等概念各自有其詮釋與用法，但當華人使用這些概念時，具有可懂性的傳統經典原旨都是文化上的實在（reality）。以此為據，若要建構「含攝佛教文化的理論」時，就必須回溯到佛教文化系統中的經典。但因為漢譯佛典的完備性不如藏譯佛典，為了能更充分把握「文化系統」，本章對佛教理論的考究範疇將包含藏譯經論，因此會有藏文原文的引用。

　　月稱說：「慧見煩惱諸過患，皆從薩迦耶見生，由了知我是彼境，故瑜伽師先破我」（釋法尊譯，2016，頁 686b22）。上引文是說，菩薩以智慧而見到，所有煩惱都是由薩迦耶見（梵文：satkāya-dṛṣṭi；藏文：འཇིག་ཚོགས།）而產生。薩迦耶見就是對自己的肉身、感受、想像、心理機制與意識升起「這是我」這樣的見解，並且認為「我」是有自性的、獨立恆常的。如宗喀巴（1357-1419）說：「薩迦耶見山，以我為所緣，執有自性為行相」（釋法尊譯，2016，頁 693a9），這個「自我有自性」的執著，為什麼會衍生切煩惱？「有我則知他，我他分執瞋，由此等相繫，起一切過失」（僧成釋、釋法尊譯，2016，頁 557a10-14），由於對自我有堅固的自性執，接著以自我為中心

點而去區分自與他，順從我的（自）產生貪愛，拂逆我的（他）產生瞋恨，種種煩惱與過失便由此延伸。

「煩惱」所造成的傷害有哪些呢？就產生煩惱情緒的當下來說，會讓自心不平靜，也對身體有害處。接著，煩惱情緒還會使自己強烈認為「讓自己產生煩惱情緒的見解」是理所應當的，然後就更執著這見解。如此循環，情緒會變得愈加強烈。當情緒強烈到不受控制以後，可能就會做出傷害自己跟別人的行為。上述機制，即宗喀巴所說：「第四過患者；為煩惱才生，先能令心雜染，倒取所緣，堅固隨眠，同類煩惱，令不間斷。於自於他於俱損害，於現於後於俱生罪，領受苦憂感生等苦」（釋法尊譯，1993，頁 172）。

上文所謂「讓自己產生煩惱情緒的錯誤見解」，是屬於煩惱情緒產生的前段次第，這點就和「自我有自性的執著」有關係。有關於煩惱情緒的產生次第，宗喀巴說：「故薩迦耶見為本，貪瞋等煩惱從非理分別生。唯由妄執世間八法、男、女、瓶、衣、色、受等實，乃有非理作意分別，分別諸境，故彼分別從諦實執戲論而生」（釋法尊譯，1993，頁 528）。薩迦耶見是煩惱情緒的根本，而貪瞋等煩惱情緒又透過「非理作意的分別」（藏文：ཚུལ་མིན་ཡིད་བྱེད་）而產生。「非理作意的分別」就是「讓自己產生煩惱情緒的錯誤見解」，而「讓自己產生煩惱情緒的錯誤見解」又是從「諦實執」而產生。所謂「諦實執」，其實就是「自性執」，因為「諦實」就是「自性」的意思，這在《入中論善顯密義疏》當中有說到：「一切唯由名言增上安立為有，若執非如是有，即是執實有，勝義有，真有，自性有，自相有，自體有之俱生執」（釋法尊譯，2016，頁 646a21）。要而言之，「執實有」即是「執自性有」的意思。

總結上文，煩惱情緒產生的順序，可做一個排列說明：第一是「自性執」，第二是「讓自己產生煩惱情緒的見解」（即「非理作意的分別」），第三是「煩惱情緒」。

圖 10-5 顯示煩惱情緒是從「自性執」產生。舉凡我們的情緒煩惱，推究根源，都是以「我」為出發點。與我有切身的利害關係時，就容易處在特別

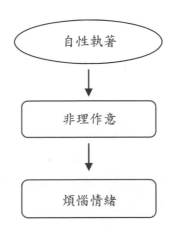

圖 10-5　煩惱情緒產生的順序

敏感的狀態當中，這時候一些「不全然事實的想法」產生以後，煩惱情緒就此產生。對於這一點，有人可能會質疑，我的親友並不是我，但是當親友利益受損時，我也會產生煩惱情緒。吾人的回答是，這煩惱情緒還是「以我為中心點」而產生的。這一點，觀察自己對「與我全然無關的人」甚或「傷害我的敵人」受損時的感受就可得知。或是有時候，當人事物牴觸了「我的」價值觀、道德觀或原則時，我還是會產生煩惱情緒。

　　總結來說，煩惱不外乎是以「我」（梵文：ātman；藏文：བདག）還有「我的」（我所）（梵文：mama-kāra；藏文：བདག་གི་）做出發點而產生的情緒，其根本還是「我執」（梵文：ātma-grāha）。因為是先產生對「我」的執著（「我執」），再產生對「我所」（我的）的執著（「我所執」）。這一點在《阿毘達磨大毘婆沙論》卷一八七中有說到：「以有我故，有我所。有我執故，有我所執」（玄奘譯，2016，頁 938c07）。所以認知自我有自性，會更加鞏固自我，由此而生我執以及我所執，再加上「非理作意」（藏文：ཚུལ་མིན་ཡིད་བྱེད）），進而產生貪嗔等情緒煩惱。

　　有關於「非理作意」如何產生煩惱情緒這一點，是透過「妄增益愛相」（藏文：སྡུག་པའི་མཚན་མ་སྒྲོ་འདོགས་པ）的非理作意而產生「貪心」；「妄增益非愛相」

（藏文： མི་ཕྱུགས་པའི་མཚན་མ་སྒྲོ་འདོགས་པ།）的非理作意產生「瞋」。而所謂的「妄增益愛相」的非理作意，就是對於「美好的形象過度增勝的執著」，因為超過了事實狀態的界線，所以叫做「非理」。然後，由於對「美好的形象過度增勝的執著」，所以產生貪心。另外一方面，所謂的「妄增益非愛相」的非理作意，就是對於「不美好的形象過度增勝的執著」，並且超過了事實狀態的界線，所以產生「瞋心」。上文所述，是依據《菩提道次第廣論》卷六：「第三能生煩惱之因分六，……作意者，謂妄增益愛、非愛相，及於無常，妄執常等非理作意」（釋法尊譯，1993，頁173）。

◉ 黃光國「自性難題」的解法：吸收佛教「無自性」理論來回答「自性如何定義？如何修養自我？」

要斬斷「自性的戈迪安繩結」，可依據佛教之龍樹（Nāgārjuna, A.D. 150-250）及月稱，還有宗喀巴之應成派（藏文：ཐལ་འགྱུར་བ།）系統論點中提出一個「無自性」心理的概念。由於無自性不僅可以避免上述所說的自性的諸多過失，還可以成立為何自我修養能達成，因此要探討的第一個問題是：什麼是「無自性」；第二點則是要說明，透過「無自性」的論點為何能完成修養的歷程而達到圓滿的覺醒。所謂的無自性，也可以說自性空，那麼所空掉的自性是什麼？如果能夠認識並知其所無的話，才可以成立無自性。所以要說明無自性，就要先知道什麼是自性？正如宗喀巴引《入行論》所說：「未觸假設事，非能取事無」（釋法尊譯，1993，頁410），意即，當我們還沒有探究所假設的事物時，不能輕易斷言說沒有。所以提到「無自性」，就必定要先去了解所謂的「自性」是什麼，接著去探究這個「自性」。

因此，第一個部分是先了解什麼是「自性」。所謂的自性是一種「不依賴任何事物的本質」，因為宗喀巴引《四百論釋》說到：「所言我者，謂若諸法不依仗他，自性、自體，若無此者，是為無我」（釋法尊譯，1993，頁464）。這「所言我者」的「我」並不是一般我們所說的自我，而是指「自性」（藏文：རང་བཞིན།）。也就是說，「自性」就是不依賴任何事物而恆常獨

立的一種本質。所以，在討論「自我」之「自性」的有無，就是要去探究「自我」有沒有一種不去依賴任何事物，卻能夠獨立存在的本質呢？自我之所以能夠存在，完全都是站在依賴其他事物的角度而存在。譬如當我們說：「我在思考，所以我存在。」這個時候的自我，就是依靠「思考的狀態」而存在的。同樣的，當我感受到痛或是快樂時，也是依靠當下的感受來說明自我存在，包括當自我透過想像、觸碰時，都可以知道自我的存在。但是，自我的感受、想像、思考、觸碰本身都不是我，那為什麼既然這些都不是我，卻又能夠證明我的存在呢？這就代表自我只是依靠自我的眾多實際作用（感受、想像、思考、觸碰……），而以意識型態的方式存在而已，所以說自我有一個完全不「依他而有」的本質或自性存在，那是完全不可能的。就好像車子的譬喻，車輪不是車子，車殼也不是車子，但是車子卻依靠這些眾多的支分「聚合狀態」（藏文：ཚོགས་པ།）而存在。

所以可以說，「自性」就是「不依他而有」，而「緣起」（梵文：pratītya-samutpāda；藏文：རྟེན་འབྲེལ།）就是「依他而有」（觀待對比），所以用「緣起」的道理來證成「自性空」與「無自性」。有關於這一點，宗喀巴引龍樹《迴諍論》說：「若法依緣起，即說彼為空；若法依緣起，即說無自性」（釋法尊譯，1993，頁415）。宗喀巴又引月稱《顯句論》解釋說：「唯有自性不見作用故，唯無自性見有作用故」（釋法尊譯，1993，頁421）。如果自我有自性的話，反而無法說明自我的作用。所以，「自我修養」的作用，也必須要站在「無自性」的基礎上來談。在一般人的直觀上，「自我」是當然存在的，但那其實是透過「觀待對比」而存在；而在佛教的分析下，「自我」的「自性」是不存在的，因為「自我」的存在本身必須要透過「觀待對比」，而非直接可指出的認識對象（釋法尊譯，2016）。自我其實是在眾多的「小我」（佛教所說五蘊）所浮現（emerge）的。德性與慾望、煩惱與無私等諸多心理，自我包羅萬象在比對諸多心理的關係中存在，所以並沒有一個本質（essence）或自性之我存在。「自我」只是眾多心理活動在互相制衡中所構築出的一個軌跡（locus），如果我們說自性是存在的，那麼這自

性必定無法將變化中的自我都包含進去。標榜「自性」的宗教，以為「自性」能作為自我的修養目標，但若一個人處於墮落狀態，是否也是自性所致？所以，如果有自性，到底那是將自我推向道德修養的自性，還是讓自我墮落的自性？若認為前者是，後者不是，則此自性並不周遍，不能圓融內攝自我的一切；如果認為兩者皆是自性，則自性是充滿矛盾的，如何作為自我修養的中樞？

　　所以佛教認為，自我並沒有自性，自我只是以「關係對比」的方式存在，並且不斷在眾多不同的經驗軌跡上移位而浮現自我意識，並沒有堅固不變的中心點。當感知到手痛時，我會認為我在痛，但是手並不是自我；內心某一個區塊得到滿足時，我會認為我很開心，但是開心只是內心的一部分，不能說那就是自我。所以，自我不斷在不同的經驗軌跡之上存在。若自我不斷建構在良善的經驗軌跡之上，就可以愈來愈好；相反的，假設自我不斷建構在不良的經驗軌跡之上，也會每況愈下。因此唯有「無自性」，自我才可以在不斷的修養歷程中，達到圓滿。

　　那麼「無自性」如何讓人的修養進步？因為「自我」無自性、依賴而有，所以可以變化、可以修改，無自性就是要依緣起，要依賴另一者才能成立，宇宙萬事萬物都是如此，達成修養亦復如是。「自我修養」要依賴什麼呢？要依賴情境。要善用情境來達到內心的修養，就像我們來到高山之巔，放眼遠瞻，內心自然會有浩瀚寬闊之感；遇到貧窮困苦之人，內心自然感到憐惜惻隱，所以儒家才會說：「惻隱之心，人皆有之；羞惡之心，人皆有之」（《孟子‧告子上》）。自我修養的達成，是「依賴情境」加上「依賴練習」的過程，藉此達到覺醒。而其中「依賴情境」又可以分為二類：一者是「所緣」（藏文：དམིགས་པ）；一者是「執持方式」（藏文：འཛིན་སྟངས）。「所緣」譬如是某一人、事、物，「執持方式」則可以分為正向執持方式跟負向執持方式，兩種不同執持方式可以互相對治、抵制。整個自我修養機制，如圖 10-6 所示。

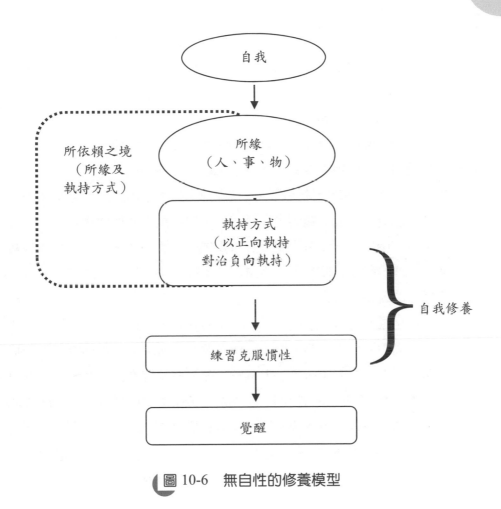

圖 10-6 無自性的修養模型

上面這模型，是依《釋量論》所闡釋的「所緣為一，執持方式相違」（藏文：ᢱᢝᢰᢰ᤹ᢰᢰ᢯ᢰᢰ᢯᤺᢯᢯᤻᤹᢯᢯᤻᤹᤺᤺᢯᤻᤻᤹᤺）來完成自我修養，以達到圓滿覺醒。「無自性的修養模型」說明了「自我修養」並非憑空玄想，而是對境驗心，因為「自我」與「自我修養之道」都是「依他而有」，而這也是「無自性」之意。「自我修養」的第一步，是圖 10-6「無自性的修養模型」中所說「執持方式」的調整，其方法是「對治」（藏文：ᢰᢰ᢯ᢰ᤻），意即以執持完全相違的方式來產生反向拉力，如同寒、熱及明、暗的互相抵制；但是，

要反向拉力可以達到全然壓倒性的狀態，就必須要依靠「無自性的修養模型」所說的「練習克服慣性」步驟，而這步驟則要依靠如《釋量論》之「因明思維」（梵文：Hetuvidyā；藏文：ཊགས་རིག）。舉例來說：若針對「自我」這「所緣」，要產生「無自性」的「執持方式」，就需要思考「緣起」這「因」。所以，「練習克服慣性」就是練習思考「因」（理由、條件）。此模型除了修治一般煩惱情緒，更用來培養「空慧」，以下分別加以說明。

1. 依此模型修治一般煩惱情緒：上文提到，「煩惱情緒的產生」須先有「讓自己產生煩惱情緒的錯誤見解」，也就是「非理作意」。以瞋心來說，在產生前會先有「不美好事物過度增勝的執著」。當我看到某個人事物「所緣」時，會產生瞋心，是因為加上了「不美好的形象過度增勝的執著」這種「執持方式」。這就說明，瞋心本身也是沒有自性，也是依他而有。那麼對瞋心情緒的修養，就是使瞋心消失，一樣是用上面的模型來說明。對著同樣一個人（所緣），要轉變原先的瞋心情緒，不是在人（所緣）上調整，而是在執持方式上改變。透過執持「美好的形象」，能夠對治原先「不美好的形象過度增勝的執著」。由於一開始兩邊的執持力度是有很大差別的，因為原先「不美好的形象過度增勝的執著」還帶著負面的感受，但是「美好形象的執持」卻只是剛開始而已，所以才說到必須加上練習克服慣性的耐力。

2. 依此模型培養空性智慧：因煩惱情緒的產生源頭還是以我為中心（自性執），所以應該依「無自性的修養模型」來對治煩惱的根源──「自性執」。「所緣」也是一樣的，不外乎人、事、物；但執持方式要調整，把原先認為「自我有自性」的執著方式，改成「無我、無自性」的執持方式，就可以產生對治效果。這樣，就是依此模型來修空性（無自性）智慧。

第五節　結語

　　儒釋道的傳統文化，是極其可貴的知識財富，但在一波波的全球化、現代化之後，若不能在普世性的研究架構中加以客體化、理性化，便難以轉為後現代智慧。由於西方科學典範無法建構「含攝文化的理論」，黃光國多年來倡導「多重哲學典範」，並實際依據「多重哲學典範」建構了「儒家關係主義」、「自我的曼陀羅模型」等「含攝文化的理論」，儼然形成了一場科學革命。然而，科學革命絕非一蹴可幾，黃光國企圖整合古（傳統文化）今（科學典範）、銜接東（主客合一的體悟）西（主客相對的科學），等於是挑戰了前賢無法解決甚至從未面對的艱巨難題——一道又一道的黃光國難題。

　　本章針對「自我的曼陀羅模型」相關論述中提出的「自性」之說，提出質疑。黃光國提出「自性」時，援引榮格學說當中作為核心原型的「自性」（又譯作「本我」）來說明，但本章卻依據佛教哲學而反對建立榮格概念上的「自性」。本章的核心質疑是：在黃光國基於「自我的曼陀羅模型」建構的「修養心理學」中，「自性」被定義為「修養的中樞」，但是「修養之道」有一個恆常獨立的「中樞」嗎？若自我有一個恆常的「自性」，何以會受無常之苦而需要「修養」？在「修養」歷程中，自我是在善惡勝劣間不斷變動的，一個獨立的「自性」如何能含攝所有「自我」？若「自性」含攝各種自我，如何有所揀擇而引導「修養」？為解決這些「自性難題」，本章回溯佛教典籍，依據其中對煩惱流轉機制與修行離苦機制的分析，建構了「無自性的修養模型」。期待藉由本章對「黃光國自性說」的質疑與建議，讓未來以「自我的曼陀羅模型」為理論硬核的「修養心理學」系列理論能成為「含攝佛教文化的理論」。

✕✕✕✕✕✕✕✕✕ 　參考文獻　 ✕✕✕✕✕✕✕✕✕

中文部分

玄奘（譯）（2016）。阿毗達摩大毗婆沙論。**中華電子佛典協會，T27**，938。

張蘭石（2016）。四句的應用：心靈現象之多面向研究法。**本土心理學研究，46**，
　　25-71。

張蘭石（出版中）。華人修養曼陀羅模型：華人殯儀傳統中「天」「鬼神」雙重
　　信仰之機制的分析架構。**本土心理學研究**。（已接受）

陳復（2016）。黃光國難題：如何替中華文化解開戈迪安繩結。**本土心理學研究，**
　　46，73-110。

陳復（2018）。儒家心理學：黃光國難題正面臨的迷陣與突破。**本土心理學研究，**
　　49，3-154。

黃光國（1999）。多元典範的研究取向：論社會心理學的本土化。**社會理論學報，**
　　2（1），1-51。

黃光國（2015）。**盡己與天良：破解韋伯的迷陣**。新北市：心理。

黃光國（無日期）。**「自我」與「自性」：破解「黃光國難題」的「戈迪安繩**
　　結」。（未出版之手稿）

僧成釋、釋法尊（譯）（2016）。**釋量論略解。中華電子佛典協會，B9**，557。

釋法尊（譯）（1993）。**菩提道次第廣論**（原作者：宗喀巴）。臺北市：福智之
　　聲出版社。

釋法尊（譯）（2016）。入中論善顯密義疏。**中華電子佛典協會，B9**，686-693。

英文部分

Archer, M. S. (1988). *Culture and agency: The place of culture in social theory*. Cam-
　　bridge, UK: Cambridge University Press.

Hwang, K.-K. (2011). The mandala model of self. *Psychological Studies, 56*(4), 329-334.

Jung, C. G. (1957). *The undiscovered self (present and future)* (1959 ed.). New York, NY: American Library.

Kant, I. (1784). Beantwortung der Frage: Was ist Aufklarung? *Berlinische Monatsschrift, Dezember-Heft*, 481-494.

Neumann, E. (1973). *The child: Structure and dynamics of the nascent personality*. London, UK: Karnac.

Shiah, Y.-J. (2016). From self to nonself: The nonself theory. *Frontiers in Psychology, 7*, 12. doi:10.3389/fpsyg.2016.00124

第十一章　黃光國難題再三問：如何定義自性、如何修養、如何進行社會科學研究

張峻嘉、夏允中、陳泰璿、張蘭石

第一節　自性與修養兩難題：自性的內涵如何明確定義？何為修養的步驟與方法？

　　黃光國依據榮格晚年所提出的「自性」（the Self）理論，以及其所提出的「含攝文化的理論」，建構了普世性的「自我的曼陀羅模型」（Hwang, 2011），如第十章之圖 10-1 所示。

　　此模型跨出實證論（positivism）窠臼，以外方內圓的兩層次對「自我」（self）與攸關「自我」之存在的四種力場，建構了一個實在論（realism）的分析。黃光國（Hwang, 2011）指出，方形代表佛教修養境界中的「色界」（rūpa-dhātu），是人生活的現實世界，從充斥著世俗慾望制約的「欲界」（kāma-dhātu）過渡而來；圓形則指向生命在修養後的「終極圓滿」（ultimate wholeness）。這樣的模型，呈現了「自我」在心靈上的整體性，同時還融合了與外在世界的關係。圖中的「自我」位於橫向與縱向兩對箭頭的中心：橫向雙箭頭的一端指向「行動」（action）或「實踐」（praxis），另一端指向「智慧」（wisdom）或「知識」（knowledge）；縱向雙箭頭往上指向「人」（person），往下指向「個體」（individual）。他表示，「個體」是生物學層次（biologistic）的概念，是將人當作有著各種生物動機與需求的獨

立單元；「人」是社會學的（sociologistic）或文化層次的概念，有特定立場、角色與價值觀。「自我」則是心理學層次（psychologistic）的概念，是經驗匯聚的中樞（locus of experience），會在不同情境脈絡下進行實踐，並可能反思自己的思言行。「自我」處在互相牽制的力場中，一旦「慣習」（habitus）無法發揮作用時，作為一個有文化反思能力的個體，就會開始反思自己應當如何行動才稱得上是理想中的「人」，才符合自己認同的社會角色；另一方面，人同時又是生物性的「個體」，有種種需求、慾望、情緒的制約。

　　黃光國提到，其「自我的曼陀羅模型」的建構靈感來自印尼婆羅浮屠（borobudur）的曼陀羅型態（Hwang, 2011）。然而，該曼陀羅在原意上與型態上都是立體的概念，反觀黃光國僅將「自我的曼陀羅模型」作平面性的闡釋，在橫豎兩對力場之間定義「自我」，並未充分體現曼陀羅之原意。黃光國自己倡導的新典範是「含攝文化的理論」，但「自我的曼陀羅模型」若要作為「含攝佛教文化的理論」，則須能含攝佛教對「自我」的宗教領悟、縝密分析與修養之道。因此，本章提出的第一個黃光國難題是：黃光國藉「自我的曼陀羅模型」呈現的「自我」到底是什麼？如何從中定義「自性」？

　　若「自性」之定義難以明確，則第二個難題便隨之而生：黃光國倡導的「修養心理學」（self-cultivation psychology）如何建立「自我修養」的步驟與方法？既然「自性」是先驗性的，理當無須後天性的「修養」；若「修養」是相對性的、次第性的，應該無法銜接絕對的「自性」。「何為自性」、「如何修養」這兩道難題，以下稱為「自性與修養兩難題」。

　　陳復首先提出「黃光國難題」，就是質疑黃光國提的自我到底是什麼？他直截了當地指出：「因黃光國對『自我』的詮釋只有社會性意義，且從利益角度來詮釋儒家思想，沒有看見儒家思想特有的『心體論』（nousism）與『工夫論』（kungfuism），使得黃光國首先得解決自己預設的困境，才能幫忙我們解決『黃光國難題』」（陳復，2016）。進一步，陳復為了解決此難題，提出了「儒家心理學」的「心體論」：

　　筆者要藉由修正黃光國提出的「自我的曼陀羅模型」，來勾勒出儒家心理學有關於自我修養更清晰的發展脈絡，畢竟既有的模型其內涵不僅無法符合儒家思想的主軸觀念，甚且無法呈現佛家最高義理中的空性。筆者設計「朝向自性的自我輪轉模型」，其自我通過「德性」、「知識」、「實踐」與「慾望」這四大能量的匯聚與整合共同朝向自性。（陳復，2018）

　　然而，陳復的「朝向自性的自我輪轉模型」（如本書第十章之圖10-2），仍未解決「自我到底是什麼」及「何為修養的步驟與方法」兩個問題。

　　為了回覆陳復提出的質疑，黃光國強調分辨「自我」與「自性」的重要性：

　　　　這個分殊，對於「華人自我曼陀羅模型」的建構非常重要。更清楚地說，我們唯有在普世性的「自我的曼陀羅模型」中加入「自性」（Self）的考量，才能「體現儒家一貫面向天道的人文精神」，才能開啟「儒、釋、道」三教合一的「修養心理學」。（黃光國，無日期）

　　看得出，黃光國要建構的並非是空洞的理論模型，而是能夠明確依照其模型，從「自我」而「見性」而「止於至善」的過程。也希望能包含從「凡俗」到「至善」的一切「自我」，並含攝其與文化傳統及社會關聯。

　　然而，「自我的曼陀羅模型」顯然只是一個可供學界藉以建構「含攝文化理論」的實在論框架。若要作為「含攝佛教文化的理論」，此架構還欠缺「內在超越」的向度。黃光國也確實從未以「自我的曼陀羅模型」說明什麼是「至善」（自性），及何為從「自我」到「至善」（自性）之明確修養過程。

　　夏允中嘗試建構含攝佛教智慧的現代心理學理論，在「內在超越」向度上，依據黃光國「自我的曼陀羅模型」而將「自我」導向佛教所追究的「無我」（如圖11-1所示），建構了無我理論（nonself theory）（Shiah, 2016）。雖然夏允中建構了第一篇完整心理學的無我理論，在夏允中所建構的模型當中，也能夠看出其僅以「無我」為修養之究竟。然而，「無我」僅是佛教修養之核心方法，夏允中完成的「含攝佛教的心理學理論」僅是「方法學上的含攝」，尚未包含「存有論上的含攝」，也仍未說明從「自我」到「無我」之歷程。所以，仍未解決「何為佛教修養之道的果位與方便法」。因此，跟黃光國與陳復所面臨的難題一樣，夏允中的理論仍沒有解決「自性與修養兩難題」。

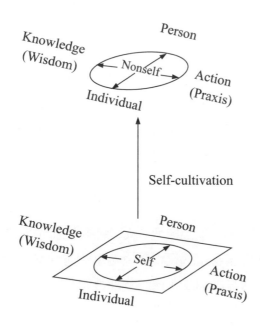

圖 11-1　無我的理論模型

第二節　「自性與修養兩難題」的解法：以佛教的道次第體系來建立自我曼陀羅立體模型

　　針對「自性與修養兩難題」，本章將依據佛教文化系統，建構從「自我」到達「至善」的「立體的自我曼陀羅模型」。當然，「曼陀羅」本來就是立體的，所謂的「立體」是一種為了突顯其層次性而作的說明。因此，本章最後會提出一個立體的自我曼陀羅模型。

　　由Archer的分析二元說（Archer, 1988）來探究文化系統，則佛教修養之道的「從自我到至善的歷程」便是根源於佛教文化系統中的「道次第」思想。

　　佛教一開始便有阿毘達摩（Abhidharma）學說，分析了修行方法、過程與成果；早在各部派的佛傳中，就已將成佛過程分階位來進行解說，例如：《修行本起經》、《太子瑞應本起經》、《過去現在因果經》、《佛本行集經》等佛傳中有提到「十地」；梵文《大事》（Mahāvastu-avadāna, i:76）則標出了自我修養之道的「十地」階位名稱，所以華嚴類的《十地經》（Daśabhūmika）淵源甚古。在強調「性空」的般若類經中，「十住」這種道次第本身的常住性較不被強調；但華嚴類經卻深入刻畫重重開展的「道次第」本身，賦予其實在性，把般若類經中隱含的道次第明確化，而說為十住（daśa-vihāra）、十行（daśa-caryā）、十迴向（daśa-pariṇāma）、十地（daśa-bhūmi）等。佛教文化系統中的道次第思想，隨著發展逐漸成熟，也逐漸傳入西藏，得到了較完整的傳承。龍樹依據「無我」思想而開創中觀派學說，著有《中觀理聚六論》；相傳彌勒（Maitreya）則著作了具「道次第」思想的《現觀莊嚴論》。阿底峽（Atiśa, 980-1054）整合了《中觀理聚六論》及《現觀莊嚴論》之理論，作了《菩提道炬論》（或譯為《菩提道燈論》），明確提出「三士道」之說；宗喀巴依照《菩提道燈論》為原型而作《菩提道次第廣論》（以下簡稱《廣論》）等諸多「道次第學說」，形成一套高度體系化且影響深遠的系列理論。

　　「道次第學說」是說明從淨化「眾生我執」到達「至善」的詳細步驟。在宗喀巴之後，以達賴和班禪為首的諸多學者根據「道次第學說」進行了大量註解與整合，本章依據這些學者的著作內容來含攝「三士道」系統，以期解答「自性是什麼」、「如何修養」的難題。

　　佛教文化系統中的「佛果」，即是「自我的曼陀羅模型」中的「至善」。因此，宗喀巴在《廣論》提到：「此中總攝一切佛語扼要，徧攝龍猛無著二大車之道軌。三種士夫，一切行持所有次第無所缺少。菩提道次第門中，導具善者趣佛地理，是謂此中所詮諸法」（釋法尊譯，2002a，頁2）。若以「自我的曼陀羅模型」為理論硬核（hard core），將《廣論》之「道次第」納為輔助性假設，建立為「三士道之自我曼陀羅模型」，應可解答「自性與修養兩難題」。

　　連結此模型的路徑包含：修養之道的根本（依師軌理）、下士或共下士道、中士或共中士道、上士道。這是依據《廣論》卷三所說：

> 　　「如是所成有情利義，略有二種，謂現前增上生，及畢竟決定勝。其中依於成辦現前增上生事，盡其所說，一切皆悉攝入下士，或共下士所有法類。……決定勝中，略有二種，謂證解脫僅出生死及一切種智位，其中若依諸聲聞乘及獨覺乘，盡其所說一切皆悉攝入中士，或共中士所有法類……。密咒大乘及波羅蜜多大乘，此二攝入上士法類。上士夫者，謂由大悲自在而轉，為盡有情一切苦故，希得成佛學習六度及二次第等故。」（釋法尊譯，2002a，頁66）

　　上述每一步驟，皆可藉黃光國的「自我的曼陀羅模型」來系統地呈現如下。

⊡ 下士道的自我曼陀羅模型

　　此模型（如圖 11-2 所示）的中間，以「下士夫」定義「自我」。黃光國（Hwang, 2016）提到，「自我」是一種心理學層次的概念，是「經驗匯聚的中樞」。此模型中的「下士夫」，包含「經驗匯聚的中樞」與「修養匯聚的中樞」。他能與其他不同的情境脈絡產生聯繫，並對於自己的行動進行反思，因此將之取代「自我」而成為「修養匯聚的中樞」。

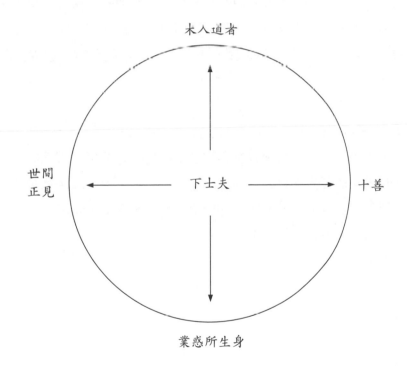

圖 11-2　下士道的自我曼陀羅模型

　　關於「下士夫」一詞，阿底峽在《菩提道燈論》解釋為：「若以何方便，唯于生死樂，但求自利益，知為下士夫」（釋法尊譯，2002b，頁 586）。第一世嘉木樣（嘉木樣協巴，藏文：འཇམ་དབྱངས་བཞད་པ་，1648-1721）在《現觀辨析》

〔全稱為《現觀莊嚴論辨析遍顯般若波羅蜜多之義寶炬》（ཤེས་རབ་ཀྱི་ཕ་རོལ་ཏུ་ཕྱིན་པའི་དོན་ཀུན་གསལ་བའི་རིན་ཆེན་སྒྲོན་མེ་ཞེས་བྱ་བ་ལེགས་པར་བཤད་སོ ），
書名與以下引文皆張峻嘉所譯〕的定義為：「唯求輪迴現前增上之補特伽
羅」（第一世嘉木樣，2015a，頁 23）。「下士夫」又分類為「下之下者」、
「下之中者」、「下之上者」。《現觀辨析》載：「以非法的方式謀求此生
安樂者，即下之下者……。以合法或間雜非法的方式謀求此生安樂者，即下
之中者……。不汲汲於此生，唯以如法的方式謀求輪迴中的安樂，即是下之
上者」（第一世嘉木樣，2015a，頁 23）。其中所謂的「法」，是指「十善
法」。上引文顯示，在「下士夫—下之下者」，「自我」僅表現為「經驗匯
聚的中樞」，然而「下之中者」與「下之上者」則更具有「修養匯聚的中
樞」的意義。圖 11-4 的「下士夫」特指「下之上者」，此「修養匯聚的中
樞」應保有的智慧與實踐，即稱為「下士道」。

　　縱向箭頭的向上一端，指向「未入道者」。如同「人」是一種社會學層
次的概念，「未入道者」在佛教世界觀當中亦是特定位格，因此使用「未入
道者」來明確界定其在佛教觀的社會秩序中之立場。佛教將決意尋求解脫成
佛者，分類為「五道」：資糧道、加行道、見道、修道、無學道。而「未入
道者」即是指尚未決意尋求解脫成佛者。

　　縱向箭頭的向下一端，指向「業惑所生身」。如同「個體」是一種生物
學層次的概念，「業惑所生身」是佛教的生物學層次概念，也稱為「異
熟」。它是佛教宇宙觀當中的一種生命狀態，個體由各自的「業惑」所生，
這使個體有別於其他個體。「惑」則是「煩惱」之意。在《廣論》中的「如
何集業之理」、「死歿及結生之理」等兩單元裡（釋法尊譯，2002a，頁
197-180），說明了「凡人」乃至部分「聖人」之身都因「業」和「煩惱」而
生。

　　橫向雙箭頭的左端，指向「世間正見」，右端指向「十善」。因為在
「下士道」當中，「下之上者」所應具備的「智慧」，即是「世間正見」；
所應實踐的，即是「十善」。所謂「世間正見」是指「深信業果」的見解，

透過深信業因果之理，收斂自我身、口、意之惡，而實踐「十善」。宗喀巴說：「死後如影隨於形，黑白業果恆隨逐，獲定解已於罪聚，雖諸小罪亦應除」（釋法尊譯，無日期），即是說明「世間正見」與「十善」的絕對關聯性。

若將此曼陀羅的「知識」定位為「貪婪／憤恨／愚昧」，「行動」定位為「十惡」，即可建構「下士道—下之下者」的曼陀羅模型。

◨ 中士道的自我曼陀羅模型

延續上述「下士道的自我曼陀羅模型」的概念，此模型（如圖 11-3 所示）以「中士夫」定義「自我」。關於「中士夫」之義，阿底峽在《菩提道燈論》提到：「背棄三有樂，遮止諸惡業，但求自寂滅，彼名為中士」（釋法尊譯，2002b，頁 586）。第一世嘉木樣的《現觀辨析》載：「厭捨輪迴盛事，唯為自利主求解脫之種類補特伽羅，即中士夫的定義」（第一世嘉木樣，2015a，頁 24）。關於「中士夫」的範圍，《現觀辨析》載：「下至將入聲聞獨覺之道，上至聲聞獨覺二種無餘阿羅漢；及此二種羅漢未得大乘大悲增上意樂之間」（第一世嘉木樣，2015a，頁 24）。「中士夫」所應具備的智慧與實踐稱為「中士道」，因此此模型稱為「中士道的自我曼陀羅模型」。

縱向箭頭的向上一端，指向「聲聞／獨覺」。「聲聞」之意，《中觀辨析》〔全稱為《入中論辨析教理寶藏遍顯深義具緣津梁》（ འོ ། །དཔལ་ལྡན་ཟླ་བ་འཇུག་པའི་མ ཐ་དཔྱོད་ལུང་རིགས་གཏེར་མཛོད་ཟབ་དོན་ཀུན་གསལ་སྣང་བར་འཇུག་གསལ་ཞེས་བྱ་བ་བཞུགས་སོ།། ），書名與以下引文皆張峻嘉所譯〕載：「從他聞法，自證果位，為他宣說，故名聲聞；聞大乘教，自不修持，僅為他說，謂之聲聞。」「獨覺」亦稱「中佛」，《中觀辨析》載：「自不依他，獨自安住；獨為自故，證悟真如，獲證果位，故稱獨覺……百大劫中而修福慧，超勝聲聞。然不具足殊勝福慧、殊勝大悲、及佛遍智，故名曰中」（第一世嘉木樣，2015b，頁 20，30）。

上文提到「下士夫」之社會學層次時，標注為「未入道者」。在此則稱為「聲聞／獨覺」，突顯「中士夫」在佛教生活世界中已經契入「資糧道、

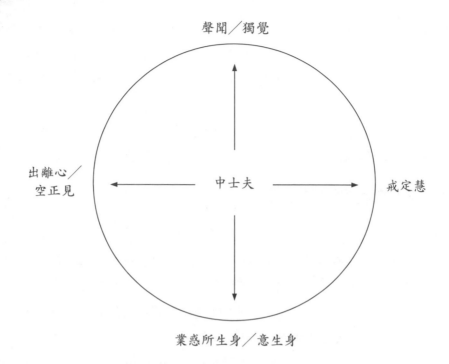

聲聞／獨覺

出離心／
空正見

中士夫

戒定慧

業惑所生身／意生身

圖 11-3　中士道的自我曼陀羅模型

加行道、見道、修道、無學道」等五道。

　　縱向箭頭的向下一端，指示「業惑所生身／意生身」。此處「業惑所生身」與上一節中之「業惑所生身」並無不同，如經中說「目犍連」、「指鬘」等雖已成阿羅漢，但仍會受苦；然而，此處又包含「意生身」。二乘的成道者當棄捨今生肉體而意識仍存而將進入更高境界時，其身即是由「無明習氣地」與「無漏業」所生的「意生身」，此即佛教中的生物學層次之更高境界。第一世嘉木樣提到：「不淨七地之意生身、清淨三地與無餘阿羅漢之微細意生身」（第一世嘉木樣，2015a，頁267）。

　　橫向雙箭頭的左端，指向「出離心／空正見」，此即「中士夫」所應擁有的智慧。宗喀巴解釋了「出離心」的意思：「於諸輪迴圓滿事，不生剎那之希願，晝夜恆求解脫心，生時即為出離心」（《三主要道》）。所謂「輪

迴」，法稱的《釋量論》載：「苦輪迴諸蘊」（法稱，2015，頁 49）。克主傑（1385-1438）在《正理海大疏》釋云：「有漏近取諸蘊謂之苦；亦是輪迴者。士夫近取諸蘊，無始而轉」（克主傑，2015，頁 29）。當透過思考「苦、集」二諦與「染污品之順逆十二緣起」等道理，決意獲得「解脫」——四諦中的「滅」諦，即是發起「出離心」。

　　「空正見」是指所領悟的「空」，亦即夏允中所謂的「無我」。藉此模型能明確發現，證得「無我」並非佛教中之「至善」，因為「中士夫」亦能夠具備此修養。

　　橫向雙箭頭的右端，指向「戒定慧」，代表「中士夫」的實踐內容。「戒定慧」三學雖叫貫串三士道，但宗喀巴則將之更嚴密地定位在「中士夫」的實踐當中。《廣論》在「於共中士道次修心」一章載：「第二修何等道而為滅除者……應學寶貴三學之道。」《廣論》云：「其中三學，數定有三：初觀待調心次第數決定者，謂散亂心者令不散亂，是須戒學；心未定者為令得定，謂三摩地，或名心學；心未解脫為令解脫，是謂慧學，由此三學，諸瑜伽師一切所作，皆得究竟」（釋法尊譯，2002a，頁 193-194）。上引文的「一切所作」是「所應行持及實踐」之意，「慧學」則是指「心未解脫為令解脫」，故本章將「戒定慧」安置在「實踐／行動」時，其中的「慧」是指藉由修行獲得「證悟無我的智慧」。

　　在此必須說明：「中士夫」所應具備的「智慧」及「實踐」，也包含上一節提到的「世間正見」及「十善」。對於「中士夫」而言，此二者則稱為「共下士道」。「共」即是共同的意思，此即上引《廣論》所載：「一切皆悉攝入下士，或共下士所有法類」（釋法尊譯，2002a，頁 66）的意思。

◩ 上士道的自我曼陀羅模型

　　圖 11-4 的中心，以「上士夫」定義「自我」。關於「上士夫」一詞，阿底峽在《菩提道燈論》提到：「若以自身苦，比他一切苦，欲求永盡者，彼是上士夫」（釋法尊譯，2002b，頁 586）。其所謂的「苦」並非一般的痛

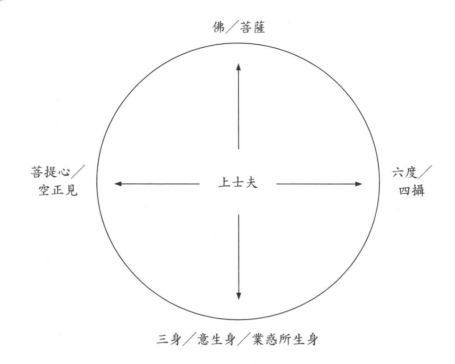

圖 11-4　上士道的自我曼陀羅模型

苦，而是包含一切「粗細二分的苦」。第一世嘉木樣云：「為大悲所自在，為他有情能成佛故，欲求遍智種類之補特伽羅」（第一世嘉木樣，2015a，頁24-25）。此中的「種類」一詞，是為了包含「佛」。因為佛已證「遍智」，所以不須要「欲求」；然而，佛亦屬「上士夫」。

　　縱向箭頭的向上一端，指向「佛／菩薩」。「佛」是指圓具一切功德者，亦稱「能王」。第一世嘉木樣提到：「以獲無上身語意事業自在；體證勝出聲聞獨覺菩薩之能，自在圓滿；聲聞等眾亦奉其教，故稱『能王』」（第一世嘉木樣，2015b，頁 18）。「菩薩」也叫「佛子」，《廣論》載寂天（śāntideva, 685-763）云：「今日生佛族，今為諸佛子。……發菩提心剎那後，諸囚繫縛生死獄，然應稱為善逝子」（釋法尊譯，2002a，頁 204-205）。「佛」在佛教觀的社會秩序當中，屬於最高層次；而所謂「菩薩」，

則有不同層次，包含「凡夫」與「聖者」。「聖者」當中又可以分為「十地」。當然，「佛／菩薩」也可含攝在「資糧道、加行道、見道、修道、無學道」等「五道」。

縱向箭頭的向下一端，指向「三身／意生身／業惑所生身」。三身，即是指佛的「法、報、化」三身。三身之意，《現觀辨析》載：「法身定義：修持四加行之力，所證究竟之果位。……報身定義：受用大乘法之種類究竟色身。……由昔願力與佛心願故，為所化之義利、成熟、解脫三者而現之情器等相之化身，即化身定義」（第一世嘉木樣，2015a，頁 284，361，386）。「意生身」則如上一節中提到的，包含「初～七地菩薩」的「意生身」，與「八～十地」的「微細意生身」。

在此曼陀羅模型當中，將「三身／意生身／業惑所生身」三種不同的生物學層次之「個體」安置在一起，這說明所謂「上士夫」並非以生物學層次而區隔於「中士夫」，而是以「智慧／實踐」之高低來區分。前面提到的「下士夫」、「中士夫」都是就「智慧／實踐」之高低而分。

橫向雙箭頭的左端，指向「菩提心／空正見」。菩提心的定義，如彌勒所述：「發心為利他，求正等菩提」（引自釋法尊譯，2002a，頁 209-210）。所謂的「空正見」，與「中士道的自我曼陀羅模型」中提到的「空正見」相同。但必須強調：「空正見」並非判斷此人是否為「菩薩」的標準，「菩提心」才是。《廣論》云：「般若波羅密多，聲聞獨覺亦須依此，故說般若波羅蜜多為母，是大小乘二子之母。故證空慧不能判別大乘小乘；以菩提心及廣大行而分判之」（釋法尊譯，2002a，頁 206）。

橫向雙箭頭的右端，指向「六度／四攝」。《廣論》載：「於六度中，攝盡一切菩薩諸應學事」（釋法尊譯，2002a，頁 257）。又云：「學習六度熟自佛法……學習四攝熟他有情」（釋法尊譯，2002a，頁 262）。意即「六度」包含所有菩薩之行持。針對「自我修養」的角度，佛教提出「六度」；就「利益眾生」的角度而言，則提出「四攝」。

依據前文所引述《廣論》：「一切皆悉攝入中士，或共中士所有法類」

（釋法尊譯，2002a，頁66）之意，「中士夫」應該具備「下士夫—下之上者」的「智慧」、「實踐」，「上士夫」亦應具備「中士夫」的「智慧」與「實踐」。

由圖11-2至圖11-4構成了一個立體的自我曼陀羅模型，如圖11-5所示。

圖11-5是從「下士夫—下之下者」直到「至善—佛果」的道次第架構。其中可見，「自我」雖是存在狀態而變動的心理中樞，而黃光國所說「自性」則是發展至「上士夫」狀態時的心智施為中樞，蘊含深刻而成熟的智慧與深廣而超然的實踐，由此便解答了「何為自性」。

解答「何為自性」之後，才能解答「何為修養步驟」。《廣論》的修養步驟是由下士夫至上士夫之省思與實踐，其綱要整理如圖11-6所示。

在圖11-6中，第一步驟是「聽聞軌理」，主要是認知自我之不足。如同病者，自知病痛，方能尋醫問藥。如寂天所說：「若遭常病逼，尚須依醫言，況常遭貪等，百過病所逼」（引自釋法尊譯，2002a，頁17）。《廣論》依此提出：「斷器三過、依六種想」（釋法尊譯，2002a，頁17）。「道次第學說」中以此為修養前提，在其後各修養步驟便不須重複強調，故圖11-6之連接線不再繞回此格。

第二步驟是「依師軌理」。宗喀巴說：「諸功德本謂恩師，如理依止是道基，善了知已多策勵，恭敬親近祈加持」（釋法尊譯，無日期）。在佛教文化體系中，極重視依師之法，視彼為一切功德之根源，故提出：「捨命唯令師喜」的概念。《廣論》云：「當如志力稀有常啼佛子，及求知識不知厭足善財童子」（釋法尊譯，2002a，頁41）。

依師軌理雖然至關重要，但有兩點必須注意：第一，所依止的師長，必須具備下列十種條件，即《廣論》引述《莊嚴經論》（彌勒菩薩）云：「知識調伏靜近靜，德增具勤教富饒，善達實性具巧說，悲體離厭應依止。是說學人，須依成就十法知識」（釋法尊譯，2002a，頁24）；第二，學者亦須具有能辨真偽之智慧。宗喀巴慎重提醒：「故究竟者，須以無垢正理而辯……經云：比丘或智者，當善觀我語，如鍊截磨金，信受非唯敬」（《辨了

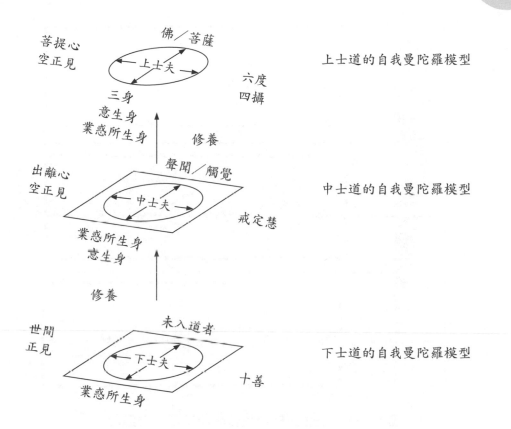

菩提心
空正見

佛／菩薩

上士夫

上士道的自我曼陀羅模型

六度
四攝

三身
意生身
業惑所生身

修養

出離心
空正見

聲聞／觸覺

中士夫

中士道的自我曼陀羅模型

戒定慧

業惑所生身
意生身

修養

世間
正見

未入道者

下士夫

下士道的自我曼陀羅模型

十善

業惑所生身

圖 11-5　立體三士道的自我曼陀羅模型

不了義善說藏論》）。

　　圖 11-6 將「依師軌理」以一線區隔，並分二色。即表示此法於下、中、上三士道修養時的不同分量：淺色表示比重較輕；深色表示比重更重。對於不同層次的修養者，其所須達到的程度亦不同。藏傳佛教的眾多學者對此皆有說明，例如：格魯派第 102 任甘丹赤巴法王在問答時，就曾明確提出：「問：『小乘的《律經》中有提到：在依止上師時，應該將上師看成像佛一樣來依止，但沒有提到必須把上師視為真佛；顯教波羅蜜多乘的經典中則說：應該將上師的本質等同佛來看待，但沒有提及必須把上師視為具有三十二相、八十隨形好的佛；而在密教的經典裡有清楚說到：不僅上師內在的本質，就

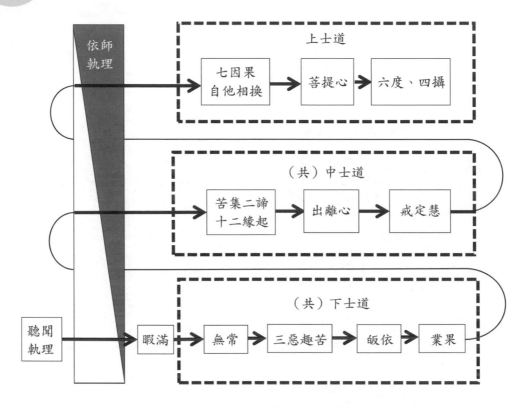

圖 11-6　「三士道的自我曼陀羅模型」之途徑

連外在的表相都應該視為與佛無二無別。』答：『的確是如此』」（釋如性譯，2014，頁 180）。據此可知，則下士夫亦不須達此標準，只須尊師重道即可。由於「道次第學說」是以引導學人達到「至善」為目標，因此所提出之「依師軌理」，皆是依據最嚴格之標準而說。「道次第學說」於每一修養步驟中皆再三強調此「依師軌理」，故圖 11-6 之連接線於契入中。

　　第三個步驟，是思維「暇滿」。宗喀巴云：「偶一得此暇滿身，知極難得具大義，遍諸晝夜恆無間，生取堅心願加持」（釋法尊譯，無日期）。首先透過思考「八暇、十圓滿」，而認識「自我」、「個體」及「人」的珍貴價值，知其可貴，方能善加利用。眾多學者在解釋「暇滿」之際，雖多將其與「無常」等「下士道」之修養連接而說，然「道次第學說」並未將其納入

「下士道」中，故於此亦別列一格。

　　第四個步驟，即是修持「下士道」，並依序修持其中的「無常、三惡趣苦、皈依、業果」等四個細則。對於「下士夫」而言，「此道」稱為「下士道」；對於「中、上士夫」而言，此道即是「共下士道」。繼前思考暇滿之後，依據「三根本、九因相」（釋法尊譯，2002a，頁74-85）思考死亡，了解死後墮入惡趣之可能性。基於離苦得樂的本能，尋求解決之法，認知三寶能夠依靠。然而，依靠之法是遵循其所示的法則──「業果之理」，知善知惡，為善去惡。當修養者能盡己之力，存善去惡以度諸晝夜時，即到達了「下士道的自我曼陀羅模型」之階段。

　　第五個步驟，即是修持「中士道」，並依照其中步驟，依次修養。如宗喀巴云：「受用無厭眾苦門，不可保信三有樂，見過患已當希求，解脫妙樂願加持」（釋法尊譯，無日期）。圖11-6中將「苦集二諦」、「十二緣起」排列在一起，是說明修養者可透過思維此二者的其中一種，或者綜合思考，而發起出離心，進而修持戒定慧。修養者首先應思考：無論生於何處，皆有生老病死、愛別離、怨憎會等有漏諸苦，繼而發覺痛苦之因源自於破壞性負面情緒，或者負面思想──「我執」；及因此所產生的行為，並覺察此情緒思想及行為能夠被改變及消滅。因此，迫切想要遠離此痛苦，及產生此痛苦之因，進而依照戒定慧之次第而後滅除「我執」。當滅除「我執」之時，無論身在何處，皆是獲得解脫。

　　第六個步驟，即是依照「上士道」的步驟修養。圖11-6並列的「七因果」與「自他相換」是兩種啟發菩提心的方法（釋法尊譯，2002a，頁201），主要是透過思考眾人對自身之恩德，漸次放下自我中心之思想，並為了利他而欲求佛果。「七因果」的第七支，即是「發菩提心」。此處之所以將「菩提心」另列一格，是為了明確表示：修持「七因果」及「自他相換」是發起菩提心之方式。當修養者能夠在「共中士道」的基礎上，發起七因果當中的「增上意樂」時，便進入「上士道的自我曼陀羅模型」的階段。接著須學著持受菩薩戒，實踐六度、四攝。當修養到達究竟階段，即是「佛果」。

第三節　「自性與修養兩難題」之解答所衍生的科學哲學難題：如何對「自性與修養」進行社會科學研究

　　針對黃光國、陳復、夏允中所提出之難題，本章以佛教的「道次第學說」作為「自我的曼陀羅模型」延伸的理論假設，嘗試解決「自性的定義」及「修養的步驟」這兩個核心難題。然而，在這樣的解題之後，將衍生更進一步的黃光國難題：如何以科學方法檢驗這系列理論，例如：如何證明佛教「前後世」與「輪迴」學說？若此前提不能驗證，便不能驗證「業果」、「四諦」、「十二緣起」、「出離心」、「菩提心」等系列理論，於是便無法完整建構「含攝佛教文化的理論」。

　　佛法已經在世上被操練與驗證超過兩千五百年，仍然歷久不衰並廣為流傳，且有愈來愈被學術界接受的趨勢（Shonin, Van Gordon, & Griffiths, 2014）。相對於西方心理學強調維護、滿足與強化自我，佛法教導我們要透過修養來解構自我，不走維護、滿足與強化自我的路（Dalai Lama, 2005），這個修養的過程是為了要脫離自己的慾望，停止以自我中心的想法與行為（Hwang & Chang, 2009; MacKenzie, 2010），來克服與解脫生命的困境、挑戰與壓力下所帶來的痛苦與情緒困擾（夏允中、越建東，2012）。根據統計，目前世上約有三億五千位佛教徒（約占世界人口的 6%），大部分分布在東方社會（BuddhaNet, 2008）（但這份統計不包含中國大陸，因此實際人口比率將會更大）。西方世界雖然佛教徒較少，但根據統計，每四個英國人就有一個曾練習靜坐，而在美國有超過二千萬人曾練習靜坐（約占美國 6.5% 的人口）（Shonin et al., 2014）。

　　西方在過去三十年來，有愈來愈多心理治療者、諮商師與健康促進工作者，發展與使用各種以佛法為基礎的心理治療法與技術（Kelly, 2008; Michalon, 2001; Murguia & Diaz, 2015; Shonin et al., 2014），例如：基於慈悲心（compassion-based）的療法（Galante, Galante, Bekkers, & Gallacher, 2014; Shonin, Van Gordon, Compare, Zangeneh, & Griffiths, 2015）、基於佛法（Buddhism-based）的悲傷治療（Wada & Park, 2009）、基於正念（mindfulness-based）的心理治療技術（Khoury et al., 2013; Khoury, Sharma, Rush, & Fournier, 2015）。雖然西方學術界試圖連結佛法與心理學（Wallace & Shapiro, 2006）以及心理治療（Shonin et al., 2014），但目前相關的社會科學研究皆偏重佛法的效果面，最主要發現有：增加情緒穩定性（Lee et al., 2015）、正念（Brown & Ryan, 2003; Khoury et al., 2013），以及注意力（Lippelt, Hommel, & Colzato, 2014; Sedlmeier et al., 2012）等。由上可知，西方在實證論的窠臼下，其研究侷限於效果研究，未能全盤了解佛教文化系統，故無從全面地探究佛法內容與修養過程。

　　因此，「黃光國難題」中最難的一環是：如何完成社會科學研究方法論的典範轉移，將宗教核心理論（強調內在超越、主客冥合）的客體化而轉為「含攝文化的理論」，例如：如何建構「三士道的自我曼陀羅模型」，使之成為除了含攝佛法亦可含攝儒、道甚至其他文化之普世性自我修養理論？如何讓其中的「自我修養步驟」能具有可否證性（falsifiability），或讓科學研究綱領（scientific research programme）（Lakatos, 1968）能被檢討？

　　此難題的另一面是：「含攝文化的理論」如何完整地含攝佛教理論，而非如西方典範般只是部分摘取。若非完整含攝，便無法含攝該文化系統的終極真實（ultimate reality）而建立修養心理學。此一難題，是黃氏在建構儒家「修養心理學」時將面臨的部分。

　　上述難題的預設是：無法證實「前後世」與「輪迴」之學說，便無法建構後續理論。然而，不同族群的信仰內容與普世性的知識，其實皆是「建構的實在」（constructed reality）：前者是「教義微世界」（張蘭石，2017），後者是「科學微世界」。「教義微世界」的建構，雖仍需具備「可知性」（intelligibility），卻不像「科學微世界」的建構般邏輯嚴密，所以可跨出實

證論範疇，完整地發展出實在論範疇的「教義微世界」——包含自我修養之冥契法門與終極目標，例如：佛教當中諸如「十善」、「四諦」、「禪定」、「無我」、「慈悲」等理論，都能在「暫時擱置」此難題之情況下，被建構為一套完整的系列理論。如果這樣，能否依據各種科學研究綱領之建立、檢討與彼此消長的原理（Lakatos, 1968），以黃光國之「自我的曼陀羅模型」或「儒家關係理論」為理論硬核，將浩瀚的佛教修養理論全盤納為其輔助假設（auxiliary hypotheses），以待後人的實修經驗與不同綱領間的競爭消長來進行檢討？這是科學哲學上的「黃光國難題」。

第四節　結語

　　「黃光國難題」，包含了陳復與夏允中的難題。雖然本章以佛教的「道次第學說」針對黃光國、陳復、夏允中所提出之難題解決了「自性的定義」及「修養的步驟」，但卻帶出了「如何進行社會科學研究」這大難題。解一難題，引出了更多的「黃光國難題」。雖然有這麼多難題，但可以確定的是，佛法心理學可以讓我們更了解利他、正念、神秘／高峰經驗、死亡恐懼及道德，幫助我們探索自性、生命意義與修養目標。這些議題在修養心理學，雖然只是開始，但卻非常值得開展一系列的研究。

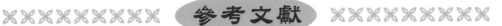 參考文獻

中文部分

克主傑（2015）。**正理海大疏**。印度：色拉寺。

法稱（2015）。**釋量論**。印度：色拉寺。

夏允中、越建東（2012）。以佛教的死亡本質及生命無常觀點來探討死亡恐懼。**本土心理學研究**，**38**，167-187。

張蘭石（2017）。源自死亡焦慮的宗教委身機制：分析與模型建構。**本土心理學研究**，**48**，231-277。

第一世嘉木樣（2015a）。**現觀莊嚴論辨析遍顯般若波羅蜜多之義寶炬**。印度：Drepung Gomang Library。

第一世嘉木樣（2015b）。**入中論辨析教理寶藏遍顯深義具緣津梁**。印度：Drepung Gomang Library。

陳復（2016）。黃光國難題：如何替中華文化解開戈迪安繩結。**本土心理學研究**，**46**，73-110。

陳復（2018）。儒家心理學：黃光國難題正面臨的迷陣與突破。**本土心理學研究**，**49**，3-154。

黃光國（無日期）。「自我」與「自性」：破解「黃光國難題」的「戈迪安繩結」。（未出版之手稿）

釋如性（譯）（2014）。**菩提道次第略論講記（第一冊）**（原作者：日宗仁波切）。臺北市：作者。

釋法尊（譯）（2002a）。**菩提道燈論**（原作者：阿底峽）。臺北市：福智之聲出版社。

釋法尊（譯）（2002b）。**菩提道次第廣論**（原作者：宗喀巴）。臺北市：福智之聲出版社。

釋法尊（譯）（無日期）。**功德本頌**。取自 https://www.lama.com.tw/content/edu/data.aspx? id=6949

英文部分

Archer, M. (1988). *Culture and agency: The place of culture in social theory*. Cambridge, UK: Cambridge University Press.

Brown, K. W., & Ryan, R. M. (2003). The benefits of being present: Mindfulness and its role in psychological well-being. *Journal of Personality and Social Psychology, 84* (4), 822-848. doi:10.1037/0022-3514.84.4.822

BuddhaNet (2008). *Number of Buddhists world-wide*. Retrieved from http://www.buddhanet.net/e-learning/history/bud_statwrld.htm

Dalai Lama, D. (2005). *The many ways to nirvana*. London, UK: Mobius.

Galante, J., Galante, I., Bekkers, M. J., & Gallacher, J. (2014). Effect of kindness-based Meditation on health and well-being: A systematic review and meta-analysis. *Journal of Consulting and Clinical Psychology, 82*(6), 1101-1114. doi:10.1037/a0037249

Hwang, K.-K. (2011). The mandala model of self. *Psychological Studies, 56*(4), 329-334. doi:10.1007/s12646-011-0110-1

Hwang, K.-K. (2016). The structure of Confucian ethics and morality. In M. Fuller (Ed.), *Psychology of morality: New research* (pp. 19-59). New York, NY: Nova.

Hwang, K.-K., & Chang, J. (2009). Self-cultivation culturally sensitive psychotherapies in Confucian societies. *Counseling Psychologist, 37*(7), 1010-1032. doi:10.1177/0011000009339976

Kelly, B. D. (2008). Buddhist psychology, psychotherapy and the brain: A critical introduction. *Transcultural Psychiatry, 45*(1), 5-30. doi:10.1177/1363461507087996

Khoury, B., Lecomte, T., Fortin, G., Masse, M., Therien, P., Bouchard, V., ... Hofmann, S. G. (2013). Mindfulness-based therapy: A comprehensive meta-analysis. *Clinical Psychology Review, 33*(6), 763-771. doi:10.1016/j.cpr.2013.05.005

Khoury, B., Sharma, M., Rush, S. E., & Fournier, C. (2015). Mindfulness-based stress reduction: A meta-analysis. *Journal of Psychosomatic Research, 78*(6), 519-528. doi:

10.1016/j.jpsychores.2015.03.009

Lakatos, I. (1968). Criticism and the methodology of scientific research programmes. *Proceedings of the Aristotelian Society, 69*, 149-186.

Lee, Y.-H., Shiah, Y.-J., Chen, S. C.-J., Wang, S.-F., Young, M.-S., Hsu, C.-H., ... Lin, C.-L. (2015). Improved emotional stability in experienced meditators with concentrative meditation based on electroencephalography and heart rate variability. *Journal of Alternative and Complementary Medicine, 21*(1), 31-39. doi:10.1089/acm.2013.0465

Lippelt, D. P., Hommel, B., & Colzato, L. S. (2014). Focused attention, open monitoring and loving kindness meditation: Effects on attention, conflict monitoring, and creativity: A review. *Frontiers in Psychology, 5*, 5. doi:10.3389/fpsyg.2014.01083

MacKenzie, M. (2010). Enacting the self: Buddhist and enactivist approaches to the emergence of the self. *Phenomenology and the Cognitive Sciences, 9*(1), 75-99. doi:10.1007/s11097-009-9132-8

Michalon, M. (2001). "Selflessness" in the service of the ego: Contributions, limitations and dangers of Buddhist psychology for western psychotherapy. *American Journal of Psychotherapy, 55*(2), 202-218.

Murguia, E., & Diaz, K. (2015). The philosophical foundations of cognitive behavioral therapy: Stoicism, Buddhism, Taoism, and Existentialism. *Journal of Evidence-Based Psychotherapies, 15*(1), 37-50.

Sedlmeier, P., Eberth, J., Schwarz, M., Zimmermann, D., Haarig, F., Jaeger, S., & Kunze, S. (2012). The psychological effects of meditation: A meta-analysis. *Psychological Bulletin, 138*(6), 1139-1171. doi:10.1037/a0028168

Shiah, Y. J. (2016). From self to nonself: The nonself theory. *Frontiers in Psychology, 7*, 12. doi:10.3389/fpsyg.2016.00124

Shonin, E., Van Gordon, W., & Griffiths, M. D. (2014). The emerging role of Buddhism in clinical psychology: Toward effective integration. *Psychology of Religion and Spirituality, 6*(2), 123-137. doi:10.1037/a0035859

Shonin, E., Van Gordon, W., Compare, A., Zangeneh, M., & Griffiths, M. D. (2015). Buddhist-derived loving-kindness and compassion meditation for the treatment of psychopathology: A systematic review. *Mindfulness, 6*(5), 1161-1180. doi:10.1007/s12671-014-0368-1

Wada, K., & Park, J. (2009). Integrating Buddhist psychology into grief counseling. *Death Studies, 33*(7), 657-683. doi:10.1080/07481180903012006

Wallace, B. A., & Shapiro, S. L. (2006). Mental balance and well-being: Building bridges between Buddhism and western psychology. *American Psychologist, 61*(7), 690-701. doi:10.1037/0003-066x.61.7.690

第十二章　榮格心理學與自性難題

黃光國

　　在〈文化傳承與典範轉移之一役：華人宗教研究上的黃光國難題〉一文中，張蘭石以佛教「四句」辯證的方式，四面包抄，提出了四個面向的問題，筆者已分別予以答覆。接著，他又與陳泰璿、夏允中、張峻嘉合作，連寫了〈黃光國難題：自性的有無〉和〈黃光國難題再三問：如何定義自性、如何修養、如何進行社會科學研究〉兩篇論文。由於這兩篇論文性質相近，所提出的問題前後相連，故筆者將對這兩篇論文所提出的問題一併作答。

▣「自性」難題

　　細讀這兩篇論文，大家不難發現：「菩提般若之智，世人本自有之」，四位作者對於他們所提的「黃光國難題」，其實心中早已有答案。「一切唯心造」，他們所提的「黃光國難題」，其實就是他們看了筆者的著作之後，自己心中難解的問題。筆者從本土社會科學理論建構的角度，對他們心中已經有答案的問題逐一作答，只是一種「以心印心」的歷程，唯有經過這樣的歷程，我們才能建構出具有高度共識的華人本土社會科學研究團隊。

　　〈黃光國難題：自性的有無〉一文提出「自性難題」說道：

　　　　黃光國在含攝釋儒道而建構之「修養心理學」中，參照榮格的「自我實現歷程」（individuation process）與「集體潛意識」（collective unconscious）理論，提出「自性」作為「自我的曼陀羅模型」的修養中樞。如此，便有了「自性之有無」的爭議，本文簡稱為「自性難題」。

在筆者的著作裡，一向是依照梁恆豪（2014）的建議，把榮格所說的
「individuation process」翻譯成「自性化歷程」，而反對將其譯為「自我實
現歷程」。這個分疏十分重要，因為緊接著這段話，〈黃光國難題：自性的
有無〉一文又說：

> 在榮格心理學中，「自性」是在「自我」之外的意識與無意識
> 協調者，是「自我實現歷程」的驅動者；人們的一生，都依「自
> 我─自性的軸線」（ego-Self axis）來發展（Neumann, 1973）。

上段引文中，如果把「自我實現歷程」替換成「自性化歷程」，就完全
不通了。因為「自性」怎麼可能成為「自性化歷程」的驅動者呢？依照榮格
心理學的原意，我們可以說：人們的一生，都是依著「自我─自性的軸線」
在發展（Neumann, 1973），心理健康者的「自我」，其意是可以成為「自性
化歷程」的驅動者。

▣ 「儒佛會通」

這樣的論點，和朱熹長期思考「喜怒哀樂未發前是何氣象」，最後發展
出來的「心統性情」之說，可以說是不謀而合。這一點，對於「修養心理學」
的發展，具有十分重要的涵義，稍後筆者會再做進一步的析論。在此，筆者
要談的是〈黃光國難題：自性的有無〉一文之所以會讓作者們產生困擾的原
由：

> 黃光國（無日期）說：「在榮格晚年的著作《未曾發現的自
> 我：象徵及夢的解釋》（Jung, 1957），他所謂的『未曾發現的自
> 我』確實是有『自性』的意義，和一般心理學者的用法並不一
> 樣。」
> 　然而，本文認為無法透過「未曾發現的自我」來推論有「自

性」，無論此「自性」的定義是儒學的「天」或印度宗教、基督宗教所說的「神我」。由於我們的夢徵及潛意識是多元的，每一個人從小時候開始，受到不一樣的文化、環境背景所薰陶，以及接受不一樣的家庭、學校之教育，遇到不一樣的人，並且經歷不一樣的事情，所以每一個人塑造的、未曾發現的自我大相逕庭。另外，就自己個人來說，在每一段不同的時段裡，透過各種夢境的徵兆，也可以了解到那個「未曾發現的自我」其實是處在不斷變化的狀態當中。然而，若「自性」定義為「不變的修養中樞」，又怎麼能用這個觀點來說明修養中樞之自性的意義呢？難道自性也有很多個？抑或是「自性」也會隨著文化背景跟環境的不同，以及每個教育階段性的影響而轉變呢？那又如何去含攝多變而豐富之自我？這是一個難題。

在上述引文中所提到的那篇文章裡，筆者並沒有對榮格所探討的「自性」，以及他探討「自性」的歷程詳加論述，所以才會導致這一系列的問題。從榮格的自傳《回憶，夢，反思》一書的內容來看（Jung, 1989），他對「自性」問題的探討，花了數十年的時間，跟朱熹探索「性」與「天道」的歷程（劉述先，1995），幾乎如出一轍！今日我們要想從「中西會通」和「儒佛會通」的立場，來發展「修養心理學」，就必須先回顧榮格建構理論的過程，說明「自性」在其理論中的地位，才能回答這兩篇論文中所提出的各項問題。

第一節　榮格心理學的再詮釋

在《內聖與外王：儒家思想的完成與開展》一書的第六章（黃光國，2018），筆者曾經引用榮格心理學的重要論點，建構出一個「自性的心理動力模型」（Hwang, in press），提出了一個「自性的形式結構」（見第二章之

圖 2-1）。在此以該一結構作為基礎，對榮格心理學重新加以詮釋，來回覆張蘭石有關「自性的有無」之提問。

榮格曾經在 1945～1946 年間寫過一篇經典論文——《論心靈的本質》（Jung, 1969），整合他以往散布在各項作品中的觀點，提出他對「集體潛意識」的完整理論，並於 1954 年修訂完成（Stein, 1998）。這篇論文指出，從最早的時候開始，榮格的野心就是要創造一個能從高到低、從近到遠，描繪心靈各層面的總體心理學——一幅真正的心靈地圖（map of the soul）。

這個野心可以追溯到他 1909 年與弗洛伊德航行赴美期間所做的一個夢。在《回憶，夢，反思》一書中（Jung, 1989），他提到在為期七週的旅途上，他們約定每天都要分析對方的夢。有一天，榮格夢到自己處在一座兩層樓房的樓上，那個是一座洛可可式建築的怪異客廳，牆上掛著許多老油畫。

榮格走下樓，發現一樓的裝飾品更加老舊，大約是十五至十六世紀的作品。他決心探索整棟建築，打開地下室入口的一扇重門，下樓梯後，他發現自己處在一個古老的房間裡，牆上的磚石和浮雕看起來似乎是羅馬時代的。他再仔細檢視地板，發現了一個狹窄的通道通向更深一層的地穴。他走進那個由岩石刻成的洞穴，發現地上布滿了灰塵，骨骸和陶片散布在四處，還有兩個骷髏，很像是原始人的遺跡。

▣ 心靈的探索

弗洛伊德要求榮格說出那兩個骷髏的意義。榮格發現他對這個夢的解析和自己完全不同，因此不斷尋思：「他到底希望我說什麼？」

> 「我不想和他爭吵，如果我堅持自己的觀點，我也怕會失去友誼。另一方面，我也想知道他想從我的答案中得到什麼，如果我用符合他的理論的說法來欺騙他，他會有什麼反應。所以我對他撒了個謊。」

最後，榮格依照弗洛伊德的意思，說他妻子和表妹就是他認為該死的人！弗洛伊德對榮格的回答似乎鬆了一口氣，榮格才發現：弗洛伊德的學說完全無法解釋某種類型的夢。對榮格而言，那場夢只是代表他當時心靈的狀態而已。舉有居室氣氛的客廳，代表意識，下樓大廳代表第一層的潛意識。愈往下走，愈幽暗，布置也愈奇怪。最後，他發現自己內心殘留的原始世界，那是意識很難抵達的「集體潛意識」。它位於動物靈魂的邊緣，正如動物通常居住在史前的洞穴一樣。中世紀的大廳、羅馬時期的地下室，以及史前的洞穴，代表了文化的歷史和意識發展的階段。

對於這場夢的不同解釋，迫使榮格決定和弗洛伊德分手。榮格認為，我們的精神結構是依據宇宙的結構而設立的，在宏觀世界中所發生的一切，同樣發生在無窮小和最主觀的精神範圍內。第一章之圖 1-1 的〈自我的曼陀羅模型〉是在某一特定時間點上，個人心理力場中所感受到的主觀衝突。用泰勒在其扛鼎之作《自我諸根源》　書中的概念來看（Taylor, 1989），它可以說是洛克所謂的「精準自我」（punctual self），在時間上沒有延續性，是筆者以「多重哲學典範」為基礎，用西方「主／客」二元對立的離根理性（disengaged reason）所建構出來的。它本身只是個先驗性的形式架構（transcendental formal structure），但卻可以協助後續的研究者建構一系列的理論，而構成「儒家關係主義」的科學微世界。

▣ 集體潛意識

對弗洛伊德而言，潛意識是意識的殘餘，是被壓抑之廢棄物的儲藏庫。可是，榮格卻認為潛意識才是母體，它是意識的基礎。他將潛意識區分為兩個層次：表層的個人潛意識（personal unconscious），具有個人的特性，其內容主要是「情結」，包含：被壓抑的欲望、被遺忘的經驗，以及閾下的知覺等；深層的集體潛意識（collective unconscious），則不是來自個人的經驗，它是通過遺傳而先天地存在的，不是由個人所習得。個人潛意識一度曾經是意識，而集體潛意識卻從來不曾在意識中出現過，它是客觀的，跟宇宙

一樣的寬廣，向整個世界開放（Jung, 1936）。

用第二章之圖 2-2 的八面體來說，弗洛伊德心理分析探索的範圍僅及於正向金字塔底層的「個人潛意識」，而榮格心理學則要深入探討存藏於倒立金字塔中的「集體潛意識」。在他後來的職業生涯裡，榮格以他病患的表現，以及他自己的內省作為潛意識素材，深入探索夢與幻象的源頭，而逐步對人類心靈的普遍結構加以理論化。榮格認為，這種結構是每個人都有的，並非侷限於個人或某個病患。人類心靈結構的最深層，榮格稱之為「集體潛意識」。它的內容包含了普遍存在的模式與力量，他分別稱作「原型」與「本能」。就這個層次來說，人類並無個體特色可言。

☐ 自性化

在榮格心理學中，「自我」（ego）是意識的中心，「自性」（Self）卻是心靈超越的中心與整體（psyche's transcendent center and wholeness）（Stein, 1998）。為了要跟「自我」（ego/self）作適度的區分，我們可以大寫的 S 來指稱它。「自性」是個人人格的總體（totality of personality），它是把意識和潛意識包含在內的整個圓圈，超出所有自我意識的總合，不僅包含意識，也包含潛意識的心靈（unconscious psyche）。我們的意識不可能接近「自性」的邊緣，不管我們如何努力要加以意識化，「自性」的整體總是還存有許多尚未限定或無法予以限定的潛意識材料（Jung, 1928）。

「自性」的中心是「至善」，它是人格取向與意義的基型（archetype of orientation and meaning）。當個人的所作所為都朝向「至善」的中心時，他會覺得自己的生命充滿了活力及意義感。相反地，當個人的作為背離了「至善」的目標，他的生命便可能向下沉淪，而產生適應不良的困擾。當他反思自己的存在、調整自己的作為，使其朝向「至善」的目標，便可能產生療癒的效果。

「自性」是先天賦予個人的各種條件，它跟外在環境的交互作用，決定了個人生命的發展。在榮格心理學裡，「自性化」是指變成單一且均衡的存

在。由於「自性化」必須和個人內心最深處且無人可比的獨特性相容，它就成為個人獨特的「自我」。

以「自性」中的「至善」作為生活的目標，完整地表達出意識和潛意識命定的組合（fatal combination），稱為「自性化」。因此，可以說「自性化」就是走出「自我之道」（coming to selfhood）或「實現自性」（self-realization）（Jung, 1928）。這就是《中庸》開宗明義所說的：「天命之謂性，率性之謂道，修道之謂教。」

第二節　「緣起性空」與「佛性」

對於榮格的「自性」理論有了相應的理解，便可以進一步討論張蘭石等人在這兩篇論文中所提出的各項問題。在〈黃光國難題再三問：如何定義自性、如何修養、如何進行社會科學研究〉一文中，張峻嘉等人針對夏允中所提出的「無我理論」（Shiah, 2016）質疑道：

> 夏允中嘗試建構含攝佛教智慧的現代心理學理論，在「內在超越」向度上，依據黃光國「自我的曼陀羅模型」而將「自我」導向佛教所追究的「無我」（如圖 11-1 所示），建構了無我理論（non-self theory）（Shiah, 2016）。雖然夏允中建構了第一篇完整心理學的無我理論，在夏允中所建構的模型當中，也能夠看出其僅以「無我」為修養之究竟。然而，「無我」僅是佛教修養之核心方法，夏允中完成的「含攝佛教的心理學理論」僅是「方法學上的含攝」，尚未包含「存有論上的含攝」，也仍未說明從「自我」到「無我」之歷程。所以，仍未解決「何為佛教修養之道的果位與方便法」。因此，跟黃光國與陳復所面臨的難題一樣，夏允中的理論仍沒有解決「自性與修養兩難題」。

◙ 從「自我」到「無我」

然而，從「自我」到「無我」的歷程是什麼？究竟什麼是「佛教修養之道的果位與方便法」？針對這個問題，陳泰璿等人在〈黃光國難題：自性的有無〉一文中，有一段十分重要的論述：

> 要說明無自性，就要先知道什麼是自性？正如宗喀巴引《入行論》所說：「未觸假設事，非能取事無」（釋法尊譯，1993，頁410），意即，當我們還沒有探究所假設的事物時，不能輕易斷言說沒有。所以提到「無自性」，就必定要先去了解所謂的「自性」是什麼，接著去探究這個「自性」。
>
> 因此，第一個部分是先了解什麼是「自性」。所謂的自性是一種「不依賴任何事物的本質」，因為宗喀巴引《四百論釋》說到：「所言我者，謂若諸法不依仗他，自性、自體，若無此者，是為無我」（釋法尊譯，1993，頁464）。這「所言我者」的「我」並不是一般我們所說的自我，而是指「自性」（藏文：རང་བཞིན།）。也就是說，「自性」就是不依賴任何事物而恆常獨立的一種本質。

這個問題涉及佛教有關「緣起性空」的基本教義，從這一點繼續深究，就一定能及「真空妙有」。這是涉及「中西會通」及「儒佛會通」的根本大問題，必須一層層地細加深論，不可輕易放過。首先，筆者要談的是佛教「緣起性空」的基本教義。

◙ 眾因緣生法

印度佛教之興起，在理論上可以看作是對古印度傳統的革命性抗拒及否定。古印度傳統的吠陀思想，如《奧義書》所代表者，雖然有種種演變，莫不承認「外在實有」（external reality）；但釋迦所說的「原始教義」，一開

始即否定外界任何獨立之「實有」，而只將人之「主體性」視為最後的根源（勞思光，1986）。

釋迦逝世後，弟子分為「上座」及「大眾」兩部，是為「部派教義」。到了西元二世紀，龍樹興起，宣說「中觀」（Madyamika）及「空論」（Sunya-Vada），於是進入「大乘教義」時期。西元四世紀，無著（Asanga）及世觀（Vasubandhu）兄弟建立「唯識論」（Yogacara），是為大乘佛教的第二階段。

「緣起性空」並非否定人有「主體」的存在。原始佛教所說的「三法印」（有漏皆苦、諸行無常、諸法無我）和「四諦」（苦、集、滅、道）都承認：人有作為「主體」之「經驗自我」（empirical self）或「現象自我」（phenomenal self），但這「經驗自我」或「現象自我」乃是「眾像合和」的「假我」。佛說「三法印」或「四諦」中的「滅」諦，便是要人透過自覺之努力，而成為有「最高自由」之「真我」。其方向則是透過各種修符（「道」諦），而達到佛教經論中常見之「解脫」（Mokka）或「涅槃」（Nibbana）。所謂「解脫」，是對「束縛」而言；所謂「涅槃」，則是對「生死」而言。因此，佛教所說的「無我」皆是對「假我」的否定，而並非完全取消「主體」，否則「三法印」及「滅」、「道」二諦將完全不可理解。

被尊為佛教「八宗共祖」的龍樹在他所著的《中論》裡，寫了一首著名的偈頌：

> 眾因緣生法，我說即是無，亦為是假名，亦是中道義。未曾有一法，不從因緣生；是故一切法，無不是空者。（《中論‧觀四諦品》第二十四）

在這首偈頌中，龍樹把「空」定義為「因緣生」，而且還說，「空」有時又叫「假名」，有時又叫「中道」。為什麼佛教認為「因緣生」的事物一

定是「空」的？為什麼「空」又叫「假名」或「中道」？對這兩個問題，青目（Pingala）作了進一步的解釋：

> 眾緣具足，和合而生物；是物屬眾因緣，故無自性；無自性，故空。空亦復空。但為引導眾生故，以假名說。離有、無二邊，故名為中道。是法無性，故不得言有；亦無空，故不得言無。（《中論‧觀四諦品》第二十四）

上述引文顯示：佛教之所以認為因緣所生的事物是「空」，原因在於這些事物沒有它們自己的內在本質——「自性」（svabhāva）。因此，佛教所謂的「空」，就是「自性」的不存在。在此「自性」一詞，是由sva與bhāva兩個梵文字所組成的。sva有「自我」（ego）、「自我」（own）、「靈魂」（soul）等幾個不同意義，有時還可以指稱婆羅門教的「神我」（ātman）。bhāva一詞則有「自然」（nature）、「存有」（being）、「存在」（existing）、「常住」（continuance）、「真實」（reality）等不同意義。因此，所謂「自性」，是指事物內在真實不變的本質。龍樹所說的「空」，就是否定這種意義的「自性」（楊惠南，1988）。

為了說明因緣所生的事物沒有「自性」，青目在上述引文中的解釋是：「眾緣具足，和合而生物；是物屬眾因緣，故無自性。」由各種條件（因緣）所產生的事物，都是附屬或依存於這些條件，即所謂「是物屬眾因緣」，所以這些事物沒有自己內在真實不變的本質。更清楚地說，事物既然是由各種條件所生，當這些條件變化時，事物也必然跟著變化；如此一來，事物就不可能有內在而真實不變的本質。所以，龍樹以為，凡事因緣和合所生的事物，都是「空」的（無自性的）。

□ 真空妙有

原始佛教主張的「緣起性空」，指涉的對象是包括「人」在內的一切事

物，所以說：「眾緣具足，和合而生物」，「是物屬眾因緣」。針對這樣的議題，先秦儒家諸子也作過類似的討論，但他們論述的方向，都是朝向於「有」的方向思考，與佛教完全相反。《論語・公冶長》上記載，子貢曰：「夫子之言性與天道，不可得而聞也。」孔子去世後，儒門弟子分為八派，對於這個問題各有見解，傳到戰國時代，《孟子》上又有了這樣的記載：

> 告子曰：「生之謂性。」孟子曰：「生之謂性也，猶白之謂白與？」曰：「然。」「白羽之白也，猶白雪之白；白雪之白，猶白玉之白與？」曰：「然。」「然則犬之性猶牛之性；牛之性猶人之性與？」

對於告子所說的「生之謂性」，曹魏時期的何晏在《論語集解》中的解釋是：「性者，人之所受以生者也」；南朝梁皇侃在《論語義疏》中的說明則是：「性者，人所稟以生也」。不論是「所受以生」或是「所稟以生」，都是指先天傳承而得的稟賦，例如：孟子所說的「人之性」、「牛之性」等，都是指人之所以為人、牛之所以為牛的屬性。這種「性」看起來好像具有不變的本質，但佛家並不以此為然，因為它仍然必須隨因緣而生，譬如鳩摩羅什所譯《大智度論》：

> 諸法性常空，假業相續，故似若不空。譬如水性自冷，假火故熱。止火停久，水則還冷。諸法性亦如是。未生時空無所有，如水性常冷。諸法眾緣，和合故有。如水得火成熱。

▣ 「稟受」與「客體」

先秦儒家是從「所受」或「所稟」的角度來思考「性」，龍樹和鳩摩羅什卻是從「客體」的角度思考其性。作為主體的對象即為「客體」，如人、

冰、金等，都可以成為主體認識之對象，而「客體」之不變者即為其「性」。

人必須透過六根以掌控事物的客體，並透過歸類以界定其本性，如人性善、冰性寒、金性堅等，一般人認為這是「客體」之不變者。但水若受熱，其性就會轉變成為沸湯，「止火停久，水則還冷」，換言之，一般人所認知的客體，如形體、物體、身體等，這些佛教所謂的「諸法」，卻是「諸法眾緣，和合故有」、「諸法性亦如是」，依因待緣而成為有。所以針對這些「有為法」之存在狀態所界定的「性」，亦只是因為各種因緣的集合，「假業相續」，讓人們誤以為這種「性」是一種穩定不變的狀態。當周遭的因緣發生變化時，諸法也會隨之變化。故諸法非實相，諸法之性也不是真正的性。正如《大智度論》所言：

> 性名自有，不待因緣。若待因緣，則是作法，不名為性。諸法中皆無性。何以故？一切有為法，皆從因緣生，從因緣生，則是作法。若不從因緣和合，則是無法。如是一切諸法不可得故，名為性空。

「一切有為法，皆從因緣生」，「若待因緣，則是作法，不名為性」，「如是一切諸法不可得故，名為性空」，所以《金剛經》說：「一切有為法，如夢幻泡影，如露亦如它，應作如是觀。」「有為法」如此，那「無為法」呢？

◉ 漢語與梵語

林永勝（2013）指出，古漢語的特徵是單音獨體、沒有明顯詞類區隔、無詞型變化、有句法但沒有嚴格的文法結構。相對之下，屬於印歐語系的梵語則是一種曲折語，其詞型、文法的變化十分繁複。梵語的名詞有三種性、三種數及八種格的型態變化，形容詞、代名詞的變化與此相同；動詞則有三種性、三種人稱、六種時態、三種語態、四種語氣的型態變化。而且梵語常

將許多詞彙連結而成較長的複合語，比其他印歐系語言更複雜。這種語言特性，讓古代的印度人在認識外在世界時，對事物的差別會進行非常細膩的區分，並以之作為基礎進行抽象的思考，以掌握繁複詞彙背後的共同之處。在這種思維方式下，產生的吠陀與佛教經典建構出十分繁複的世界觀，並提出許多認識繁複世界的背後實相之方式。

依照林永勝（2013）的考察，當梵語使用者以「是否有生滅」對「dharma」（法）這個概念進行區分時，就會建構出「samskrta-dharma」（有為法）和「asamskrta-dharma」（無為法）這兩個詞彙。然而，結構相反的這兩個詞彙，其意義並不是像漢語使用者所想像的那樣正好相反。更清楚地說，「有為法」的對反並不是「無為法」，而是「法性」或「佛法」。

在《漢魏兩晉南北朝佛教史》中，湯用彤、藍吉富（1983）指出，在佛教傳入中國之初的漢代，西域與中國交通日漸頻繁，西域諸胡定居中國者日漸眾，而開始有漢譯佛經的需求，古漢語及梵語這兩種語言與世界觀，也開始有正式交涉。由於當時的佛經研習者仍集中於在華的胡人群體，因此翻譯方式偏向於將沒有對應漢語詞彙的梵文直接進行音譯。到了晉朝，由於漢族士人對佛教義理的興趣者逐漸增多，佛教徒也想將其義理傳入漢人的文化圈，因此開始出現所謂的「格義佛教」。當時的譯家用中土流行的用語，尤其是道家的概念，來轉譯佛教的語彙。

▣ 「法性」與「佛性」

不同民族之間的文化交流時日久遠，彼此了解更加深入，才開始有人仔細探究外族思想的源流曲折，設法做出相應的理解及翻譯。

舉例言之，西晉竺法護所譯兩卷本的《佛說方等般泥洹經》，未曾使用「性」字；而東晉法顯所翻譯的六卷本《大般泥洹經》，則使用了 183 次的「性」字，其中多次提到「法性」、「佛性」，即可看到佛教徒對「性」字意涵的開發。林永勝（2013）指出，法顯的「法性」一詞，譯自「dharmatā」一詞。在梵語裡，陰性抽象名詞「dharma」（法）是勝義的法，指佛陀的經

教，其意義與「有為法」相反。這個字加上表示性質、狀態的語尾 tā 所構成的詞語「dharmatā」，才是指不受因緣影響的真實本體，因為它具有真實不變、超越因緣的語意，所以法顯將其譯為「法性」。

至於「佛性」一詞，則是譯自「buddha-dhātu」一詞。這是「buddha」（佛）與「dhātu」（界、領域）兩個詞語所構成的複合詞，是眾生修行所能成就的最高境界，它是存在的本爾狀態，此時世間的一切法都成為佛智慧如實觀照的對象。經驗界的一切概念，如生滅、因果、來去等，均一無所用，所以亦名為「真如」。這個名詞本來可依其字面意義直譯為「佛界」，因為它蘊含著眾生的存在根據，具有真實不變、自為因果的意涵，所以法顯將其譯為「佛性」，並在此部譯經中提出「一切眾生皆有佛性」的名言。

真實的本體必然是在眾緣和合之前的狀態，這就是所謂的「無為法」或是超越無為法的佛（或說「法身」）。而在以法、佛作為本體的的意義下，所歸結出的不變異者，就是「法性」與「佛性」。這兩個譯語，開始出現於法顯的譯經中。《涅槃經》在中土受到重視，即是因為其中的「佛性」之說。

▣ 「儒佛會通」的關鍵

佛教傳入中國後，經過三國、兩晉與南北朝的長期講論，終於在隋唐時期出現中國佛教徒自創的宗派，包括天臺、華嚴、禪宗三支。天臺宗是印度佛教「般若」一系之發展；華嚴宗是「唯識」一系之發展；禪宗則不依一定經論，亦不重視宗教傳統，所以稱為「教外別傳」。依照勞思光（1986）在《新編中國哲學史（第二卷）》中的分析，中國佛教三宗之教義，有以下三點共同之處：

第一，三宗之教義皆屬「真常」一系。印度佛教《法華》、《涅槃》、《華嚴》諸經所創立的「佛性」、「法界」等教義，在印度並未流行，但在中國自創的佛教三宗中，則成為重要的基本論述題材。

第二，三宗之說才重視「主體性」，與中國本有的儒、道二家哲學在「肯定主體性」上類似，但亦有所區別。儒學之「主體性」以健動為本，其

基本方向乃在現象界中以德性生活及文化秩序開展主體自由。道家之「主體性」以逍遙為本，其基本方向是以情趣境界即遊箴思辨「觀賞」萬像而自保其主體自由。佛教之「主體性」則是以靜觀為本，其基本方向是隨機設教、捨離解脫，以「撤消」現象界中「幻妄」之萬有。

第三，中國佛教三宗皆受中國本有之哲學思想或價值觀念的影響，強調德性之「自由」觀及「不息」觀。印度佛教有業報種姓之說，但竺道生倡「一切眾生皆得成佛」，肯定「主體」在德性方面有最高的自由，德行成就永無限制。

人之德性升降，既全由自主；人之德性成就，即無保障。「凡」皆可成「聖」；「聖」亦隨時可下墮成「凡」。印度佛教原本有「不退轉」之教義，以為人之德性自覺到某一程度，便可保障自身不再墮落，但中國佛教則承先秦儒家「不息」之義，而接續發揮。

以上之析論顯示：佛教進入中國之後，中國佛教徒必須改變儒、道二家原本肯定「外在實有」之認知結構，以「接納」（accommodate）印度佛教對於「外在實有」之否定；另一方面，中國的高僧也要強調並改造印度佛教的某些原始教義，使其容易為中國佛教徒原有的認知結構所「同化」（assimilate）。這樣一來，才能讓將印度佛教「轉化」（transform）成為「中國佛教」，而比較容易為中國信眾所接受。這兩個問題可以說是「儒佛會通」的關鍵，必須分別加以析論。

第三節　東西文化的對比

我們可以從榮格自傳中所述他對「自性」探索的歷程，來突顯東西文明的差異，藉以說明：要改變華人文化傳統中肯定「外在實有」的認知結構，以接納佛教對「外在實有」之否定，其實並不太難。

在榮格自傳「序言」的開始，他說：「我的一生是一個自性中的潛意識充分實現的故事。潛意識中的一切竭力要表現出來，人格也強烈要求從其潛

意識狀態中成長，並以整體的方式來經驗自身」（Jung, 1989）。這本自傳名為《回憶，夢，反思》，他反思的內容主要是他的潛意識，包括個人潛意識及集體潛意識中的「自性」。在這本書的「自序」中，榮格說：「我向來覺得，生命就像以根莖來延續生命的植物，真正的生命是看不見、深藏於根基的。露出地面的生命只能延續一個夏季，然後便凋謝了。真是有夠短暫！當我們想到生命和文明永無休止的生長和衰敗時，人生果真如夢！」

用榮格的這個比喻來說，深藏於根基中的「真正的生命」就是「自性」。「自我」意識所能及的範圍，僅只是「露出地面的生命」而已，而佛教《六祖壇經》也有類似的說法：「心地含諸種，普雨悉皆萌，頓悟華情已，菩提果自成。」「自性」中含有人生百態的種子，在眾緣和合的情況下，就會開出各種不同生命的花朵；如果能從花開花謝中，悟得「自性」，就可以證得無上智慧。

▣ 七重天

榮格一生的「實現自性」和佛教對於「自性」的觀點，看似相似其實卻蘊含東西文化的根本差異。這一點，從榮格〈對亡者的七次布道詞〉一文的內容已經可以看出端倪：在許多古老的宗教中，七都是非常古老的神秘數碼。在猶太教和伊斯蘭教的教義中，天有七重，第七重天是上帝及最尊貴的天使居住的至福之地。

在基督教傳統中，一個星期有七天，人可以藉由反省而獲得由簡單至奧妙的轉化，而達到七個層次的轉化，甚至可以得到再生。在《奧義書》中，提到練習瑜伽時呼吸的氣脈（breath channels），並稱之為「Nadi」。西元八世紀的佛教經典，開始提到身體中不同層次的「脈輪」（Chakras）。而在梵語中，「Chakras」的意思是「旋轉的光輪」。在瑜伽修行中，由生命能量帶動的「脈輪」，最重要的有七個。

《佛光阿含藏》中有〈七日經〉，告訴諸比丘，一日乃至七日出時，世間崩壞情形，希望他們了解「諸行無常」，「當患惡之，當求捨離，當求解

脫」。矗立在印尼日惹郊區的婆羅浮屠佛塔共有九層，一至六層包含「欲界」和「色界」，自第七層起則進入「無色界」。

▣ 超越的境界

榮格的〈對亡者的七次布道詞〉一文用比喻的方式，突顯出東方宗教和一神教的對比。在這篇文章的一開始，那群幽靈便說：「我們從耶路撒冷回來，在那裡沒有找到我們想要尋找的東西。」耶路撒冷是基督教、猶太教和伊斯蘭教的共同聖地，他們在耶路撒冷找不到的東西究竟是什麼？

第一次布道詞說：「我的布道始於虛無。虛無即是充滿。在一個無窮的宇宙裡，充滿並非勝過虛無。虛無既是空虛又是充滿」、「一種無限而永恆的事物不具有品質（qualities），因為它具有一切品質」、「這種虛無或充滿，我們稱之為 pleroma」、「其中沒有存在（being），因為有什麼存在的話，它就會具有種種品質，成為某物，而與 pleroma 相區別」、「pleroma 中一無所有而又擁有一切。思考 pleroma 總是毫無結果，因為這意味著自我消解（self-dissolution）」。

▣ 梵天與中觀

「虛無即是充滿」，「一無所有而又擁有一切」，這種弔詭的陳述其實是在指：個人生前與死後的一種不可思議的超越境界（state of transcendence）。在印度教中，個人修行的方向是要真正體悟到一切有限現象，包括所有人和事在內，都是出自於包羅萬象的「終極實在」或「阿特瑪」（Great Atma），又都無例外地終將回歸於此。關於這個境界，拉達克里什南（S. Radhakrishnan）博士曾有精闢的論述：

　　嚴格說來，我們是不可能對「梵天」（Brahman）作任何描述的。藉由沉默的苦行，我們才能知道：我們拙劣的描述和不完全的標準根本是無能為力的。《奧義書》中說：「萬事萬物在什麼地方

成為其自身？人應該思考什麼和跟誰思考？靠什麼我們才能知道宇宙的智者（universal knower）？」敘說性思考的已知和可知之間的二元對立已經被超越。「永恆的太一」（eternal one）是一種無限的實在，我們甚至不敢稱它為「唯一者」，因為「唯一」是一個源自世俗經驗的概念。我們只能說它是所有的二元性都經由「最高同一」（supreme identity）而完全消弭後，方能知道的非二元存在物。《奧義書》耽迷於否定的描述，宣稱實在（real）不是這個，也不是那個，它「沒有筋肉，沒有疤痕，沒有接觸過邪惡」，「沒有陰影，沒有黑暗；沒有內，沒有外」。《薄伽梵歌》中有許多段落支持《奧義書》的此一觀點。最高存在（supreme）被說成「不會現身，不可思議，不會變化」，「既不存在，又不是不存在」。這些矛盾的言詞，說明了經驗的決定項不適用於「最高存在」。「它不移動卻又移動，它相距甚遠卻又近在咫尺」。這些描述，說明了最高存在的雙重性，既是存在，又是變易；既是超越，又是內在的；既在世界內，又在世界外……。

前文說過，印度教和佛教的最大不同，是印度教肯定外在實有，但它仍然認為生前與死後的世界是不可知的。佛教主張「緣起性空」並否定外在實有，因此在佛教經典裡，也可以看到許多類似的弔詭陳述，但佛教卻不只是用它來描述「生前」、「死後」，而是以之否定整個外在實有，如《般若波羅蜜多心經》所說的：「色不異空，空不異色；色即是空，空即是色」；或《金剛經》中所說的：「我說莊嚴佛土，即非莊嚴佛土，是名莊嚴佛土」；「般若波羅蜜，即非般若波羅蜜，是名般若波羅蜜」；「世界，即非世界，是名世界」，都是同樣的弔詭陳述。在佛教中，認識到世俗對於上述語句有關「莊嚴佛土」、「世界」或「般若波羅蜜」的正面敘述，都是虛假的，即在修「假觀」；認識到這一切「即非莊嚴淨土」，是在修「空觀」、修一個「無」字。「莊嚴佛土，即非莊嚴佛土」，「亦空亦有」，既「有相」又

「無相」，兩者同時相等存在，則是在修「中觀」，這其實就是〈對亡者的七次布道詞〉一文中所說的「pleroma」。

▣ 作為「被造物」的人

榮格的第七次「布道詞」，描述了一神教信仰和東方宗教的根本不同，在於一神教信仰相信：在「人」之外，尚有「超越的」「造物主」存在。在第七次布道詞中，榮格說：「被造物不在 pleroma 之中，而在其自身。pleroma 即是被造物的終點」、「然而，我們就是 pleroma 自身，因為我們是永生和無限的一部分」、「但我們並未藏有 pleroma，因為我們已經永遠地離開了它；不僅從精神上或肉體上，從本質上亦復如是，因為作為受制於時間和空間的『受造物』，我們的本質上已經和 pleroma 不同」。

在東方宗教中，「梵天」和「阿特曼」（真我）是「天人合一」的，但是在一神教信仰中，「造物主」和「被造物」在本質上截然不同。〈對亡者的七次布道詞〉一文說出了一神教信仰外在超越之「造物主」所導致的困境。在第六次布道的結尾，亡者說：「別再談神、鬼和靈魂了。這些我們早就知道了」，「告訴我們人是什麼？」「人是由神、鬼和靈魂構成的外在世界通往內在世界的一道門。從大世界進入小世界，人雖然微小而短暫，他已經在你之後，有朝一日你會發現自己在無邊無涯的空間中，在小而最內裡的無限之中」；「這就是這個人的神。這就是他的世界，他的 pleroma，他的神性」；「在這個世界，人變成了 Abraxas，自己世界的創造者和摧毀者」。

▣ 「三位一體」的教義

在榮格早期的作品〈對亡者的七次布道詞〉一文中，他用隱喻的方式，表達出他潛意識中對西方一神教信仰的懷疑。後來在〈對三位一體教義的心理學分析〉（A psychological approach to the dogma of the Trinity）一文中（Jung, 1942），他又仔細考察巴比倫、埃及、希臘等東方宗教，發現早在基督教誕生數世紀前，他們就有類似「三位一體」（Trinity）的信仰。西元 325

年，羅馬皇帝君士坦丁大帝召開第一次基督教大公會議（後世稱為第一次尼西亞公會議），通過《尼西亞信經》，公認耶穌（聖子）和聖父在本質上完全相同（homoousios），但並沒有提及聖靈的問題，而成為爭端的開始。

按照當權教派主張的正統觀點，三位一體的奧秘是人類有限的理性所無法理解的，在人的有限經驗上，沒有類似的事可作比擬。西元 380 年，羅馬皇帝狄奧多西一世正式宣布基督教為羅馬帝國國教，並在次年將《尼西亞信經》確立為「國家標準信仰」，反對三位一體教義的人被判為異端，有的被直接處死，甚至死於火刑。

此一鬥爭持續了數百年。直到中世紀，教會用各種方式解釋教義，才完全確立三位一體的教義，但反對聲音仍零星出現。馬丁路德發起宗教改革後，對於三位一體的不同解釋形成基督教的不同教派，彼此互相攻訐，始終無法獲得一定的結論。

▣ 「三位一體」的心理分析

榮格從心理分析的角度認為，三位一體是基督教中的一種「原型」，它是由聖父、聖子和聖靈所組成。首先是「聖父」，邏輯上隨後的是「聖子」。「聖靈」在邏輯上既不跟著「聖父」，也不跟著「聖子」，它是「建立在不同前提條件上的特殊因素」，是「不依賴於身體而存在的一種靈魂」，它從「聖父」和「聖子」那兒來的過程，是「靈感」（inspiration）而不是「出生」。由於「聖靈」表達的是人類未知的心理事實，它跟從潛意識產生的任何東西一樣，都是不完整的。

在榮格看來，任何「原型」都包含對立的兩個概念，例如：善／惡、陰／陽、大／小等，透過矛盾的「對立一體」（union of opposites），才能形成統一的整體。從這個角度來看，榮格認為「三位一體」教義的不完整，源自於現在它把女性因素和人類心理因素的陰暗面（即「惡」）排除在外。在他看來，基督教的「三位一體」是不完整的，從人類潛意識中產生的「四方位體」（quaternity）的宗教象徵，才是合理的。

第四節　「儒佛會通」

　　從前兩節的析論中，我們已經可以看出「儒佛會通」的關鍵點，以及「中西會通」的必要性。在質疑陳復（2016）對「黃光國難題」的提問時，於〈黃光國難題再三問：如何定義自性、如何修養、如何進行社會科學研究〉一文中，張峻嘉、夏允中、陳泰璿、張蘭石（2017）更進一步逼問：

　　　　陳復首先提出黃光國難題，就是質疑黃光國提的自我到底是什麼？他直截了當地指出：「因黃光國對『自我』的詮釋只有社會性意義，且從利益角度來詮釋儒家思想，沒有看見儒家思想特有的『心體論』（nousism）與『工夫論』（kungfuism），使得黃光國首先得解決自己預設的困境，才能幫忙我們解決『黃光國難題』」（陳復，2016）。進一步，陳復為了解決此難題，提出了「儒家心理學」的「心體論」。

　　　　筆者要藉由修正黃光國提出的「自我的曼陀羅模型」，來勾勒出儒家心理學有關於自我修養更清晰的發展脈絡，畢竟既有的模型其內涵不僅無法符合儒家思想的主軸觀念，甚且無法呈現佛家最高義理中的空性。筆者設計「朝向自性的自我輪轉模型」，其自我通過「德性」、「知識」、「實踐」與「慾望」這四大能量的匯聚與整合共同朝向自性（陳復，2018）。

　　然而，陳復的「朝向自性的自我輪轉模型」（如第十章之圖 10-2），仍未解決「自我到底是什麼」及「何為修養的步驟與方法」。

　　在筆者看來，陳復（2016）設計的這張「朝向『自性』的自我輪轉模型」，如果能夠改為「朝向『至善』的自我模型」，應當更能夠反映出儒家的修養理論（如圖 12-1 所示）。《大學》開宗明義地指出修養的「三綱

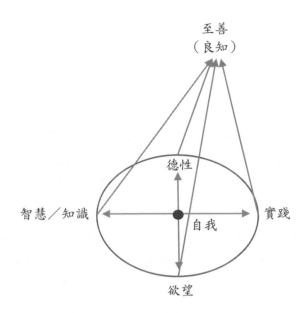

圖 12-1　朝向「至善」的自性模型

領」：「大學之道，在明明德，在親民，在止於至善」，用「立體的曼陀羅模型」來看，「三綱領」的意思是說：作為儒家的「君子」，在其生命中面臨重大抉擇的每一時刻，都應當「存天理，去人欲」，努力達到儒家對「做人」的要求，而寧可捨棄「個體」一己的私欲，實踐儒家所主張與「天理」相通的「自明之德」。如果一個人在其生命的歷程中都能夠經持這樣的原則，他將會感受到自己的生命境界像「立體的曼陀羅模型」那樣的一層層往「至善」的頂端方向提升。

　　了解了《大學》修養的「三綱領」，我們便不難理解：為什麼佛教傳入中國之後，佛教歷史上的高僧將它改造成「中國佛教」的幾個大方向。雖然儒、道二家都肯定「外在實有」，但要中國人接納印度佛教而否定「外在實有」的立場並不難。順治皇帝出家自嘆詩曰：「來時糊塗去時迷，空在人間走一回。未曾生我誰是我？生我之後我是誰？長大成我方知我，闔眼朦朧又是誰？不如不來亦不去，亦無煩惱亦無悲。」「長大成我方知我」，雖然儒

家從來不否認「主體我」的存在，但「來時糊塗去時迷」，只要想像生前死後的不可知，中國人就不難接受佛教「涅槃」之說。而儒家對於「道德主體」的重視，則使中國高僧自覺或不自覺地強調：「主體我」必須時時刻刻追求「至善」的「佛性」，念茲在茲，無有止息。

▣ 曼陀羅中的「自我」

對於「自我的曼陀羅模型」和榮格心理學所說的「自性」有了相應的理解，便可以回過頭來討論陳泰璿、夏允中、張峻嘉、張蘭石（2017）在〈黃光國難題：自性的有無〉一文中所提出的幾項重要問題。首先要談的是：曼陀羅中「自我」的意義。

> 張蘭石曾指出，「自我的曼陀羅模型」中的人、個體、智慧與實踐四力場之間具有「四句」結構，因此「自我」是「辯證性的存在」（張蘭石，2016）。基於「四重四句」的立體架構，「自我的曼陀羅模型」可發展出類似「胎藏界曼陀羅」形式的「自我修養的曼陀羅模型」，則曼陀羅中心的位置，便是「自性」；而這「自性」是作為辯證之終極的離言真諦，佛教有時權巧地稱之為真如（bhūta-tathatā）、佛性（Buddha-dhātu）或如來藏（Tathāgatagar-bha），並非榮格心理學的「本我」（「Self」除了「自性」的另一譯法）或宗教上的「神我」（張蘭石，出版中）。

這是個非常有趣的問題。筆者一向強調：「自我的曼陀羅模型」是個空洞的「先驗性形式架構」（transcendental formal structure），因為它「真空」，所以能夠「妙有」，尤其是其中社會學層次的「人」（person），可以依照研究者的旨趣，填入基督教的「三位一體」、佛教的「佛性」或「真如」、儒家的「君子」或「聖人」等。

榮格認為，我們的精神結構是依據宇宙的結構而設立的。在宏觀世界中

所發生的一切，同樣發生在無窮小和最主觀的精神範圍內。第一章之圖 1-1
的「自我的曼陀羅模型」是在某一特定時間上，個人心理力場中所感受到的
主觀衝突，它是筆者以「實在論」的科學哲學作為基礎，用西方「主／客」
二元對立的思考方式所建構出來的，其本身是個先驗性的形式架構（transcen-
dental formal structure），可以用來詮釋個人在其生活世界裡各個不同處境中
所感受到的心理張力。

▣ 主體的曼陀羅

　　在筆者看來，「胎藏界曼陀羅」中的每尊神佛，都可以作為「自我的曼
陀羅模型」中「一個自我的經驗軌跡中樞」。這張圖所要表示的是：雖然「自
我」在生活世界中的各個處境，都會感受到「個體」慾望及作為理想的「人」
之間的張力，如果他在生命中的每一時刻都能夠如宋明儒者所講的「存天理，
去人慾」，或者如佛家所講的那樣「心中有佛」，往「佛性」的方向採取行
動，則第十一章之圖 11-2 中「每一個十字交點都可以作為經驗軌跡的中
樞」，就如同千面鑽石，「每一面都是自我的現象」，每一個經驗軌跡都彼
此產生聯繫，並「達到橫豎兩對立場的均衡和諧」，逐步成就「立體的曼陀
羅模型」中圖形頂端所象徵的「終極圓滿」。

　　從這個角度來看，陳泰璿等人（2017）在〈黃光國難題：自性的有無〉
一文中所提出的「胎藏界曼陀羅」，和張峻嘉等人（2017）在〈黃光國難題
再三問：如何定義自性、如何修養、如何進行社會科學研究〉一文所提到的
「道次第學說」，其實都是要表達類似的思想。其問題最大的差別在於「胎
藏界曼陀羅」是平面的，而「道次第學說」則是以立體的方式，說明何底峽
的「三士道」，仔細說明從「眾生我執」到「至善」的詳細步驟。兩相比
較，不難看出：就理論建構的層面而言，「道次第學說」比「胎藏界曼陀
羅」精緻得多，也更為接近社會科學理論。至於這種理論如何能夠有助於個
人的修行，或者能夠如何幫助我們從事社會科學研究，那不僅是「黃光國難
題」，而是「我們的難題」了。

第五節　結論

　　本章的析論顯示：先秦儒家是從「稟受」的觀點思考「性」，所以陳復（2016）希望站在「有」的立場，發展「儒家心理學」的「心體論」；佛教則是從「客體」的觀點析論其「性」，所以張峻嘉等人（2017）希望從佛教的「性空」或「無我」的立場，談「修養的步驟與方法」。在此筆者要強調的是：除了佛教歷史上的高僧之外，西方科學家也是從「客體」的觀點，在析論事物之「性」，但他們的基本立場都是「實在論」，相信外在世界之「實有」，但不是佛教所謂的「真空妙有」。在陳寅恪（1992，頁 512）為馮友蘭《中國哲學史》所寫的審查報告中，有一段令筆者印象十分深刻的話：

　　　　至道教對輸入之思想，如佛教、摩尼教等，無不儘量吸收，然仍不忘其本來民族之地位。既融成一家之說以後，則堅持夷夏之論，以排斥外來教義。此種思想上之態度，自六朝時亦已如此。雖似相反，而實足以相成。從來新儒家即繼承此種遺業而能大成者。竊疑中國自今日以後，即使能忠實輸入北美或東歐之思想，其結局當亦等於玄奘唯識之學，在吾國思想史上，既不能居最高之地位，且亦終歸於歇絕者。其真能於思想上自成系統，有所創獲者，必須一方面吸收輸入外來之學說，一方面不忘本來民族之地位。此二種相反而適相成之態度，乃道教之真精神，新儒家之舊途徑，而二千年吾民族與他民族思想接觸史之所昭示者也。

　　在這段審查報告中，對於建立自主社會科學之目標而言，最為重要的一段話可以改為：「必須一方面吸收輸入外來科學哲學中各個不同典範之間的辯證關係，一方面用所謂『多重哲學的研究典範』建構『含攝文化的理論』」，我們便可能解決發展本土社會科學過程中所遭遇到的各項難題，例

如：以筆者所建構的「自我的曼陀羅模型」，輔以榮格心理學中的若干核心概念，便可以解決張蘭石（2017）所提出的許多難題。當然，我們還有許多尚未解決的難題，讓我們體會道佛教所謂的「求不待苦」。可是只要了解藏傳佛教「凡事認真，不必當真」的精神，或許不難「離苦得樂」吧？

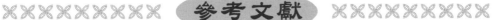

參考文獻

中文部分

林永勝（2013）。氣質之性說的成立及其意義：以漢語思維的展開為線索。發表於臺灣中文學會「漢字與中文學術傳統」國際研討會。臺中市。

張峻嘉、夏允中、陳泰璿、張蘭石（2017）。黃光國難題再三問：如何定義自性、如何修養、如何進行社會科學研究。（未出版之手稿）

張蘭石（2016）。四句的應用：心靈現象之多面向研究法。本土心理學研究，46，25-71。

張蘭石（出版中）。華人修養曼陀羅模型：華人殯儀傳統中「天」「鬼神」雙重信仰之機制的分析架構。本土心理學研究。（已接受）

梁恆豪（2014）。信仰的精神性進路：榮格的宗教心理學觀。上海市：社會科學文獻出版社。

陳泰璿、夏允中、張峻嘉、張蘭石（2017）。黃光國難題：自性的有無。（未出版之手稿）

陳寅恪（1992）。馮友蘭中國哲學史下冊審查報告，載於陳寅恪著，陳寅恪史學論文選集（頁283）。上海市：上海古籍出版社。

陳復（2016）。黃光國難題：如何替中華文化解開戈迪安繩結。本土心理學研究，46，73-110。

陳復（2018）。儒家心理學：黃光國難題正面臨的迷陣與突破。本土心理學研究，49，3-154。

勞思光（1986）。新編中國哲學史（第二卷）。臺北市：三民。

湯用彤、藍吉富（1983）。漢魏兩晉南北朝佛教史。臺北市：彌勒。

黃光國（2018）。內聖與外王：儒家思想的完成與開展。新北市：心理。

黃光國（無日期）。「自我」與「自性」：破解「黃光國難題」的「戈迪安繩結」。（未出版之手稿）

楊惠南（1988）。龍樹與中觀哲學。臺北市：東大出版社。

劉述先（1995）。**朱子哲學思想的發展與完成**（增訂三版）。臺北市：臺灣學生
　　書局。

釋法尊（譯）（1993）。**菩提道次第廣論**（原作者：宗喀巴）。臺北市：福智之
　　聲出版社。

英文部分

Freud, S. (1899). *The interpretation of dreams* (3rd ed.) (Trans. by A. A. Brill). New York, NY: The Macmillan.

Hwang, K.-K. (in press). *Inner sageliness and outer kingliness.* (In Chinese)

Jung, C. G. (1928). *The relations between the ego and the unconsious.* Collected Works of C. G. Jung (Vol. 7). Princeton, NJ: Princeton University Press.

Jung, C. G. (1936). *The psychology of dementia praecox (1906)* (Trans. by A. A. Brill). New York, NY: Nervous & Mental Disease Publishing.

Jung, C. G. (1942). A psychological approach to the dogma of the Trinity. *CW, 11* (1958), 169-295.

Jung, C. G. (1957). *The undiscovered self (present and future)* (1959 ed.). New York, NY: American Library.

Jung, C. G. (1969). *On the nature of the psyche* (Trans. by R. F. C. Hull). Princeton, NJ: Princeton University Press.

Jung, C. G. (1989). *Memories, dreams, reflections*. New York, NY: Pantheon.

Neumann, E. (1973). *The child: Structure and dynamics of the nascent personality*. London, UK: Karnac.

Shiah, Y. J. (2016). From self to nonself: The nonself theory. *Frontiers in Psychology, 7*, 12. doi:10.3389/fpsyg.2016.00124

Stein, M. (1998). *Jung's map of the soul.* NH: Carus Publishing Company.

Taylor, C. (1989). *Sources of the self: The making of the modern identity.* Cambridge, MA: Harvard University Press.

第十三章　破解黃光國難題：如何構築清晰的知識論策略

陳復

第一節　黃光國對中西本體論抱持著模糊態度

　　黃光國教授（以下簡稱黃光國）獲得臺灣大學的經費支持，原本由自己擔任《破解黃光國難題的知識論策略》這本書的主編，後來卻告訴筆者說：「我現在已經退休，你的路還很長，希望由你來擔任主編，做個起點，未來繼續發展我們這些年來論辯的學術議題。」筆者無法推辭黃光國的盛情厚意，只能堅持由我們兩人共同擔任主編，並親自校稿，來讓這本書有個圓滿的終點，讓大家了解《破解黃光國難題的知識論策略》這本書編輯的來龍去脈，並冀圖展望未來的起點。這本書除了筆者與黃光國外，共同作者還有臺灣大學林耀盛教授、閩南師範大學張蘭石副教授、高雄師範大學夏允中教授、玄奘大學陳泰璿與張峻嘉兩位碩士。

　　筆者係黃光國之外，最早仔細讀完整本書的人，針對這本書，筆者想順著每位學者的文章做個脈絡認識與思想評論，來當作本書總結。這本書是具有論文性質的合集，每篇文章後面都附有黃光國的答辯文，合計十三章。首先，由筆者的〈黃光國難題：如何替中華文化解開戈迪安繩結〉一文揭開全書序幕，這篇文章最早是筆者於 2015 年 11 月 7 日在臺灣大學召開「心理學第三波：黃光國教授『榮進』學術研討會」上宣讀的會議論文，並刊登在 2016 年的《本土心理學研究》第 46 期，「黃光國難題」就是在其間首度提

出，黃光國對此深表認同，並在稍後撰寫的《儒家文化系統的主體辯證》一書的第一章即闡釋這個難題（黃光國，2017），有關「黃光國難題」的觀念脈絡與論辯調性就此獲得確立。筆者在文中指出，黃光國講的「自我的曼陀羅模型」（mandala model of self），其「自我」只有社會性意義卻沒有終極性意義，殊不知「曼陀羅」（mandala）的本意是指宇宙森羅萬象且圓融內攝的本質，從該本質出發而成為個人匯聚與修持能量的中心點，象徵著心靈的整體性；有關該整體性的相關內容，筆者使用「自性」（the Self）來指稱（陳復，2016）。《儒家文化系統的主體辯證》一書中與「黃光國難題」有關的內容，筆者已做出回應（陳復，2018a），這裡就不再重複。黃光國後來再針對該篇論文撰寫〈「自我」與「自性」：破解「黃光國難題」的策略〉一文來回應，作為本書第二章，這篇文章可看出黃光國思想的飛躍性進展，尤其他開始正面承認「自性」（the Self）這個議題的客觀存在，並承認「自我的曼陀羅模型」與「人情與面子的理論模型」（theoretical model of Face and Favor）確實把中華文化傳統中的重要層面給「暫時擱置」，這點筆者要給其高度肯定。眾所皆知，黃光國童年經歷過國共內戰與國民政府遷台的巨變，這些戰後嬰兒潮一輩的中國知識分子，繼承清末民初五四的思潮，更面臨著臺灣物資短缺與百廢待舉的社會環境，如何用工業來重建家園就成為社會的主流思維，不只學術圈，甚至整個社會都具有濃厚自認的「務實取向」，這實屬長期存在的正常現象。這種「務實取向」在學術領域最鮮明的特徵，就是不只重視技術產業的研發，人文與社會科學領域會照搬西洋哲學的理論來套用到社會解釋，更常懷抱著強烈「實證論」（或稱實證主義，positivism）的傾向。何謂實證論？如果按照項退結所編譯由布魯格（W. Brugger）所著的《西洋哲學辭典》一書（項退結編譯，1989, p. 279）所說：「凡是要求任何科學必須可感覺到的事實做出發點，並自限於描述可感覺事實及其規律的哲學看法，這就是實證論。」這是種出自「實際驗證」為中心的哲學思想，只求知於經驗當作材料來證實某件可重複發生的事情為真，而拒絕再做任何形上學的思辨。殊不知，當西洋學術自身到二十世紀都已發展

後實證論（或稱後實證主義，postpositivism）的科學哲學各類觀點，我們如果還固著於十九世紀法國哲學家孔德（Auguste Comte, 1798-1857）的學說，這樣是否太過於抱殘守缺？

　　當我們冀圖思索如何依據儒釋道思想的共法，給出現代化的學術詮釋，藉此架構華人本土社會科學，「自性」就成為不可迴避的核心議題。由於在學術現代化過程中，「中西會通」實屬關鍵，黃光國即開始引用榮格的「八面體」（ogdoad）來描繪「自性」的結構，並認為這有益於我們認識「自性」到底是什麼。這點筆者早年已跟黃光國說明榮格思想對於我們探索自性的重要性，對於黃光國做此重大的觀念轉折，自然能理解與同意。然而，黃光國對自己轉引榮格的「八面體」來解釋自性有點語焉不詳，他表示榮格建構理論的辦法與自己不同，然而他本人對自性的議題到底有什麼看法呢？他只表示八面體由兩個對反的金字塔所組成，立體的曼陀羅是金字塔的上半部。下半部倒立的金字塔表徵「集體潛意識」，兩個金字塔間的「四方位體」，表徵出生那一剎那；上半部的金字塔表徵自出生後的生命。立體曼陀羅的六層底座，「智慧」的四方形：最上面是代表「慈悲」的圓形，其橫截面則是懸在其間的「自我的曼陀羅模型」，表徵個人生命中某一特定時刻「自我」置身的狀態。「自我」（ego/self）則位於各種力量匯聚的中樞，他並指出當「自我」以其「意識」回想他過去的生命經驗時，從出生到現在所有的生命經驗都儲存在他的「個人潛意識」裡（黃光國，2019a，頁36-37）。黃光國同意榮格指出要了解自性，就必須意識到包括個人潛意識與集體潛意識在內的全部潛意識內容，但如果要細論，黃光國並未承繼榮格對潛意識的詮釋，還是回到程朱理學與陸王心學的思想詮釋，甚至談到筆者提出的「冥契主義」（mysticism）如何體證本體與相應該有的修養工夫，藉此對比其內容與神秘主義（occultism）的不同（黃光國，2019a，頁51），殊不知這些義理都需要論證與體證，否則都只是照搬套路來說的外部知識，而不是瑞士學者耿寧（Iso Kern）探討心學時直指的「原初知識」（德文譯作 ursprüngliches Wissen）。黃光國快筆即將這些論點轉植成自己的意見，但是否有經過自己

思想脈絡的細緻消化呢？筆者不無疑問。再者，筆者提到有關黃光國對中華文化傳統的分析策略，曾經繪製了一張圖，黃光國使用該圖，去掉中間自己指出本來包容廣大的「多重哲學典範」（multiple philosophical paradigms），卻將其改成「結構主義」（structuralism），他說因為人類學者尋求表象裡的深層結構，這是西洋文化傳統，跟中華文化關注「陰」與「陽」的宇宙論，從中發展出來的有機論科學完全不同（黃光國，2019a，頁52-53）。既然如此，且不說黃光國是否對人類學者提出的「結構主義」有任何細緻的理論架構或實質的田野調查，依據這樣將「結構主義」置於中央脈絡而給出有關「觀念世界」（micro world）與「生命世界」（life world）的看法，筆者估計其旨在藉此說明「人類心智的深沉結構」具有無比重要性，結構主義側重對結構（交互關係）的認識，不甚關注探討本質的議題，這種著重人類文化表意系統（systems of signification）的釐清，其觀點跟黃光國主張「人類心智的深沉結構」並不見得相同，如何就能精確詮釋長期關注「天人合一」的中華文化，並使得該文化內學術的「微觀世界」與社會的「生命世界」獲得相互溝通呢？黃光國已發現實證論者在本體論（ontology）採取「極端經驗論」的角度，認為藉由感官經驗獲得的事實（empirical facts），這就是唯一的「實在」（reality），而科學家不需要在經驗現象的背後追尋任何造成該現象的原因或理由，然而他主張的建構實在論（constructive realism）與批判實在論（critical realism）如果能解決該問題，筆者覺得其關鍵點就在承認「建構的實在」（constructed reality）具有開放性，能按照理性的脈絡來詮釋「實在的自身」（actuality），再從中發現持續存在且獨立運作於我們知識外的實在結構（real structure），果真如此，則微觀世界與生命世界的中央脈絡需要「多重哲學典範」來展開對話與交融，而不是靠著已經有自身理論架構卻不見得合用的「結構主義」，不同大家各有不同說法，更何況黃光國主張「人類心智的深沉結構」到底是否具體符合任何一位西洋人類學家對應結構主義的什麼說法呢？他從未回答這個問題。據此，筆者覺得自己替黃光國梳理的觀點更具合理性，在「多重哲學典範」做支撐的人類主體與思想熔爐內，建構實

在論與批判實在論共同成為其主幹思想，使得微觀世界與生命世界獲得溝通，這才能精確指出黃光國帶給華人本土社會科學的精神資產。請見筆者曾繪製的「關係主義方法論」，如圖 13-1 所示（陳復，2017）。

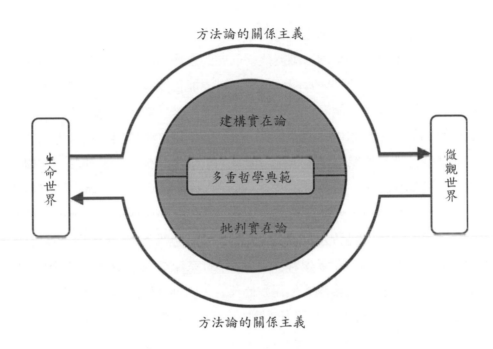

圖 13-1　關係主義研究法示意圖

林耀盛在本書第三章〈「榮進」之後：黃光國難題，我們的難題〉一文，首先引用社會學家鮑曼（Zygmunt Bauman, 1925-2017）的觀點，認為典型的「現代世界觀」充滿著「立法者」（legislators），其態度是建構各種理性的規範、準則與界限，然而我們置身於後現代社會，卻有太多問題需要「闡釋者」（interpreters），在各種現象裡展開應變詮釋，這種狀態卻在立法者的特設規範內，往往屬於受限而很難觸碰的領域或範疇（林耀盛，2019，頁68）。林耀盛徵引這個觀點，表示其的確看出這種角度與角色的差異，而且這更是此刻華人學術圈（尤其是在臺灣）存在的世代鴻溝。戰後嬰兒潮世代

經歷過戰亂（尤其是國民政府自大陸來臺灣），沒有前世代的包袱，對於社會重建很難不採取「立法者」的剛性角度，卻很難意識到當前社會經歷過戰後的重建，已經逐漸轉型到壁壘或疆域逐漸模糊的新環境，學術更需要有人採取「闡釋者」的柔性角度，做出跨領域的闡釋，而不再是採取特定單一學術的領域或範疇。而黃光國是否會是個例外呢？林耀盛認為，黃光國的科學哲學認識論採取實在為本體，屬於建構取向的客觀知識建構，其預設該建構可產生對生命世界的詮釋與實踐，但生命世界能否完全用科學哲學的客觀認識論作為指引？或者，微觀世界與生命世界並不是「知識與行動的張力」，而是相反的觀點，意即生命世界是認識論的優位性，引導出微觀世界的行動與實踐，進而使得科學被注入具生命能量的主張？林耀盛再延伸提問建構取向的實在論如何納入「詮釋實在論」（hermeneutic realism），其主張就是多重（科學）哲學典範，促發意義的多樣性，將傳統心理學從置身孤立脈絡解放，而不再拿客體化觀點去詮釋生活實體，因此心理學家只有將人類存有浸潤於意義脈絡，才有希望詮釋人們存有的完整性（林耀盛，2019a，頁70-71）。林耀盛提出的觀點頗值得我們注意，因為這就回到筆者向來指出有關微觀世界與生命世界需要有個溝通樞紐，黃光國如果主張「多重哲學典範」尚能具有「闡釋者」的柔性角度，但如果改成主張「結構主義」則會具有「立法者」的剛性角度。前者雖有中心，但其實去中心化，或對於後現代主義相互肯認彼此的處境知識更有益；後者如果成為中心，則就面臨該問題：究竟什麼是「人類心智的深沉結構」？這些內容如何能創造微觀世界與生命世界的對話？但不論秉持著何種角度，黃光國都有責任細緻解釋其為何會有這種主張，而不能大筆一揮說出主張，卻不說出理由。林耀盛認為，相比於楊國樞「從傳統到現代」的路數，黃光國則採取「從現代到傳統」的路數，儘管其可能係一種「傳統的發明或創造的道路」，這的確可說明兩人的差異，但本土知識是否具備「客觀性」的特設架構呢？林耀盛認為，天人合一的儒學觀，其傳統如何創造轉化，這當中的難題應該無法拿直接取用實在的知識論來當作理論保護帶的硬核。如果不採取理論的普遍性當作判斷的準繩，反而

著重於生命世界的實踐當作原則，並將理論視作「中途」的中介狀態，這可能更能契入多重實在，而發展出概念相應的「實在心理學」（林耀盛，2019a，頁 74-76）。這點筆者相當同意林耀盛的看法。西洋哲學有指向清晰且論證嚴密的本體論，中國思想對本體的認識並不是主客對立角度面向的實在，然而，如果我們願意階段性採取主客對立的角度來反思具有主客合一特徵的本體，則需要給出相應論述脈絡的本體論，而黃光國對中西本體論共同指向的「實在」抱持著模糊的態度，使得在他的思想裡，這個議題暫時無法繼續申論。

第二節　坦塔洛斯的困題：對心理學的再思反

我們的討論已觸碰長期被視為理所當然而不再有疑惑的課題，但到底何謂「心理學」（psychology）呢？林耀盛在本書第四章〈坦塔洛斯的困題：思「反」心理學，批判社群革「心」〉這篇論文裡，用寓言來提出被他稱作「坦塔洛斯的困題」（林耀盛，2019a，頁 79-80）：

「當心理學以實證主義所圍限的領域自居，抬頭仰望自然科學星空的渴望，卻遺忘自身的哲學基底的淵源。等到回頭探看自身紮根的母體土壤時，卻也早已遠離生活世界（life world）。如此的學科置身位置，如同坦塔洛斯（Tantalus）的處境。坦塔洛斯是希臘神話中主人宙斯之子，因洩漏天機，而被處罰永世站在水中，水深及下巴，上有果樹，想喝水時，水位即退；想吃果子時，樹枝即升高，是謂『坦塔洛斯的痛苦』。置身如此困題，是對某物渴望不可及的痛苦，卻感到無力改變現狀。如今，思『反』心理學研究，不僅是對於過往反思的逆反，亦即對於反思的再反思；更是反對實證主義心理學的單一判准，也保持批判精神。同時，如此的思

『反』，也是『返』回生活世界的一條路線。所謂的『反者，道之動』。進而，革『心』也不是一種反動修辭，而是發動一種格物致知的心理學議程，亦即重新思考什麼是心理學的古老探問。」

　　林耀盛指出，心理學（psychology）此字中的「psycho」字根是「psyche」，這個字在希臘語是「psuchě」，原意是靈魂（soul），中日兩國對於心理學的翻譯與理解，同樣有著靈魂甚至心性的內涵，最早有位署名執權居士的中國人於 1872 年在《申報》發表〈論西教興廢〉一文，討論西洋社會宗教受到科學興起而衰落的情況時，心理（學）一詞就首度出現；接著，日本學者西周在翻譯「mental philosophy」時使用「心理學」，其實是「心理上的哲學」的簡稱，對此顏永京則翻譯成「心靈學」；康有為則於光緒 23 年（1897 年）編的《日本書目志》中，有 25 本包含「心理學」一詞的書籍；梁啟超在〈讀《日本書目志》書後〉使用「心理」指稱「心理學」。康梁兩人當時對社會的巨大影響，確實發揮了開風氣先河的作用，其中梁啟超在光緒 28 年（1902 年）於《新民叢報》發表的〈介紹新著〉一文中主張，當日本人將英文「psychology」翻譯成心理學，將英文「philosophy」翻譯成哲學，兩者範圍截然不同，雖我輩譯名不需要盲從日本人，然其翻譯實「頗經意匠」，梁啟超的這一觀點得到當時中國學界的普遍認同。林耀盛由此脈絡指出，可知心理學本來是一門包含心性、靈魂與意志這些具生命感的領域，而深具文化的本土內涵，因此心理學探討的範圍本來應該包括靈性，而不是今天心理學狹隘認知的心理邏輯（psycho-logic），這種說法能讓我們發現當前心理學的發展不只背反中國思想的主體精神，更背反其自身的本來脈絡（林耀盛，2019b，頁 82-83）。而且，中國學者本來對心理學的理解，就覺得其與宋明儒學探討的議題有著大量交集，才會採取這類翻譯詞彙。如果回到坦塔洛斯的寓言，據筆者所知的坦塔洛斯並不是「洩露天機」，而是他「藐視眾神的權威」，而不惜烹殺自己的兒子珀羅普斯（Pelops），邀請眾神赴宴，藉此考驗他們是否真的通曉全部事情，因此宙斯震怒，將其打入地獄。當心

理學自詡自己已成為「實證的科學」，不惜拒絕本來有關心性、靈魂與意志這些議題，是否正陷落在「坦塔落斯的困題」而不自知呢？齊格（K. Danziger）具體指出，在 1879 年之前，人類藉由日常生活經驗，給出這些經驗具體意義，而展開理論建構的宣稱，這原本可被接受。但自從心理學晉升成為自然科學，就逐漸把研究範疇囿限在日常生活經驗之外，而直接假設研究者與被研究者間的獨立關係。然而，這種觀點正面臨重大質疑，即使在標準化或控制化的實驗程序中，知識的生產都同時包括研究者自身與其研究對象（意即原始資料給出的來源者），這使得研究對象不再理所當然被當作客觀的實體（Danziger, 1993），林耀盛據此指出：與其將心理客體當作「自然客體」，毋寧將其視作一種「社會客體」（林耀盛，2019b，頁 81）。

　　誠如林耀盛（2010）指出，當文化意識已經成為心理學的基本地景時，反倒需要逆反的策略，意即將心理學翻轉為從「心靈的考古學到文化的地景學」，再二度翻轉為從「心靈的地景學到文化的考古學」，而展開「文化思想考古」，從中「切問近思」，挖掘心理學屬於「歷史」的本來面目，辨讀深蘊的底層動能，將人的心理與行為重新安置在考掘還原的文化處境裡理解，這就是探討如何從傳統智慧覓得出口。他也指出，榮格的自性（Self）是建立在「集體潛意識」，包含曼陀羅心理原型的元神，而心學強調對良知良能的覺察，這是「個人意識」的格物致知，這包括：「意識／潛意識」、「個人／集體」、「原型性／無對象性」等不同層次的議題，彼此如何對話，這是未來心理學需要思考的「未思」地帶。雖然筆者覺得心學談良知並不僅僅在「個人意識」的這個層面，包括榮格指出的「個人潛意識」與「集體潛意識」都在良知指稱的範圍（這正是心學討論的自性可與榮格討論的自性獲得交集的原因），不過林耀盛作為心理學家能意識到這兩者（陽明心學與榮格心理學）可作為會通的橋梁實屬難得，他並指出有效達到中西文化的流動對話，首先得破除「文化自我中心的成見」，他相信中西互照的雙面鏡具有照妖的解蔽功能，一則可解除唯我獨尊的意識型態，二則可解放中心固著而走向跨域流動，這是一種創造性的開放過程，藉由「虛待」的智慧與「中庸」

的態度，面對心理學的「心性之幾」，打開心理學原本的生命情味的曲道，更是思想考古的當代化（林耀盛，2019b，頁 86-88）。筆者認為，這正是我們希望發展華人本土社會科學的原因，林耀盛在其論文中則稱其為「人文科學」，他覺得人文科學的焦點在於意義，但探究意義並不意味著人文科學取向不科學，而是涵攝人文科學需要「另一套科學的方式」。

黃光國在第五章〈「心性」與「文化的考古」：敬答林耀盛〉這篇論文裡，基本上完全同意林耀盛的觀點，不過他對於筆者主張的「歷史實在論」與「精神實在論」表示不同的意見。他認為，筆者這兩種實在論的最大特徵在於「生命世界」不再需要藉由任何實在論作為橋梁來與「微觀世界」展開交流，生命世界來自心體，通過歷史實在論與精神實在論有關於「實在範疇」、「真實範疇」與「事實範疇」的驗證（鍛鍊），面對森羅萬象的微觀世界，直接在實踐中選擇對應的微觀世界而詮釋來自心體的領會。他並認為，筆者所謂的「微觀世界」係個人主觀的微觀世界，並不是按照西洋科學哲學為基礎建構出來的「科學微世界」，他覺得這種在生命世界裡的「變易」中尋覓「不易」的傳統思維型態，和西洋學者採用「主客對立」的辦法建構「科學微世界」完全不同（黃光國，2019b，頁 105-106）。筆者不禁疑惑：為何黃光國始終無法承認心體有超越主客對立性的特質，且其只承認人類思維有「主客對立性」與「個人主觀性」兩種，並將其內容往筆者「個人主觀」的角度來詮釋，難道他從來不曾真實了解到中國思想具有「天人合一」與「主客合一」的特徵，其後來轉向發展的「自性」則真具有超越於個人的客觀性嗎？這個「謎底」，只有黃光國自己能回答。但是，他不但沒有回答，更沒有說明自己如何發展符合西洋主客對立思維的實在論，卻接著一滑轉過來開始反思自性，其運用榮格對自性的理解來解釋何謂自性，筆者認為，相關內容都可持續討論，但這些內容並無法證成其所謂的客觀性，其文末只是跟著林耀盛在呼籲我們發展一種向「未思」開放的心理學，卻完全沒有解釋自己為何覺得筆者的「歷史實在論」與「精神實在論」具有個人主觀性，筆者倒是可接著問下去：「如果黃光國不承認陳復主張的『歷史實在論』與『精神

實在論』超越個人主觀性，意即不承認我們能依據心體構築自成系統的微觀世界，請問黃光國最終將置『自性』於何地？」

黃光國對於儒家傳統修養觀念並不熟悉，使得他在各種基礎錯誤認知裡架構出有問題的自我修養理論，這對於其想發展具有文化視角的華人本土社會科學實有不利的影響。筆者在第六章〈修養心理學：黃光國儒家自我修養理論的問題〉一文中指出，黃光國架構「自我的曼陀羅模型」（mandala model of self）與「人情與面子的理論模型」（theoretical model of Face and Favor）來重新詮釋儒家思想，然而這兩個模型來自對人類自我普世性的認識，故只從庶人倫理（the ethics for ordinary people）的角度來詮釋中華文化，而沒有意識到周文化在型塑過程裡，長期有著「賢賢—上功」或「親親—上恩」這兩種不同治國策略的路線辯論。中華文化影響的社會素來由士人領導，不論民間傳統有如何作法，後世儒家真正的主張是藉由教育來導正「親親原則」，外加「賢賢原則」，並讓兩者都服膺於具有道脈意涵的「尊尊原則」，從而發展出「道義統攝利益」的關係主義，因此儒家關係主義的完整面貌實屬基於士人倫理（the ethics for scholarly people）而發展出來的「道義關係主義」，關注「天、人、物、我」這四大象限，產生各種不同的對應關係。黃光國對《大學》的工夫次第認識有誤，他並未對「止、定、靜、安、慮、得」有清晰解釋，尤其將《大學》與《中庸》的義理相互交錯解釋，卻因沒有精確梳理文本脈絡，使得其架構的儒家自我修養理論引發各種具體問題，尤其當黃光國聲稱「正心、誠意、格物、致知」係「孔門自我修養的工夫論」（黃光國，2019c，頁167），殊不知這其實本是「黃門自我修養的工夫論」（儘管內容尚未充實完整），怎麼會掛上「孔門」的招牌呢？本文除評論這些具體問題外，並指出自己的論點：士人倫理才是包括庶人在內都應當遵循的修養觀念，這個觀念的終點就是「成聖」。中華文化長期存在討論自性（the Self）的文化傳統，只有藉由當前學術語言來詮釋「成聖」的具體辦法，打通「微觀世界」（micro world）與「生命世界」（life world）的隔閡，關注中華思想（尤其儒家思想）特有的「心體論」（nousism）與「工夫

論」（kungfuism），才有儒家修養心理學可言，並有益於社會科學本土化的工作。黃光國在第七章〈由「關係主義」到「修養心理學」〉一文則回答：其「關係主義」確實只限於「人我」間的社會關係，並未考量「天」、「人」、「物」與「我」這四個層面（並不是層次）間的關係。黃光國把先秦儒家當作一個「文化系統」（cultural system）來看，他本來並不是要「恢復先秦儒家思想的原貌」，旨在解決儒家思想史上「良知理性」分裂的重大問題（黃光國，2019c，頁 146）。然而，黃光國首先應該論證：儒家思想史上「良知」與「理性」到底曾發生什麼分裂呢？從該篇論文內我們看不到任何答案，我們倒是看見他在梳理「朱王異同」，朱熹主張理學，與王陽明主張心學，兩人思想不同，卻自有淵源脈絡。王陽明終身在面對朱子思想不說，兩人有關八條目的思想共同源自於《大學》，而《大學》的次第就出自該書本文，豈能如此簡單被黃光國視作「良知理性的分裂」呢？黃光國不僅因顛倒《大學》次第的淵源而隨意擴大解釋朱王異同，甚至顛倒朱王異同本身，他說「自己切深感受的心路歷程比較接近於朱子」，並表示人的修養工夫應該是「正心、誠意、格物、致知」（黃光國，2019c，頁 174-179）。據筆者所知，朱熹誠然非常看重「誠意」（陳林，2015），他在《大學章句》說：「誠其意者，自修之首也」（朱熹，2016，頁 7），《朱子語類》同樣說：「更是大學次序，誠意為要」（黎靖德編，2011，頁 306）。但請注意：朱熹並沒有顛倒《大學》次序，他從未覺得「誠意在先，格物在後」（這是黃光國的看法），朱熹只是覺得「格物」和「誠意」這兩項工夫是修身治己的核心點和關鍵處。他說：「格物是夢覺關（格得來是覺，格不得只是夢），誠意是善惡關（誠得來是善，誠不得只是惡）。過得此二關，上面工夫卻一節易如一節了。到得平天下處，尚有些工夫。只為天下闊，須著如此點檢。又曰：『誠意是轉關處。』又曰：『誠意是人鬼關（誠得來是人，誠不得是鬼）』」（黎靖德編，2011，頁 298）。這些看法並沒有在變更其次序，人只有生命獲得醒覺才能得善惡，未能格物則如置身夢中，更不能知善惡，如果黃光國查閱《朱子語類》卷第十四到卷第十八，就會得知朱子如何詳細討

論《大學》的綱領與次序。當然，我們不能否認朱熹思想的原創性，他將《大學》古本區隔成「經」一章，「傳」十章，並按照「經」的論說次序，對「傳」直接展開調整，這引發王陽明的不滿，但兩人的觀點不同並不應該被簡化視作「分裂」，思想有異並展開辯論難道不是學術的正常現象？黃光國講「良知與理性的分裂」實在得要有更堅強的理據，尤其不能「打著朱熹反朱熹」，他要不就是具體闡釋自己為何會同意朱熹的看法，如果反對朱熹的看法，則請其仔細解讀朱熹的思想脈絡，拿出論證來具體反駁其說法，否則他不能說「自己切深感受的心路歷程比較接近於朱子」，卻自創「誠意在先，格物在後」的新說，更不能隨意給筆者安上「忠實的儒家捍衛者」與「王陽明的忠實信徒」這種不屬於學術語言的大帽子。任何人要架構自己的觀念前，都得要精確理解辯論對手的意思，通過回應質疑才能完成自身。

第三節　宗教研究本土化須面對的黃光國難題

　　這些討論持續深化，就會出現張蘭石在第八章〈文化傳承與典範轉移之一役：華人宗教研究上的黃光國難題〉一文指出（張蘭石，2019，頁183-200），華人在面對宗教信仰層面有別於機構化宗教（institutional religion），華人大多浸淫於傳統信仰文化中，卻不見得自認是宗教信徒，西洋文化在宗教學發展出來有關於「委身」（commitment）、「改宗」（conversion）與「世俗化」（secularization）的這些概念都不適用於解釋華人社會，因此在宗教研究層面需要展開相應的「典範轉移」（paradigm shift）。黃光國建構的「含攝文化的理論」（culture-inclusive theories），其目的在克服西洋實證論的侷限，故基於多重哲學典範（multiple philosophical paradigms）而源引巴斯卡（Roy Bhaskar, 1944-2014）主張的批判實在論與阿徹（Margaret S. Archer, 1943-）主張的分析二元說（analytical dualism），有關於前者，筆者已有相關討論，這裡暫時不談；有關於後者，張蘭石指出，阿徹將「文化

系統」（cultural system）區別於「社會—文化互動」（socio-cultural interaction）（Archer, 1988），故而能解釋社會變遷中的文化內部動能（Archer, 2000, p. 6），黃光國則藉由分析二元說的角度來直指馬克斯韋伯（Max Weber, 1864-1920）犯下「熔接的謬誤」，首先的極端是向下熔接的謬誤（fallacy of downwards conflation）：這一極端，在談因果機制時，會提出「物體化」（reified）或「本質化」（essentialized）的「結構」（structure），而視為獨立於「施為者」（agent）外的存在，因此忽略施為者的自主性，如某些主張原教旨主義（fundamentalism）的人，漠視「社會—文化互動」（socio-cultural interaction）的事實，執意選取某傳統經文來理解地緣政治（geopolitics）。張蘭石指出，其實西洋學術根據個人主義所建立的社會科學，不正同樣是個人主義文化的「物體化」（Hwang, 2011）？再者，極端是向上熔接的謬誤（fallacy of upwards conflation）：這一極端，在談因果機制時擱置結構而著眼於施為者，在社會現象中只著眼於個人的行動與意義建構，誤認能將巨觀現象化約為微觀現象來解釋（Archer, 2000, p. 5）。某些西方人對來自東方的宗教有著宗教恐懼症，錯用複雜因素下的恐怖主義來理解某宗教，例如：按照其對部分穆斯林行為觀察或量測指標來詮釋伊斯蘭文化，卻未探究《可蘭經》。張蘭石認為，冀圖預測人的行為甚至社會變遷的文化內部因素，就須能把握文化系統，探究文化系統內在結構中存在的各種機制（mechanisms），這就需要將「文化系統」（教義微世界）進而轉化為「後現代智慧」（科學微世界）。如何將儒釋道「文化系統」轉化為「後現代智慧」？依據黃光國的洞察，這必須依據「多重哲學典範」與「文化實在論」來建構「含攝華人文化的理論」。在黃光國的學術策略中，「建構含攝華人文化的理論」，便是「將儒釋道文化系統轉化為後現代智慧」；要建構華人自主社會科學，便須完成社會科學的典範轉移（張蘭石，2019，頁 184-187）。

張蘭石的闡釋最有意思者，莫過於將「黃光國難題」區隔成四個子議題來繼續追問，而成為其自成脈絡的「四句辯證」。該四句辯證的提問內容雖然不無值得商榷，然而這種架構已經構築清晰的知識論策略：第一道難題是

「含攝文化的理論」面對文化界的質疑，例如：其指出筆者是站在儒家立場來質疑黃光國主張「含攝儒家文化的理論」能否精確含攝儒家思想的神髓，這顯然應該包括其對於《大學》次第的認識有誤；又如：其舉佛教學者越建東始終關切被定位為「世俗諦」的「含攝佛教文化的理論」，其被理性化與客體化而建構為系列理論的過程中，是否會失去某些「佛法宗旨」（真諦），最終能否完整傳承佛法而切實導向「勝義諦」？他認為這種質疑幾乎得說暫時無解，意即無法在一時間論斷（張蘭石，2019，頁 191-192）。不過，筆者與越建東是各自站在儒佛本來的學術脈絡來討論問題，這是否適合被稱作「文化界的質疑」呢？並且，越建東質疑黃光國對佛法的詮釋觀點屬於「世俗諦」，不見得能完整導向佛法的「勝義諦」，筆者則質疑黃光國對儒學有關《大學》次第的詮釋有誤，如果要自創新說，則要精確指出舊說的問題，並指出新說的合理性，否則無法令人信服，這兩者置身的角度其實略有不同，主要來自儒學從來就是個「因革損益的學問」，只要能按照既有脈絡來合理詮釋，就能繼續擴充內容。

　　第二道難題是「含攝文化的理論」面對科學界的質疑。張蘭石徵引黃光國早年與北京大學社會科學系蘇國勛教授的辯論，蘇國勛認為作為科學發展前鋒的西方核心國家，科學哲學確實是思想史家或哲學家針對「科學史上出現的和發生影響的各種學說和理論」做出反思和評價所得的結果，但這並不是「科學工作者自身所用的」。黃光國則認為，對於像臺灣或中國大陸這樣非西方社會的邊陲國家，如果不了解其科學哲學的精神，充其量只能套用西洋各國發展出來的研究模式，蒐集一些零零碎碎的實徵研究資料，怎麼可能發展出自己的「本土心理學」甚或「本土社會科學」（黃光國，2010，頁19）？該關鍵質疑：若要在社會科學領域主張「科學研究綱領」作為發展策略，就要有社會科學史的事實。張蘭石指出，黃光國反駁該質疑的唯一方法，就是用自己的主張完成「將儒釋道文化系統轉化為後現代智慧」，藉由這個具體成果示範一個新的社會科學研究綱領的建立、檢討、調整與進化（張蘭石，2019，頁 192-194）。不過，筆者覺得這個質疑應該屬於「科學哲學研

究者」對於「科學哲學闡發者」的質疑，因為黃光國不只正在隨著自己新發展的觀點在解釋中國思想，更隨著自己新發展的觀點在解釋科學哲學，蘇國勛的質疑是否屬於「科學界的質疑」則有待商榷，畢竟並沒有任何嚴格意義的自然科學家正在參與這個討論，其用語有些簡化。並且，張蘭石覺得第一道難題屬於實在論的難題，而第二道難題則屬於實證論的難題，筆者不解為何這兩道難題可被連結到實在論與實證論，難道張蘭石的意思是說屬於哲學討論的議題（其實指內容是儒學與佛學），其範疇就屬於實在論；屬於科學討論的議題（其實指內容是科學哲學），其範疇就屬於實證論？這種分類區隔同樣會過度簡化。

　　第三道難題是「含攝文化的理論」中實踐如何與智慧會合。張蘭石指出，當夏允中依據「含攝文化的理論」這一進路提出的「無我心理學」（Shiah, 2016），就碰觸「智慧與實踐如何會合」這個問題。「含攝文化的理論」中作為終極真實的「自性」（包括「佛性」與「神性」），如何實踐於生活世界？這個問題其實就是在指「微觀世界」如何銜接「生活世界」？筆者素來都不使用生活世界，而將其稱作「生命世界」，這個用法其實更要指向生活的終極意義，但筆者尊重學者的不同用法。張蘭石指出，「科學微世界」（筆者對此專門只稱作「微觀世界」，張蘭石則常在行文間基於不同定義的觀念脈絡會交替使用）中的理論，必然採取主客對立的研究法來建立，那麼其如何能銜接生活世界中的修養工夫（主客間冥契與合一的境界）？他深刻指出，「含攝儒釋道修養文化的理論」若不能實踐，該如何檢驗？若不能銜接「微觀世界中的智慧」與「生活世界中的實踐」，就會被質疑是未能含攝完整的修養文化系統。因此，他建議黃光國建構「自我的曼陀羅模型」的靈感來源——婆羅浮屠的「曼陀羅」，本就是三維構面，這表示自我生命境界的逐步提升。在黃光國對「自我的曼陀羅模型」的二維詮釋中，「智慧」與「實踐」兩端互相牽制，「智慧與實踐的會合」似乎不可能；然而，若「自我的曼陀羅模型」的「輔助假設」能補充三維的建構，而說明從「自我」到「自性」的豎向發展，便可詮釋「智慧與實踐的會合」。當分處兩端

的「知識／智慧」與「行動／實踐」能會合於「自性」，科學微世界的主客對立思辨與生活世界的主客冥合境界便能相應。最後，張蘭石指出解開第三道黃光國難題，「含攝文化的理論」須能含攝儒學的「工夫論」或佛法的「道次第」（如宗喀巴的學說），這有待黃光國有關科學研究綱領系列理論的發展（張蘭石，2019，頁 194-195）。筆者細讀張蘭石的觀點，實感敬佩其背後深藏著苦心孤詣，冀圖「調解」筆者與黃光國的觀點差異，從中整合出更內容渾厚的華人本土社會科學，相信這是黃光國為何會後續發展出「自性的心理動力模型」的重要原因（其實，黃光國如果從辯證法的角度轉念一想，當會發現筆者前面講的「歷史實在論」與「精神實在論」可作為該模型提出自性的實在論基石）。

第四道難題是「含攝文化的理論」浩瀚的待建構空間。張蘭石指出，「含攝文化的理論」含攝的文化系統，必須是體系完整而概念間環環相扣，這指向更多有待建構的課題。在黃光國提出「儒家關係主體」與其「自我的曼陀羅模型」後，點出的待建構空間，比已建構空間更浩瀚。若尚未能呈現體系完整的「含攝儒（或佛、道）文化的理論」，便不能在工夫論層次體現「含攝文化的理論」的重大價值，如何充分填補「輔助假設」而呈現完整的「含攝儒家文化的理論」與「含攝佛教文化的理論」，並讓這些理論系統互相競爭與接受檢討？這是第四道黃光國難題（張蘭石，2019，頁 196）。筆者有個親身觀察，黃光國一輩子活在自己的「微觀世界」裡面，他強烈關注並探討理論議題，固然帶給學術界極寶貴的觀念資產，卻對人如何置身在生活裡呈現有點冷漠與無感的狀態（除了政治議題外），筆者從未聽聞他在言說間，對於身心修養工夫有任何關注與操練，如果該觀察屬實，這種侷限性或會使得他未曾深度體證儒釋道思想最核心的自性內涵，很難對自性修養該如何現代化有實質認識（並不只是理論層面的認識），自然更無法解決第三道與第四道難題，這其實才是我們最關鍵的思想差異，需要黃光國亟思突破。當前華人學術圈實在需要有學者願意如肯恩威爾伯（Kenneth Earl Wilber II, 1949-）寫出如《靈性復興》（*The Marriage of Sense and Soul*）（2000 年）、

《萬法簡史》（*A Brief History of Everything*）（2005 年）與《意識光譜》（*The Spectrum of Consciousness*）（2017 年）這類書籍（其目標首先在解決自身西洋文化二元對立的問題），來讓我們中華文化獲得更新轉化，並讓世界各國都能認識這個人類文明資產，並從中獲益。

　　黃光國對此四道難題的回答其實有些模糊，筆者很難清晰掌握其意思。他在第九章〈華人宗教研究的典範移轉〉這篇論文回答如下：首先，他覺得第一道難題屬於「文化系統」的難題，他受益於Archer的分析二元說，將文化系統（CS）和社會—文化互動（S-C）在分析過程中做出區隔，認同文化系統是由曾經存在的知識精英（existing intelligibilia）的著作全集所構成，卻指出先秦儒家思想並不足以說明儒家整體的文化系統（黃光國，2019d，頁209）。然而，還記得他在第七章〈由「關係主義」到「修養心理學」〉這篇論文卻說自己在思考「天」、「人」、「物」、「我」四個層次時把先秦儒家思想當作一個文化系統來看，並沒有要恢復先秦儒家思想的原貌（黃光國，2019c，頁146）。如果先秦儒家思想已被其視作自成一個文化系統，卻又不是儒家整體的文化系統，並且文化系統的機制來自於「知識精英的著作全集」（黃光國，2019d，頁208），再由其最新著作《內聖與外王：儒家思想的完成與開展》（黃光國，2018b）來檢視，難道黃光國的意思就是指儒家整體的文化系統當由其本人來詮釋完成？黃光國還說孔子晚年回到魯國，跟弟子共同寫《易傳》，希望把自己平日講學的內容「建立在堅強的形上學基礎上」，並表示「他還沒把話說清楚就過世了」（黃光國，2019d，頁209），請問：「形上學」（Metaphysics）本來是西洋哲學的概念，孔子當時並沒有這種類型的概念，如何有此意願，並且黃光國還能得知他沒有講出自己的形上學就壯志未酬身先死？當黃光國已徹底表明不想恢復先秦儒家思想的原貌，卻覺得自己在闡釋儒家整體的文化系統，不尊重既有的「文化型態學」（morphostasis），卻想發展出「文化衍生學」（morphogenesis），隨意解釋先秦儒家思想，這是完全的「別子為宗」，恐怕很難說服海峽兩岸儒家學者接受其說法，儘管因時空背景與語境脈絡的變化，「恢復原貌」本來就是不可能

且不實際的事情，然而「文化型態學」需要的是精確闡釋文化本原觀念，而不是瓦解再重構其觀念，依據該詮釋再接著發展「文化衍生學」，才有可能獲得長期研究與闡發中華文化相關學者的風行景從，否則黃光國跟韋伯製造的謬誤究竟有什麼根本不同呢？

有關第二道難題，黃光國將其與張蘭石本來提出的難題次序對調列為第一道難題，並說這屬於「實證科學」的難題，他對此只是簡單重申自己採取的策略旨在建構普世性的「自我」和「關係」的理論模型，他採取建構實在論的科學哲學作為基礎，建構出具有普世性的「人情與面子的理論模型」（黃光國，2019d，頁 206），對此筆者已有相關討論，暫時不再置論。有關黃光國對第三道難題的討論，記得張蘭石前面提出的問題很真實：「含攝文化的理論」中終極真實的「自性」（或稱佛性，或稱神性）如何實踐於「生活世界」？他深刻指出，「含攝儒釋道修養文化的理論」若不能實踐，該如何檢驗？若不能銜接「微觀世界中的智慧」與「生活世界中的實踐」，就會被質疑是未能含攝完整的修養文化系統。「科學微世界」中的理論必然採取主客對立的研究法來建立，那麼其如何能銜接生活世界中的修養工夫（主客間冥契與合一的境界）？黃光國完全明白張蘭石提出的問題，然而他持續在談自己在參觀印尼日惹市婆羅浮屠佛塔的經驗，他只表示：儒釋道三教合一的文化傳統，本來就以各種不同形式儲存於華人「社會知識庫」與「集體潛意識」中，當個人抱持「求道之心」立志學習，就會在個人的意識中形成系統性的「智慧相關知識」，儲存於「個人知識庫」中，而成為指引其「行動」的「個人潛意識」，當我們建構出「含攝文化的理論」，幫忙個人「悟道」後，在「生活世界」中以「知行合一」的方式，「實踐」源自其文化傳統的「智慧」時，他會感受到自己的生命境界像是置身在立體的「自我的曼陀羅模型」中逐級往上提升（黃光國，2019d，頁 213-214）。筆者認為，這些看法根本都沒有在回答張蘭石的問題，裡面充滿著觀點與觀點間不可理解的斷裂語言，例如：建構「含攝文化的理論」這種知識如何有可能會帶來「悟道」呢？黃光國如果覺得有可能，就應該講出具體的道理，更不用說其接著談的

相關內容（諸如誰會有什麼感受），都沒有理則的必然性。至於第四道難題，當張蘭石問如何讓不同系列的理論間能互相比較、檢討而進化其「科學研究綱領」呢？黃光國則表示自己用「多元哲學典範」（其實應該係指多重哲學典範）來建構「含攝文化的理論」後，已經由華人的「集體潛意識」進入到「社會知識庫」中，有志於建立華人本土社會科學傳統的學者，可將自己不同學術領域的背景視域（horizon）當作基石與硬核，繼續建構「儒家關係主義」的「科學研究綱領」（黃光國，2019d，頁 214）。筆者同意此論點，但請容這裡一問：如果黃光國當真看重自己主張的「多重哲學典範」，為何在《社會科學的理路》（第四版思源版）（黃光國，2018a）一書中不著重鋪陳其「空的架構」內含的深意，卻將筆者繪製有關「微觀世界」與「生命世界」的樞紐（屬於兩者溝通橋梁），其中央圖示的「多重哲學典範」撤除，改成「結構主義」呢（陳復，2019）？

第四節　自性的有無：佛學對自我修養的策略

陳泰璿、夏允中、張峻嘉、張蘭石常共同撰寫華人本土社會科學議題，並由夏允中擔任通訊作者，筆者常稱其為「夏氏研究團隊」，這裡再依循往例簡稱。夏氏研究團隊共同撰寫第十章〈黃光國難題：自性的有無〉與第十一章〈黃光國難題再三問：如何定義自性、如何修養、如何進行社會科學研究〉這兩篇論文。夏氏研究團隊指出：在榮格心理學中，「自性」是在「自我」外的意識與無意識協調者，是「自我實現歷程」的驅動者；人們的一生，都依「自我－自性的軸線」（ego-Self axis）來發展（Neumann, 1973）。榮格提出的「自性」在「原型」（archetype）的框架中，故並不是佛教說的「無我」（nonself）。當「自性」在實在論框架中被錯誤認知為「恆常獨立的存在」，這將使得「自我」更加鞏固，不但無法導向「無我」的修養，反而會產生更多環繞「我執」（藏文：བདག་འཛིན）的煩惱，他們覺得這是黃光國

提出「自我的曼陀羅模型」銜接榮格「自性」的說法會產生的難題，如果要解決該「自性難題」，就須主張「無自性」（梵文：niḥsvabhāva；藏文：རང་བཞིན་མེད་པ།）與「自性空」（梵文：svabhāva-śūnyatā；藏文：དགས་རེག）來談修養心理學（陳泰璿、夏允中、張峻嘉、張蘭石，2019，頁 224），唯有當我們放下對於「自我只有一個既定的經驗匯聚的中樞」這個執著後，每一個十字交點都作為經驗軌跡的中樞，如同星光閃爍，這就像是《華嚴經》中「帝釋珠網」的譬喻，網珠間能重重無盡相映；如同千面鑽石，每一個構面都是自我的現象。並且，每個經驗軌跡都彼此產生聯繫，當逐漸達到橫豎兩對力場的均衡和諧，便逐漸成就「自我的曼陀羅模型」中的圓形所象徵的終極圓滿（ultimate wholeness），這同時意謂著「自我－自性的軸線」所欲達到圓滿與全知的覺醒，而這就是佛教基於「無自性的自我」而建立的「自我修養之道」。夏氏研究團隊覺得「自我」有煩惱與自私，同樣有貪戀與道德，每一個不同的階段與心態，都是其「自我」透過不斷的對比而轉換經驗的軌跡。當我們沒有全觀，特別去尋覓某個修養的中心點（意即自性），這就已經陷入對「自我」的偏執中。夏允中研究團隊也指出，況且如果我們長期存在的思考型態，都是站在「去發現有一個自我的曼陀羅模型最終極的中心點（自性）」的角度去思考的話？會不會到頭來發現，所謂的「自性」只不過是自我的一連串經驗軌跡（十字交點）中的其中一個中心位置而已？如此一來，在不斷的自性迷思中，如何完成自我修養的建構？這會不得不陷入「自性的戈迪安繩結」中（陳泰璿等人，2019，頁 226-227）。相關論點，筆者已在〈萬法不離自性：誠意面對黃光國難題的答客問〉做出回答（陳復，2018b），這裡再稍做補充回應：筆者認為，夏氏研究團隊對於《書經・大禹謨》談「允執厥中」有些認知誤差，該「中」字並不是任何自我面向的中心點，更不是常人字面理解給出的「中庸」（兩個極端的平衡點），而是指人要把握住精鍊合一的心體，當我們對自性抱持著開闊的體證，反而能得出「無自我故有自性」。該文中徵引《華嚴經》有關「帝釋珠網」的譬喻，來自莊嚴忉利天王帝釋天宮殿有個「因陀羅網」（indra-jāla），或稱「帝網」，這

個「因陀羅網」用來比喻重重無盡「一多相即」的華嚴境，「相即」就是說全體現象的本體而言，有「空」的存在就能包容「有」的內涵，並且有「有」的存在就能證實「空」的容量。「真空」與「妙有」是個整體，空有兩者共構與互補，意謂著兩者都是彼此的因與果，這兩端同時「共空」或「共有」都絕不能成立，無法絕然對立，「空」與「有」是互為緣起且兩相無礙。既然「空有不二」，這就表示並不單純是「真空」生出「妙有」，「妙有」同樣生出「真空」，兩者相生與相成，當我們已承認有「空性」（śūnyatā），如何還能特別標舉說「自性」（svabhāva）竟不存在呢？這是筆者對於「自性空」的認識，意即我們需要澄清「自性空不是無自性」。的確，本原只有「一」，即是「不二」，但名「不二」，即意謂著「或有二而合一」，這才有「不二」的「一」。就終極的角度來說，筆者並不認同「空」居母位，「有」居子位，這是筆者的看法：「如果只有『空生有』，請問究竟『誰生空』？」當我們說「知行合一」，該「一」正來自於「空有相生而相成」，共成於「一」。只說「真空生妙有」，這是沒有意識到「妙有」該概念的兩層性，使得「真空」與「妙有」如曼陀羅般輪轉不已。為何儒家思想常會特別著重於談「妙有」（不論從哪一層來談），因為「妙有」有語言，「真空」本無言，從「妙有」才能談清概念本身，並在社會設立「人極」，這就是為何周敦頤會在《太極圖說》中說：「聖人定之以中正仁義，而主靜，立人極焉」（周敦頤，2016，頁 6）。在第十章中，夏氏研究團隊針對佛學與榮格講的自性不同，其質疑的確相當銳利，該文指出佛教有時會權且稱自性為真如（bhūta-tathatā）、佛性（Buddha-dhātu）或如來藏（Tathāgatagarbha），其表示這些概念並不是榮格心理學指的「本我」（Self，自性的另一譯法）（陳泰璿等人，2019，頁 225）。筆者同意這個說法，並認為據此顯然該團隊反對的癥結在於「世俗諦自性」，而不是反對佛學本來就有的「勝義諦自性」，果真如此，這就能對應筆者所說的「空有不二」。

夏氏研究團隊在第十一章〈黃光國難題再三問：如何定義自性、如何修

養、如何進行社會科學研究〉一文中展現出相當宏大的氣魄，其首先表示既然「自性」具有先驗性，理當無須後天的「修養」；如果「修養」具有相對性與次第性，應該無法銜接絕對的「自性」，因此他們覺得「何為自性」與「如何修養」就成為兩道難題，並簡稱「自性與修養兩難題」。有關自性本身的定義可見筆者〈萬法不離自性：誠意面對黃光國難題的答客問〉這篇論文（陳復，2018b），這裡暫且不再細論。有關「自性」與「修養」的關聯議題，如果仔細研究過陽明心學，就會知道這類問題早在明朝就已經討論並獲得不同狀態的對待與解決，例如：王龍溪〈天泉證道記〉裡記王陽明跟其說：「上根之人，悟得無善無惡心體，便從無處立根基，意與知物，皆從無生，一了百當，即本體便是工夫，易簡直截，更無剩欠，頓悟之學也。中根以下之人，未嘗悟得本體，未免在有善有惡上立根基，心與知物，皆從有生，須用為善去惡工夫隨處對治，使之漸漸入悟，從有以歸于無，復還本體，及其成功一也」（《王龍溪集・天泉證道記》卷一）（王畿，2007，頁2）。根器敏銳的人，直接把握自性，本不需依憑任何修養過程（無處立根基），這是「即本體便是工夫」；根器駑鈍的人，未嘗悟得本體，這就需要踏實依照為善去惡的修養工夫來對待自己的問題，這係實際體證經驗有得，並不是理則層面的推敲或揣測。夏氏研究團隊甚至針對夏允中本人希冀建構含攝佛教智慧的現代心理學理論，在「內在超越」的向度上，依據黃光國「自我的曼陀羅模型」，而將其「自我」導向佛教的「自我」，從而建構無我理論（non-self theory），批評該理論只是從事「方法論的含攝」，還沒有包含「存有論的含攝」，更沒有說明如何從「自我」發展到「無我」的歷程。因此，該團隊依據宗喀巴《菩提道次第廣論》發展出來有關「道次第學說」，再根據達賴與班禪這些學者對相關內容的註解與整合，來藉此含攝「三士道」這一系統，發展其「立體三士道的自我曼陀羅模型」（張峻嘉、夏允中、陳泰璿、張蘭石，2019，頁245-257）。對於該團隊希望將佛學經由客體化，發展成含攝佛學義理的華人本土社會科學理論，筆者對此樂觀其成，不過有些細節尚須討論，這包括夏允中與張峻嘉依據《大學》修養的觀點，並根據《中庸》

與《孟子》有關討論自性的內容，而提出的「儒家三層次修養曼陀羅模型」，定義出「自性」與「修養」的次第，來說明儒家如何修養到至善的原貌（夏允中、張峻嘉，2017）；後來，夏允中與黃光國再共同發表〈開啟以儒釋道文化的修養諮商心理學理論與實徵研究：邁向自性覺醒的心理療癒〉一文，除肯定前面的論點外，再度提到自性是「修養匯聚的中樞」，從中探討如何整合儒釋道有關自性覺醒的心理療癒（夏允中、黃光國，2019）。但是，夏氏研究團隊怎麼會在本書第十章〈黃光國難題：自性的有無〉一文內，全然否定自性係修養中樞，嚴密提出各種論證反駁黃光國的觀點，甚至指出這是「自性的戈迪安繩結」，卻接著在第十一章中再轉回來說自性係「修養匯聚的中樞」，然後據此按照佛教的道次第體系，架構其立體的自我曼陀羅模型呢？夏氏研究團隊在整合過程中，彼此觀點有異自然再所難免，不過夏氏研究團隊未來還需要經由內部對話，將自性的整體意見構築出更具系統性的一貫說法，相信當會對學術發展做出更重大貢獻。

我們接著來看黃光國在第十二章〈榮格心理學與自性難題〉一文對前面兩文做出的回答。黃光國很敏銳的看出夏氏研究團隊針對佛教有關「緣起性空」的基本教義會觸及對「真空妙有」的見解，這是「中西會通」與「儒佛會通」的根本問題，他指出「緣起性空」並不是否定人有「主體」的存在，原始佛教說的「三法印」（有漏皆苦、諸行無常、諸法無我）和「四諦」（苦、集、滅、道）都承認：人有作為「主體」的「經驗自我」（empirical self）或「現象自我」（phenomenal self），但該「經驗自我」或「現象自我」屬於「眾像合和」的「假我」。「四諦」中談的滅諦，便是要人透過自覺奮鬥，最終成為具備「最高自由」的「真我」，其方向則是透過各種修符（道諦），獲得佛教經論中常見的「解脫」（Mokka）或者「涅槃」（Nibbana）。黃光國指出，「解脫」是對「束縛」而言；「涅槃」則是對「生死」而言。因此，佛教所說的「無我」皆是對「假我」的否定，並不是完全取消「主體」，否則「三法印」本身，還有「滅」與「道」這二諦將完全不可理解（黃光國，2019e，頁 272-273）。他並指出，中印兩大文化在交流過程

中，佛教典籍的翻譯如何做出相應的理解，其實是經過長期發展的過程，例如：西晉竺法護所譯兩卷本的《佛說方等般泥洹經》，未曾使用性字；東晉法顯所翻譯的六卷本《大般泥洹經》，則使用 183 次的性字，其中數度提到法性與佛性，這就可看出佛教徒對性字意涵的開發。黃光國並根據勞思光的看法，認為佛學本土化過程中發展出天臺、華嚴、禪宗三支宗派，都屬於「真常」這一系統，會關注「佛性」與「法界」這些教義，本來並未流行於印度，這三宗都共同關注人生命的「主體性」，並都受到中國本有的哲學思想或價值觀念的影響（尤其是儒家與道家兩大系統），才會特別強調德性的「自由」與「不息」，肯定主體在德性層面有最高自由，不接受印度佛教業報種性的說法，但其得要改變儒道二家原本肯定「外在實有」的認知結構，藉此讓中國思想「接納」（accommodate）印度佛教對於「外在實有」的否定；再者，中國的高僧同樣要改變印度佛教的某些原始教義，使其容易被中國佛教信仰者原有的認知結構給「同化」（assimilate），這樣才能將印度佛教「轉化」（transform）成為「中國佛教」，這兩個問題才是「儒佛會通」的關鍵（黃光國，2019e，頁 278-279）。這個看法相當穩健，筆者對此並無異議，值得視作儒釋道整合發展成華人本土社會科學的共識。黃光國完全承認榮格對於自性的看法跟佛教對於自性的觀點，看起來相似，其實卻蘊含著東西文化的根本差異，例如：榮格的〈對亡者的七次佈道詞〉用比喻的辦法，突顯出一神教的特色，這篇文章的一開始，那群幽靈便說：「我們從耶路撒冷回來，在那裡沒有找到我們想要尋找的東西。」黃光國問：「耶路撒冷是基督教、猶太教和伊斯蘭教的共同聖地，他們在耶路撒冷找不到的東西究竟是什麼呢？」後面他接著表示，在東方宗教中，「梵天」和「真我」是「天人合一」的狀態，但在一神教信仰中，「造物主」和「被造物」其本質截然不同（黃光國，2019e，頁 278-279）。他再舉《大學》提到的「三綱領」指出，作為儒家的「君子」，在其生命中面臨重大抉擇的每一時刻，都應當「存天理，去人欲」，達到儒家對「做人」的要求，而寧可捨棄「個體」一己的私欲，實踐儒家所主張與「天理」相通的「自明之德」，這是大家普遍

的看法，更是為何佛教傳入中國後，中國的高僧會將其改造成「中國佛教」的原因。雖然儒、道二家都肯定「外在實有」，但要中國人接納印度佛教否定「外在實有」的立場並不難，只要想像生前死後的不可知，中國人不難接受佛教「涅槃」的說法，而儒家對於「道德主體」的重視，則使中國高僧自覺或不自覺同樣會強調「佛性」（例如：竺道生提出有關「眾生皆有佛性」的主張），這就是「主體我」時時刻刻在追求「至善」，念茲在茲，無有止息（黃光國，2019e，頁 285-288）。筆者觀察到這是儒家成聖觀念轉化成中國佛學義理的持續發展，更是當前時空背景視域裡，「儒佛會通」能在「中西會通」的過程中，交織與架構出華人本土社會科學的重要資源，這個整合亟需有清晰的知識論策略。由於中國學問著重於「主客合一」，然而如果沒有階段性使用「主客對立」的語言型態，將思考指向的目標對象化，藉此構築概念來獲取客觀知識，則我們將無法完成具有現代意義的學術。我們這群思源學會的同道多年來共同真實無隱展開激烈的辯論，大家的討論無不圍繞在釐清抽象概念的正誤，從而獲得可信的知識基礎，更希望建構出能精確闡釋儒釋道文化的理論，尤其需要澄清根本問題並獲得共識，因此實屬開先河的創舉，畢竟中華人文與社會學術領域長年在社交層面呈現「禮尚往來」與「行禮如儀」的狀態，個人則「閉門造車」在從事學術研究工作，總是把個人情誼與抽象觀念攪和成一團，從來很難不帶個人情緒，開誠布公的純粹討論問題本身，使得自西學東漸至今，學術界長期呈現晦暗不明的景象，這對於擺脫學術自我殖民並建立嶄新學術典範，實具有極其不利的影響。希望我們的拋磚引玉，能激盪出知識與智慧的火花，徹底替華夏學術的出路開創新局。

參考文獻

中文部分

王畿（2007）。**王畿集**。南京市：鳳凰出版社。

朱熹（2016）。**四書章句集註**。北京市：中華書局。

周敦頤（2016）。**周敦頤集**。北京市：中華書局。

林耀盛（2010）。**本土心理學的 21 世紀發展議程：人文取向的臨床心理學**。發表於東華大學諮商與臨床心理學系、中央研究院民族學研究所、慈濟大學人文臨床與療癒研究室、臺灣大學本土心理學研究室、國家科學委員會主辦，「華人本土心理學跨向 21 世紀學術論壇：再反思、多元實踐及新發展研討會」。花蓮縣。

林耀盛（2019a）。「榮進」之後：黃光國難題，我們的難題。載於陳復、黃光國（主編），**破解黃光國難題的知識論策略**（頁 67-78）。新北市：心理。

林耀盛（2019b）。坦塔洛斯的困題：思「反」心理學，批判社群革「心」。載於陳復、黃光國（主編），**破解黃光國難題的知識論策略**（頁 79-90）。新北市：心理。

夏允中、張峻嘉（2017，5 月）。**以濂溪學說談起來朝向建構華人自主的修養心理學理論：儒家自性與修養曼陀羅自我模型**。發表於「周敦頤誕辰 1000 週年國際學術研討會」，湖南省道縣。

夏允中、黃光國（2019）。開啟以儒釋道文化的修養諮商心理學理論與實徵研究：邁向自性覺醒的心理療癒。**中華輔導與諮商學報，54**，1-20。

張峻嘉、夏允中、陳泰璿、張蘭石（2019）。黃光國難題再三問：如何定義自性、如何修養、如何進行社會科學研究。載於陳復、黃光國（主編），**破解黃光國難題的知識論策略**（頁 241-264）。新北市：心理。

張蘭石（2019）。文化傳承與典範轉移之一役：華人宗教研究上的黃光國難題。載於陳復、黃光國（主編），**破解黃光國難題的知識論策略**（頁 183-200）。新北市：心理。

陳林（2015）。朱子晚年修訂《大學》〈誠意章〉的心路歷程與義理探析。**國立政治大學哲學學報**，**34**（7），113-164。

陳泰璿、夏允中、張峻嘉、張蘭石（2019）。黃光國難題：自性的有無。載於陳復、黃光國（主編），**破解黃光國難題的知識論策略**（頁 221-240）。新北市：心理。

陳復（2016）。黃光國難題：如何替中華文化解開戈迪安繩結。**本土心理學研究**，**46**，73-110。

陳復（2017）。如何由生命教育的角度來發展智慧諮詢：解決大學生意義危機的創新策略。**諮商心理與復健諮商學報**，**30**，71-96。

陳復（2018a）。儒家心理學：黃光國難題正面臨的迷陣與突破。**本土心理學研究**，**49**，3-6。

陳復（2018b）。萬法不離自性：誠意面對黃光國難題的答客問。**本土心理學研究**，**49**，125-154。

陳復（2019）。修養心理學：黃光國儒家自我修養理論的問題。載於陳復、黃光國（主編），**破解黃光國難題的知識論策略**（頁 119-144）。新北市：心理。

項退結（編譯）（1989）。**西洋哲學辭典**。臺北市：華香園。

黃光國（2010）。走出「典範移植」的困境：論非西方國家的學者養成。**人文與社會科學簡訊**，**11**（4），15-20。

黃光國（2017）。**儒家文化系統的主體辯證**。臺北市：五南。

黃光國（2018a）。**社會科學的理路**（第四版思源版）。新北市：心理。

黃光國（2018b）。**內聖與外王：儒家思想的完成與開展**。新北市：心理。

黃光國（2019a）。「自我」與「自性」：破解「黃光國難題」的策略。載於陳復、黃光國（主編），**破解黃光國難題的知識論策略**（頁 29-66）。新北市：心理。

黃光國（2019b）。「心性」與「文化的考古」：敬答林耀盛。載於陳復、黃光國（主編），**破解黃光國難題的知識論策略**（頁 91-118）。新北市：心理。

黃光國（2019c）。由「關係主義」到「修養心理學」。載於陳復、黃光國（主編），**破解黃光國難題的知識論策略**（頁 145-182）。新北市：心理。

黃光國（2019d）。華人宗教研究的典範移轉。載於陳復、黃光國（主編），**破解**

黃光國難題的知識論策略（頁 201-220）。新北市：心理。

黃光國（2019e）。榮格心理學與自性難題。載於陳復、黃光國（主編），**破解黃光國難題的知識論策略**（頁 265-292）。新北市：心理。

黎靖德（編）（2011）。**朱子語類**。北京：中華書局。

英文部分

Archer, M. S. (1988). *Culture and agency: The place of culture in social theory*. Cambridge, UK: Cambridge University Press.

Archer, M. S. (2000). *Being human: The problem of agency*. Cambridge, UK: Cambridge University Press.

Danziger, K. (1993). Psychological objects, practice and history. In H. van Rappard, P. J. van Strien, L. P. Mos, & W. J. Baker (Eds.), *Annals of theoretical psychology* (Vol. 8) (pp. 15-48). New York, NY: Plenum.

Hwang, K. K. (2011). Reification of culture in indigenous psychologies: Merit or mistake? *Social Epistemology, 25*(2), 125-131.

Neumann, E. (1973). *The child: Structure and dynamics of the nascent personality*. London, UK: Karnac.

Shiah, Y. J. (2016). From self to nonself: The nonself theory. *Frontiers in Psychology, 7*, 12. doi:10.3389/fpsyg.2016.00124

第十四章　傳承儒家的進路

黃光國

　　筆者在建構出〈自我的曼陀羅模型〉之後（Hwang, 2001），已經清楚了解：自己所作的工作，是在對西方主流的心理學進行一項科學革命（Evenden & Sandstrom, 2011），因此出版了《心理學的科學革命方案》一書（黃光國，2011），在該書第　章介紹〈自我的曼陀羅模型〉。

回 常態科學與精鍊典範

　　從科學革命的觀點來看，一個新的典範在理論建構完成之後，便進入「常態科學」（normal science）時期。這個時期的主要工作，是接受各方面的挑戰，精鍊這個研究典範，並跟有興趣的研究者對話，以擴大該研究典範的適用範圍。

　　筆者非常了解：華人本土社會科學的理論建構本身，就是一種「中西會通」的過程，所以筆者必須同時跟中外學者對話，但這兩群學者的背景視域（horizon）完全不同，筆者必須與他們不斷進行對話，直到雙方能夠「視域融合」（fusion of horizon）為止。

　　與西方學者的對話內容，主要是討論理論建構的科學哲學。筆者先與瑞典哥登堡大學（University of Gothenburg）教授 Carl M. Allwood 在國際專業期刊《社會知識學》（*Social Epistemology*）上，來回進行辯論，為期將近四年，雙方發表的相關論文多達 14 篇。同時，又主動邀請國際知名的十位文化心理學者及本土心理學者，於 2012 年 6 月在臺灣大學召開「建構含攝文化的心理學理論」研討會，事後並在《國際社會行為理論》（*International Journal of Social Behavior*）及《日本心理學回顧》（*Japanese Psychological Review*）

上發表專刊，刊登我們在研討會上發表的相關論文。

▣ 學術辯論的傳統

最近，Allwood（2018）出版了一本書，探討全世界各地本土心理學的性質及挑戰，筆者也寫了一本書，題為《建構含攝文化心理學理論的知識論策略》，試題解決非西方國家發展本土心理學所遭遇的難題，將由英國劍橋大學出版社出版（Hwang, 2019）。

與國內學者辯論，比與西方學者討論學術問題要複雜得多，它在本質上是「中西會通」的問題，涉及如何整合及中國人文學跟西方社會科學的大難題。更麻煩的是：中華文化傳統中始終欠缺學術辯論的習慣，要開創這樣的風氣，等於是要建立起一種新的文化傳統。因此，筆者在2015年舉辦的「黃光國教授『榮進』學術研討會」上，特別強調：「對一位學者的作品最嚴屬的批判，就是對他最大的尊敬」，「倘若一個學者的作品可有可無，或不值一提，就根本沒有批判他的必要」，鼓勵大家「知無不言，言無不盡」，對筆者的作品「大鳴大放」，盡量批判，筆者一定盡己所知、竭誠問答，其結果就是這本《破解黃光國難題的知識論策略》的論文集。

▣ 《內聖與外王：儒家思想的完成與開展》

這本論文集編完之後，因為陳復是所有參與對話者中提問最多的一位，因此筆者特別請他擔任主編。不料他在編完之後，又寫了一篇〈破解黃光國難題：如何構築清晰的知識論策略〉（陳復，2019，頁 293-321）。由於本書的性質是「學術對話」，討論的問題又是「中西會通」的大難題，嚴肅的讀者必然會覺得其中有不清晰之處。而筆者最近的作品對自己所採取的「知識論策略」有較為清楚的析論，遺憾的是：該書（monograph）是以英文寫成（Hwang, 2019），又尚未出版。現在，陳復既然以第一編者的身分再度提問，筆者當然有義務再寫一篇「編後回應」，來回答他所提的各項問題。

不久前，筆者出版了一本書《內聖與外王：儒家思想的完成與開展》

（黃光國，2018b），書中對他所提的許多問題，其實已經有清晰的論述。為了節省篇幅，在這篇「編後回應」中，筆者將依照陳復的提問，引用該書的內容，簡要作答，不再細加深論。有興趣深入探討這類問題的讀者，不妨直接參閱該書的有關章節。

第一節　分析文化系統的知識論策略

在「黃光國對中西本體論抱持著模糊態度」一節中，陳復提出了許多問題，但他所提出的許多問題，似乎並非對筆者而發，有些問題甚至是跟筆者一貫的主張背道而馳。在《內聖與外王：儒家思想的完成與開展》一書第二章中，筆者修改了陳復所提出的一張圖，並以「結構主義」取代中間的「多重哲學典範」（如圖 14-1 所示），對中華文化中的本體論暫且不談，對科學哲學的本體論則有明確的交待。

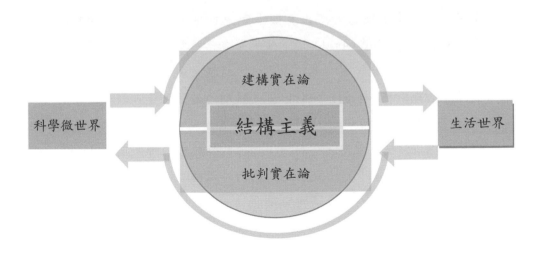

圖 14-1　黃光國的文化分析策略

資料來源：取自黃光國（2017，頁 168）

　　筆者分析文化的知識論策略，首先以「建構實在論」區分「科學微世界」和「生活世界」，特別強調：建構「科學微世界」是西方文明的產品，是中華文化必須努力吸納的「新外王」之道，其具體內容就是筆者提倡多年的科學哲學。至於如何建構含攝文化的理論，筆者所採取的途徑是「批判實在論」。陳復（2019，頁296）說：

　　　　筆者提到有關黃光國對中華文化傳統的分析策略，曾經繪製了一張圖，黃光國使用該圖，去掉中間自己指出本來包容廣大的「多重哲學典範」（multiple philosophical paradigms），卻將其改成「結構主義」（structuralism），他說這是因為人類學者尋求表象裡的深層結構，這是西洋文化傳統，跟中華文化關注「陰」與「陽」的宇宙論，從中發展出來的有機論科學完全不同（黃光國，2019a，頁52-53）。既然如此，且不說黃光國是否對人類學者提出的「結構主義」有任何細緻的理論架構或實質的田野調查，依據這樣將「結構主義」置於中央脈絡而給出有關「觀念世界」（micro world）與「生命世界」（life world）的看法，筆者估計其旨在藉此說明「人類心智的深沉結構」具有無比重要性，結構主義側重對結構（交互關係）的認識，不甚關注探討本質的議題，這種著重人類文化表意系統（systems of signification）的釐清，其觀點跟黃光國主張「人類心智的深沉結構」並不見得相同，如何就能精確詮釋長期關注「天人合一」的中華文化，並使得該文化內學術的「微觀世界」與社會的「生命世界」獲得相互溝通呢？

◘ 反實證論

　　筆者之所以主張用「結構主義」取代「多重哲學典範」，最主要的原因是筆者所主張的「多重哲學典範」包含了「批判實在論」、「建構實在論」

和「結構主義」，但並不包含「實證論」。事實上，筆者寫《社會科學的理路》一書（黃光國，2013）的主要動機，便是要指出：「實證論」和「後實證論」在本體論、知識論和方法論方面都完全對反，兩者之間是「不可通約的」（見該書「波柏的進化認識論」一章，該書雖然四次改版，但該章內容並未更動），若採用「實證論」的立場，根本不可能建構出任何「含攝文化的理論」，所以「批判實在論」要旗幟鮮明的「反實證論」（見《內聖與外王：儒家思想的完成與開展》一書第三章）。

如果將「多重哲學典範」置於圖 14-1 的中間，筆者最擔心的問題就是因為它「包容廣大」，有些人可能望文生義，以為它可以無所不包，甚至包含「實證論」，那就誤會大了！

三重詮釋學

筆者從出版《儒家關係主義：哲學反思、理論建構與實徵研究》一書之後（黃光國，2009），便一再強調：筆者的文化分析策略，是依照文化心理學「一種心智，多種心態」的原則（Shweder Goodnow, Hatano, LeVine, Markus, & Miller, 1998），先建構普世性的理論模型，說明人類共有的心智；再以之作為概念架構，據以分析某一特定文化中人們的心態。這兩個步驟的第一步是「科學的詮釋」，第二步是「文化的詮釋」；至於個人在其生活世界中獨特的生命經驗，則是其「本體的詮釋」，如此構成筆者所謂的「三重詮釋學」（Hwang, 2019）。

找出「人類心智的深層結構」，僅只是第一步「科學的詮釋」；釐清文化的「表意系統」，是第二步「文化的詮釋」，這一點在《內聖與外王：儒家思想的完成與開展》一書的第二部分，有十分詳細的說明。至於某一文化內學術的「微觀世界」與「社會的『生命世界』」（筆者用的語詞是「個人的『生活世界』」）之間的相互溝通，則是「主體的詮釋」，可以讓後來的學者針對他感興趣的問題，繼續發揮。更清楚地說，筆者所建構的「含攝文化的理論」，僅只是「本土社會科學的理論建構」的開端，它一旦「完

成」，便會有非常大的開展空間，這是《內聖與外王：儒家思想的完成與開展》一書副標題的意義所在。

▣ 人類學研究的回顧

陳復說：「黃光國主張『人類心智的深沉結構』到底是否具體符合任何一位西洋人類學家對應結構主義的什麼說法呢？他從未回答這個問題。」

這是完全錯誤的說法。《儒家關係主義：哲學反思、理論建構與實徵研究》一書的第四章（黃光國，2009），對於人類學家及心理學家在這方面的研究，已經作過詳盡的回顧；《內聖與外王：儒家思想的完成與開展》一書的第四章（黃光國，2018b），更仔細說明：〈人情與面子〉理論模型中所蘊涵的四種人際關係，和人類學家 Fiske（1991）回顧以往人類學、心理學和社會學的大量文獻後歸納出的四種「社會行為的基本形式」（elementary forms of social behavior）是相互對應的；〈自我的曼陀羅模型〉中「人／自我／個體」三分的人格結構，亦是出自於 Harris（1989）對於人類學文獻的回顧。這絕不是「大筆一揮說出主張，卻不說出理由」，這種說法過分輕率，不僅與事實不符，而且很容易造成誤解。

林耀盛質疑「生命世界能否完全用科學哲學的客觀認識論作為指引？」這個問題的答案是否定的。我們以科學哲學建構本土社會科學的「科學微世界」，旨在作為學者從事研究或實務工作的指引，它雖然可能滲透進入人們的「生活世界」，但一般人的「生活世界」卻是多元文化的混合體（hybrid），人們對其文化傳統的繼承，也是零散而破碎的；所謂「百姓日用而不知」，很少有人會以任何的「科學微世界」作為「生活世界」的指引。

▣ 文化視盲

陳復引用林耀盛的說法，主張以「詮釋實在論」促發意義的多樣性，將傳統心理學從置身孤立脈絡解放，不再拿客體化觀點去詮釋生活實體，認為「心理學家只有將人類存有浸潤於意義脈絡，才有希望詮釋人們存有的完整

性」（林耀盛，2019，頁70-71）。

　　這是國內一般臨床心理學者或諮商輔導工作者常有的論點，是第三步的「本體的詮釋」，但絕不是筆者主張的「多重哲學典範」。問題是：在西方理論充斥於國內心理學界的情況下，如果不先作「科學的詮釋」和「文化的詮釋」，則很容易因為「文化視盲」而陷入「自我殖民的困境」，心理學者如何可能「將人類存有浸潤於意義脈絡」，「詮釋人們存有的完整性」？

　　建構本土社會科學的主要目的，在於和西方理論進行競爭，以擺脫非西方國家「文化自我殖民」的困境，這一點在《內聖與外王：儒家思想的完成與開展》一書第十章和第十一章中，有非常仔細的析論。用傳統儒家的概念來說，它的主要服務對象是現代社會中的修習社會科學的知識分子（士），而不是一般民眾（庶人）。

第二節　傳承儒家的科學進路

　　上述的「編後回應」似乎蘊涵著陳復並沒有看過《內聖與外王：儒家思想的完成與開展》一書，其實不然。在第三節「宗教研究本土化須面對的黃光國難題」中，陳復（2019，頁310-311）在提出他最嚴厲的批判時，說道：

　　　再由其最新著作《內聖與外王：儒家思想的開展與完成》（黃光國，2018b）來檢視，難道黃光國的意思就是指儒家整體的文化系統當由其本人來詮釋完成？黃光國還說孔子晚年回到魯國，跟弟子共同寫《易傳》，希望把自己平日講學的內容「建立在堅強的形上學基礎上」，並表示「他還沒把話說清楚就過世了」（黃光國，2019c，頁207），請問：「形上學」（Metaphysics）本來是西洋哲學的概念，孔子當時並沒有這種類型的概念，如何有此意願，並且黃光國還能得知他沒有講出自己的形上學就壯志未酬身先死？當黃光國已徹底表明不想恢復先秦儒家思想的原貌，卻覺得自己在闡釋

儒家整體的文化系統，不尊重既有的「文化型態學」（morphostasis），卻想發展出「文化衍生學」（morphogenesis），隨意解釋先秦儒家思想，這是完全的「別子為宗」，恐怕很難說服海峽兩岸儒家學者接受其說法，儘管因時空背景與語境脈絡的變化，「恢復原貌」本來就是不可能且不實際的事情，然而「文化型態學」需要的是精確闡釋文化本原觀念，而不是瓦解再重構其觀念，依據該詮釋再接著發展「文化衍生學」，才有可能獲得長期研究與闡發中華文化相關學者的風行景從，否則黃光國跟韋伯製造的謬誤究竟有什麼根本不同呢？

▣ 傳承儒家的四種進路

從這段論述來看，陳復在寫這篇之前，應當已經看過《內聖與外王：儒家思想的完成與開展》一書。既然如此，就應當知道筆者從事這一系列研究的基本立場。可惜，因為陳復自己獨特的「背景視域」，他自己對筆者獨特的研究進路仍然欠缺相應的理解，所以筆者只好提綱挈領地再述說一次。

▣ 別子為宗

在〈傳承儒家的科學進路〉一文中（黃光國，2019d），筆者曾經借用牟宗三的說法，指出：對於儒家思想的研究，王陽明採取「道德的進路」，朱熹採取「宇宙論的進路」，牟宗三是「哲學的進路」，而筆者則是「科學的進路」。王陽明重視道德實踐，所以稱之為「道德的進路」。朱熹和牟宗三對於儒家思想的詮釋，其實都是在作「哲學的詮釋」，不過他們在作詮釋的時候，朱熹的「視域」是中國傳統的「陰陽氣化宇宙論」，所以稱之為「宇宙論的進路」；而牟宗三的「視域」是以康德哲學為主的西洋哲學，所以稱之為「哲學的詮釋」。筆者的「背景視域」是科學哲學中的「多重哲學典範」（如圖14-1，請注意，此時筆者用的是「多重哲學典範」，而不是「結構主

義」），所以稱之為「科學的進路」。

儒家最重視的是道德實踐的「功夫論」，所以牟宗三認為：陸王一系繼承了《孟子》、《中庸》、《易傳》的傳統儒學，採用反身的「逆覺」方法，來體證本體的存在，這是儒家的正統。程朱一系是根據《大學》，採用「格物窮理」的「順取」方法，必須一件一件地認知外在事物之「理」，才能獲知本體的「存在」，所以是「別子為宗」。這是牟宗三所作的「哲學的詮釋」。

從這個角度來看，陳復認為：筆者所採取的研究取向，也是「別子為宗」。這話說得不錯，然而一個人是否能「逆覺體證」，明心見性，根本是「主體詮釋」的問題，只有「得失寸心知」，牟宗三的研究取向又何嘗不是「別子為宗」？在這個「儒門淡泊」的時代，只要能夠傳承儒家，已屬萬幸，筆者心想：今天的儒者，誰都不會在意自己是不是「別子為宗」吧？

▣ 詮釋學的循環

不論是「哲學的進路」也好，「科學的進路」也罷，任何一個人在對儒家思想作詮釋時，他根據的都是自己的「背景視域」，而不是歷史上任何儒者的「真正」想法；他們所要解決的是自己當代面對的問題，而不是要「恢復」儒者的「真實面貌」。事實上，每一個人都是對先賢儒者留下的「文本」在作詮釋，我們的詮釋當然不是他們當時「真正的想法」，因為誰都不可能知道他們當時「真正的想法」是什麼？

在《內聖與外王：儒家思想的完成與開展》一書中，筆者宣稱：儒家思想的主要內容是「天道觀」、「關係論」和「心性論」。這是筆者的學術主張，而不是歷史上任何一位儒者本人自己的想法。在筆者看來，儒家對於「天」、「道」的觀念，本來就是「存而不論」，所以不必深究；但「關係論」和「心性論」則不然。對於這兩方面，儒家都留下了大量文獻，可以作「哲學的詮釋」，也可以用來作「社會科學的理論建構」。但「哲學的詮釋」和「社會科學的理論建構」卻有極大的不同：「哲學的詮釋」重視的是

「解釋學的循環」（hermeneutic circle），只要能夠自圓其說，成一家之言，而為其追隨者所接受即可。因此，王陽明的「心學」和朱熹的「理學」，可以並行不悖，牟宗三（1968a，1968b，1969）也可以「心」為本體，或以「理」為本體，分別加以析論。

⊡ 主體的辯證

社會科學的理論建構最重視的是「主體的辯證」。一個理論建構完成之後，就必須接受各方的挑戰，解決各種可能遭遇到的理論問題及經驗問題（Lauden, 1977）。依照文化心理學「一種心智，多種心智」的原則，哲學家可以在文化的層次上對儒家的「心性論」作「心學」或「理學」的詮釋，但在人類普遍「心智」的層次上，這兩者卻必須整合在一起，否則就會形成「良知」（心學）與「理性」的分裂。所以筆者才會刻意建構出「自性的心理動力模型」（Hwang, 2019），來整合「心」與「性」。

⊡ 文化形態學

從分析二元說的角度來看（Archer, 1995, 1996），代表人類普遍心智的理論模型一旦建構完成（見《內聖與外王：儒家思想的完成與開展》一書第四章），在從事文化分析時，最重要的是對該文化之先知最先提出的某種文化觀念，而加以論述，以說明其文化型態（morphostasis）。所以在分析「四端」時，筆者引的是《孟子》，在討論「三綱五常」時，筆者談的是董仲舒（見《內聖與外王：儒家思想的完成與開展》一書第五章）；在建構「自性」的心理動力模型時，筆者談的是唐代的惠能和李翱（見《內聖與外王：儒家思想的完成與開展》一書第六章），相對於他們而言，宋明儒者有關「心性論」的論述，則成為「文化衍生學」（morphogenesis）。

牟宗三（1955）認為，「儒家人文主義」的復興，必須要道統、學統和政統「三統並建」，他對儒家文化傳統作「哲學的詮釋」，僅只是在廓清儒家的「道統」；筆者採取「科學的進路」，建構「含攝儒理文化的理論」，

旨在建立「儒家人文主義」的「學統」。唯有其「學統」確立，我們才能知道它需要什麼樣的「政統」。

第三節　儒家思想的完成與開展

　　筆者主張：儒家思想的內容包括「天道觀」、「關係論」和「心性論」三部分。儒家對「天道觀」抱持「存而不論」的態度，所以在理論建構方面可以暫時擱置，「暫時擱置」並不是完全不談，所以筆者曾經撰文析論對天及鬼神信仰的雙重結構，認為這是儒家「庶人倫理」的道德形上學基礎（Hwang, 2014）。儒家的「關係論」由孔、孟啟其端，由董仲舒「三綱五常」之說總其成。「心性論」則是在《六祖檀經》的影響之下，由儒者李翱開其端，宋明儒者的相關論述卻分裂成「理學」和「心學」。這種「哲學的分裂」必須建構出科學的理論來加以整合，所以在「四端」、「五常」的理論以及「自性」的心理動力模型建成完成之後（見《內聖與外王：儒家思想的完成與開展》一書第二部），我們必須對宋明儒者的相關論述作「科學的詮釋」，儒家思想才算完成（見《內聖與外王：儒家思想的完成與開展》一書第三部）。

▣ 社會科學理論的片面性

　　社會科學理論建構的最大特色是「片面性」（Weber, 1949），從某一切定的面向切入，而將其他部分暫時擱置。儒家「關係論」和「心性論」的理論建構完成之後，我們便可以依此作為基礎，再從其他面向切入，建構出更多「含攝文化的理論」，構成儒家文化傳統的「科學微世界」，進而建構「儒家人文主義」的學術傳統，開創出華人自主的社會科學。

　　建構儒家文化傳統的「科學微世界」必須由單一科學家獨立來完成，但是要建構「儒家人文主義」的學術傳統，開創華人自主的社會科學卻不可能由一個人，而是應該由一群學者，經過一個世代的努力，才能看出其成果。

因此，筆者在退休之後，鼓勵同道成立「思源學會」，推動人文及社會科學領域間的對話，便是希望這種跨領域、跨學科的對話，能夠激發同道們的問題意識，大家一起來建構理論，解決問題。

陳復（2019）的這篇文章可以說是「批判後的批判」，在筆者對書中各位同道作出「答客問」式的回覆之後，他又以猛烈的炮火，對筆者的研究取向，提出了嚴厲的批判與質疑。其中最嚴厲的一段，應當是：

> 黃光國對於儒家傳統修養觀念並不熟悉，使得他在各種基礎錯誤認知裡架構出有問題的自我修養理論，這對於其想發展具有文化視角的華人本土社會科學實有不利的影響。筆者在第六章〈修養心理學：黃光國儒家自我修養理論的問題〉一文中指出，黃光國架構「自我的曼陀羅模型」（mandala model of self）與「人情與面子的理論模型」（theoretical model of Face and Favor）來重新詮釋儒家思想，然而這兩個模型來自對人類自我普世性的認識，故只從庶人倫理（the ethics for ordinary people）的角度來詮釋中華文化，而沒有意識到周文化在型塑過程裡，長期有著「賢賢—上功」或「親親—上恩」這兩種不同治國策略的路線辯論。中華文化影響的社會素來由士人領導，不論民間傳統有如何作法，後世儒家真正的主張是藉由教育來導正「親親原則」，外加「賢賢原則」，並讓兩者都服膺於具有道脈意涵的「尊尊原則」，從而發展出「道義統攝利益」的關係主義，因此儒家關係主義的完整面貌實屬基於士人倫理（the ethics for scholarly people）發展出來的「道義關係主義」，關注「天、人、物、我」這四大象限，產生各種不同的對應關係。黃光國對《大學》的工夫次第認識有誤，他並未對「止、定、靜、安、慮、得」有清晰解釋，尤其將《大學》與《中庸》的義理相互交錯解釋，卻因沒有精確梳理文本脈絡，使得其架構的儒家自我修養理論引發各種具體問題，尤其當黃光國聲稱「正心、誠意、格物、致

知」係「孔門自我修養的工夫論」（黃光國，2019b，頁165），殊不知這其實本是「黃門自我修養的工夫論」（儘管內容尚未充實完整），怎麼會掛上「孔門」的招牌呢？（陳復，2019，頁303）

筆者雖然在許多不同的地方，零零散散地談過跟儒家修養有關的許多概念，但並未把它建構成一個嚴謹的理論。

☑ 儒家修養論的科學詮釋

陳復的這項批判倒給了筆者一個靈感。最近，印度的 Ananta Giri 博士和佛光大學的吳素真博士合作，準備編一本英文書，題為《當代台灣的社會理論：批判、開創與轉化》（*Social Theorizing in Contemporary Taiwan: Critique, Creativity and Transformation*），筆者也邀了「思源學會」的幾位同道一起參與撰寫，共襄盛舉，希望能擴大「思源學會」的影響力。

從科學哲學的角度來看（Lauden, 1977），現在陳復既然針對這個主題提出這麼多的問題，顯然這是一個尚未解決的重要問題，所以筆者想乾脆寫一篇論文，題為〈儒家修養論的科學詮釋〉（A Scientific Interpretation of Confucian Theorizing on Self-cultivation），用筆者所建構的「含攝文化的理論」，包括在《內聖與外王：儒家思想的完成與開展》一書中呈現的「四端」、「五常」以及「自性」的心理動力模型，來說明先秦儒家的修養論。這樣的作法，既可以回答陳復的相關提問，也可以說明：有關儒家「關係論」和「心性論」的理論一旦建構完成，儒家思想便可以獲得更進一步的開展。值得強調的是：這樣的說明確實是「黃氏對於儒家修養論的詮釋」，而不是「孔門的修養論」自身；是儒家思想的「文化衍生學」，而不是其「文化形態學」。

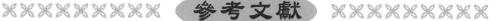
參考文獻

中文部分

牟宗三（1955）。**歷史哲學**。高雄市：強生。

牟宗三（1968a）。**心體與性體（一）**。臺北市：正中。

牟宗三（1968b）。**心體與性體（二）**。臺北市：正中。

牟宗三（1969）。**心體與性體（三）**。臺北市：正中。

林耀盛（2019）。「榮進」之後：黃光國難題，我們的難題。載於陳復、黃光國（主編），**破解黃光國難題的知識論策略**（頁 67-78）。新北市：心理。

陳復（2019）。破解黃光國難題：如何構築清晰的知識論策略。載於陳復、黃光國（主編），**破解黃光國難題的知識論策略**（頁 293-321）。臺北市：心理。

黃光國（2009）。**儒家關係主義：哲學反思、理論建構與實徵研究**。臺北市：心理。

黃光國（2011）。**心理學的科學革命方案**。臺北市：心理。

黃光國（2013）。**社會科學的理路**（第三版）。臺北市：心理。

黃光國（2017）。**儒家文化系統的主體辯證**。臺北市：五南。

黃光國（2018a）。**社會科學的理路**（第四版思源版）。新北市：心理。

黃光國（2018b）。**內聖與外王：儒家思想的完成與開展**。新北市：心理。

黃光國（2019a）。「自我」與「自性」：破解「黃光國難題」的策略。載於陳復、黃光國（主編），**破解黃光國難題的知識論策略**（頁 29-66）。新北市：心理。

黃光國（2019b）。由「關係主義」到「修養心理學」。載於陳復、黃光國（主編），**破解黃光國難題的知識論策略**（頁 145-182）。新北市：心理。

黃光國（2019c）。華人宗教研究的典範移轉。載於陳復、黃光國（主編），**破解黃光國難題的知識論策略**（頁 201-220）。新北市：心理。

黃光國（2019d）。傳承儒家的科學進路。**哲學與文化月刊**。出版中。

英文部分

Allwood, C. M. (2018). *The nature and challenges of indigenous psychologies*. Cambridge, UK: Cambridge University Press.

Archer, M. S. (1995). *Realist social theory: The morphogenetic approach*. Cambridge, UK: Cambridge University Press.

Archer, M. S. (1996). *Culture and agency: The place of culture in social theory* (Rev. ed.). Cambridge, MA: Cambridge University Press.

Evenden, M., & Sanstrom, G. (2011). Interview-calling for scientific revolution in psychology: K. K. Hwang on indigenous psychologies. *Social Epistemology, 25*(2), 153-166.

Fiske, A. P. (1991). *Structures of social life: The four elementary forms of human relations*. New York, NY: The Free Press.

Harris, G. G. (1989). Concepts of individual, self, and person in description and analysis. *American Anthropologist, 91*, 599-612.

Hwang, K. K. (2001). The deep structure of Confucianism: A social psychological approach. *Asian Philosophy, 11*(3), 179-204.

Hwang, K. K. (2014). Dual belief in heaven and spirits: Metaphysical foundations of Confucian morality. In B. Turner & O. Salemink (Eds), *Handbook of Asian religions*. New York, NY: Routledge.

Hwang, K. K. (2019). *Epistemological strategy for developing indigenous psychologies*. Cambridge, MA: Cambridge University Press. (In press)

Laudan, L. (1977). *Progress and its problems: Toward a theory a theory of scientific growth*. London, UK: Routledge & Kegan Paul.

Shweder, R. A., Goodnow, J., Hatano, G., LeVine, R. A., Markus, H., & Miller, P. (1998). The cultural psychology of development: One mind, many mentalities. In W. Damon & R. M. Lerner (Eds.), *Handbook of child psychology: Theoretical models of human development* (pp. 865-937). Hoboken, NJ: John Wiley & Sons.

Weber, M. (1949). *The methodology of the social sciences*. New York, MY: The Free Press.

第十五章 儒釋道「自性」思想的視域融合與理論化

張蘭石、張峻嘉、陳泰璿、夏允中

陳復於〈破解黃光國難題：如何構築清晰的知識論策略〉一文中指出：

> 夏允中與張峻嘉依據《大學》修養的觀點，並根據《中庸》與《孟子》有關討論自性的內容，而提出的「儒家三層次修養曼陀羅模型」，定義出「自性」與「修養」的次第，來說明儒家如何修養到至善的原貌（夏允中、張峻嘉，2017）；後來，夏允中與黃光國再共同發表〈開啟以儒釋道文化的修養諮商心理學理論與實徵研究：邁向自性覺醒的心理療癒〉一文，除肯定前面的論點外，再度提到自性是「修養匯聚的中樞」，從中探討如何整合儒釋道有關自性覺醒的心理療癒（夏允中、黃光國，2019）。但是，夏氏研究團隊怎麼會在本書第十章〈黃光國難題：自性的有無〉一文內，全然否定自性係修養中樞，嚴密提出各種論證反駁黃光國的觀點，甚至指出這是「自性的戈迪安繩結」？（陳復，2019，頁316）

陳復所指出的，其實不是觀念的不一致（這是本文要申辯的），而是理論模型與各種定義之進化過程的必然性（這是本文要進一步論述的），是本土社會科學研究者們要將傳統思想理論化的進程中無法避免的最重要困難之一。藉由陳復所掀起的精微辯論，才能讓作為傳統思想關鍵核心卻始終玄奧模糊的自性一詞得到 Gadamer（1997）所說的「視域融合」（fusion of horizon）與黃光國所說的「理論化」。為了回應陳復的質疑，讓含攝儒釋道的

本土社會科學扎實推進其科學研究綱領（scientific research programme），就須專文說明夏允中等人對「自性」的共通定義。

最初，在黃光國提出「曼陀羅模型」（Hwang, 2011）之後，夏允中發表的「無我理論模型」（Shiah, 2016）雖未論及「自性」一詞，卻在黃光國依其理論模型所定義的「自我」之上含攝佛教「無我」理論而建構了新模型。此後，由陳泰璿、夏允中、張峻嘉、張蘭石等人依「無自性」理論建構「無自性的自我模型」（夏允中、張蘭石、陳泰璿、張峻嘉，2018；陳泰璿、夏允中、張峻嘉、張蘭石，2019）。兩組「無自性的自我模型」，都明確採取「無我」的理論觀點。

然而，夏允中等人卻又在另外數篇論文中提到「自性」與「本體」。夏允中等人（夏允中、張峻嘉，2017）最早論及「自性」，是在〈以濂溪學說談起來朝向建構華人自主的修養心理學理論：儒家自性與修養曼陀羅自我模型〉一文中，提出從「庶人」、「士大夫」直到「聖王」的三層次修養架構，延續了黃光國以「自我」作為「經驗匯聚的中樞」之說，在逐漸進入「無我」的歷程中將「經驗匯聚的中樞」改稱為「修養匯聚的中樞」。夏允中等人發表的「佛家三層次修養曼陀羅模型」（夏允中等人，2018）大約與上述論文同時進行，其中亦如此論及「自性」：

> 「自我」是雖存在狀態而變動的心理中樞，而黃氏所說「自性」則是發展至「上士夫」狀態時的心智施為中樞，蘊含深刻而成熟的智慧與深廣而超然的實踐。（夏允中等人，2018）

夏允中與黃光國（2019）共同發表的〈開啟以儒釋道文化的修養諮商心理學理論與實徵研究：邁向自性覺醒的心理療癒〉一文，亦如此使用「自性」一詞：

> 自性指的是我們原來的本性。（頁3）

　　本文是以自我的曼陀羅模型來分析儒釋道自性定義與自我修養的原貌模型，提供後續研究的方向與引導，來進行儒釋道文化遺產的「現代化」。……模型中的「自我」（self/ego），以「自性」（Self）為本體……（頁4）

　　「自性」者，「修養匯聚之中樞」。（頁7）

　　徐進、林俊德、張靈聰、夏允中（付印中）提出〈建構以易經為基礎的內在朝向式多層次立體自我曼陀羅模型：天人合一理論〉一文，亦建構了修養之自性本體。以上文字，被陳復視為違背了陳泰璿、夏允中等人（夏允中等人，2018；陳泰璿等人，2019）的「無自性說」，形成了互相矛盾的兩種「自性」定義。這是一個重要的事實，但其所顯示的，並不是理論內部的概念問題（conceptual problems）（Laudan, 1996, p. 79），而是在將傳統的、論域跳躍的「自性」之說「理論化」過程中所需的辯證歷程。

　　歸結陳復最大的質疑，即是：既然諸法「無自性」，為何又建構了具有「自性」與「本體」的模型？實際上，有無自性？何謂無自性？自性存在於何處？萬法皆有其本質，但為何「無自性」等的爭議，早在大乘佛教《解深密經》當中就已開始探討。印度佛教的大、小乘之爭與中觀、唯識之辯，乃至漢傳三論、法相二宗的分歧，藏傳佛教新、舊二派的論爭，皆與此議題密切相關。

　　在大乘佛教這「文化系統」（cultural system）中，雖然各種脈絡對「自性」的表述不一，但古今佛教學者大致以不違《般若經》為共識。《般若經》的首要闡釋者龍樹在《大智度論》一書中指出：

　　自性有二種：一者，如世間法地堅性等；二者，聖人知如、法性、實際。（《大正藏》冊25，頁396）

上引文顯示，佛教文化系統中有兩種「自性」：第一種即二諦理論中的

「世俗諦」，包含構成世間（含身心世界、外在的地水火風與內在的概念煩惱）各種存有（beings）之性質，例如：地水火風的自性，便是堅濕煖動。然而，因為這些性質都是條件性的、依存性的，故說是「自性空」（svabhāva-śūnyatā）、「空性」或「無自性」。

第二種是佛教所說的「勝義諦」，亦即聖者所修證的實相，稱為「自性真如」（bhūta-tathatā）或法性（dharmatā）、法界（dharma-dhātu）、實際（bhūtakoμi）。這些都是同義詞，都是「空性」的異名，當然也都是「自性空」，因此《般若經》當中也提出了「空空」的觀點，意即：聖人所證悟的，作為萬事萬物奧妙基礎的「空性」、「真如」、「法界」，也是「無自性」的。

因此，根據《般若經》的理論，雖然諸法皆有其本質，但皆可就其依存性（觀待而存在）而稱為「空性」、「無自性」。更確切地說，所謂「無自性」是指「無」不須觀待而有的「自性」，並非意指沒有堅濕煖動等各種事物各自持有的性質。如果說堅濕煖動這一切都不存在，則「佛性」也蕩然無存，凡聖、男女豈不都毫無區別。因此，「無我理論」所提出的無自性，意在於排除「不須觀待就存在」的自性，而非標舉一切事物都不存在。是故，當提到「無自性」中所無的「自性」，與「三士道修養中樞的自性」時，兩者並存並不衝突；就像「無我」中所無的「我」與佛教所說「補特伽羅我」二者並存，也不相違。「無自性所無的自性」與「無我所無之我」，可以說是完全同樣的一個概念，因為無自性所無的「自性」與無我所無的「我」，意思都是不須觀待就存在的、非依存的，所以可以說「無我的心體理論」就是「無自性的心體理論」。此外，「無自性」與「自性」二者完全可以並存於心體或任何一個事物之上，因為無自性所無的「自性」是「非依存性」，心體的「自性」則是「修養中樞」，既非同一個自性之義，所以也沒有矛盾。在「三士道修養中樞」的這個自性中，完全沒有印度教所說自性（Prakṛti）的「非依存性」，正因為如此，才能說明三士道的修養需要依仗於其他的種種條件及因素方能圓滿完成。

　　因此，在每一存在的事物之上，皆存在其本性、本質，然而該本性因為需要觀待他物而存在，因此稱為無自性。每一事物上，都有「世俗諦」和「勝義諦」。「世俗諦」是各種事物的各種本性、作用，但若以觀擇無我（觀察「無自性」）的理路去探究，就會發現無法找到「不須觀待便存在的自性」，因此領悟真空妙有的「勝義諦」。漢傳宗師以「真空—妙有」一詞說明看似矛盾而實際上一體兩面而不相違的「勝義諦」與「世俗諦」，這就成為中國禪宗與宋明理學的自性說與修養工夫的理論基礎。

　　「無我理論」、「無自性的自我模型」所論述的是「勝義諦」的一面，凸顯每一事物在探究之後皆可顯現的「無自性」。依此而含攝儒釋道等不同文化體系所建構的模型，則是論述「世俗諦」的一面。以「三士道之自我曼陀羅模型」為例，其修養中樞在佛教理論中，稱為「補特伽羅」（pudgala，Pudgalāstikāya）。補特伽羅是為世俗諦，然而探究補特伽羅存在於何處之後，便發現其必須觀待自身五蘊（skandha）隨宜一蘊，才能被認定為補特伽羅，因此說該中樞是「無自性」的自我。再以「儒家修養之三層模型」為例，其修養中樞是「明德」等性。此性是一種修養，而修養首重在心。觀察此心到底存在於何處之後，便會發覺此心需要觀待過去、現在、未來心之相續（saṃtati），因而此心亦含攝在「無我理論」、「無自性的自我模型」中。

　　因此，夏允中等人前後建構的「自性」理論與「無自性」理論，並非內部概念的分歧問題，亦非被不同文化體系所牽動的、論域跳躍的論述，而是以自性、無自性（空性）的一體兩面來說明修養與一切事物的原理。也唯有如此，方能建構含攝華人文化之模型。不僅在佛典中，在《易經》、《道德經》等典籍中也以「陰陽、有無的辯證」作為思想基礎，所以，這樣具有空有兩面義的自性思想，是華人文化的核心之一，是在建構華人本土心理學時所不能斷然別開的。

　　在西方，科學發展於前，而科學哲學追加分析於後；科學哲學家 Laudan（1996）研究「過去」科學傳統（相當於 Thomas Kuhn 的 paradigm 以及 Lakatos 的 scientific research programme）的演化，認為科學傳統的消長原理

不只是經驗問題解決力的競爭,還有概念問題解決力的進展。在今日的華人世界中,「本土化」(傳統智慧的現代化、理論化)的原理與策略實已被西方科學哲學家所闡明,而「本土化」進程卻尚在起步,吾人正可主動繼承科學哲學的理解來推進新的科學傳統,而非坐等百年後的科學哲學家說華人本土社會科學如何從天而降。要將傳統智慧「現代化」,就須進行本土社會科學的理論建構,而在這「理論化」的過程中,傳統文化之核心詞彙的定義就必須隨著論域的加深而進化。其間,唯有藉由學者間的持續辯論,才能在辯證中達到更宏觀、精微的「視域融合」,以解決各種本土社會科學理論間的概念問題。

  參考文獻

中文部分

夏允中、張峻嘉（2017）。以濂溪學說談起來朝向建構華人自主的修養心理學理論：儒家自性與修養曼陀羅自我模型。載於「**周敦頤誕辰 1000 週年學術研討會」發表之論文**，中國湖南省道縣。

夏允中、張蘭石、陳泰璿、張峻嘉（2018）。黃光國難題正面臨的迷陣或突破再四問：自性的有無？何謂自性？自性如何修養達成？如何進行社會科學研究？。**本土心理學研究，49**，95-117。

夏允中、黃光國（2019）。開啟以儒釋道文化的修養諮商心理學理論與實徵研究：邁向自性覺醒的心理療癒。**中華輔導與諮商學報，54**，1-20。

徐進、林俊德、張靈聰、夏允中（付印中）。建構以易經為基礎的內在朝向式多層立體自我曼陀羅模型：天人合一理論。**本土心理學研究**。

陳泰璿、夏允中、張峻嘉、張蘭石（2019）。黃光國難題：自性的有無。載於陳復、黃光國（主編），**破解黃光國難題的知識論策略**（頁 221-240）。新北市：心理。

陳復（2019）。破解黃光國難題：如何構築清晰的知識論策略。載於陳復、黃光國（主編），**破解黃光國難題的知識論策略**（頁 293-321）。新北市：心理。

英文部分

Gadamer, H. G. (1997). *Truth and method*. New York, NY: Continuum.

Hwang, K. K. (2011). The Mandala model of self. *Psychological Studies, 56*(4), 329-334.

Laudan, L. (1996). *Beyond positivism and relativism: Theory, method, and evidence*. Boulder, CO: Westview Press.

Shiah, Y. J. (2016). From self to nonself: The nonself theory. *Frontiers in Psychology, 7*, 12.

國家圖書館出版品預行編目（CIP）資料

破解黃光國難題的知識論策略 / 陳復等著.
--初版.-- 新北市：心理，2019.02
面；　公分.--（名家講座系列；71012）
ISBN 978-986-191-859-4（平裝）

1.社會科學　2.知識論　3.文集

507　　　　　　　　　　　　　　108002326

名家講座系列 71012

破解黃光國難題的知識論策略

主　　編：陳復、黃光國

作　　者：陳復、黃光國、林耀盛、張蘭石、夏允中、陳泰璿、張峻嘉

責任編輯：郭佳玲

總 編 輯：林敬堯

發 行 人：洪有義

出 版 者：心理出版社股份有限公司

地　　址：231 新北市新店區光明街 288 號 7 樓

電　　話：(02) 29150566

傳　　真：(02) 29152928

郵撥帳號：19293172　心理出版社股份有限公司

網　　址：http://www.psy.com.tw

電子信箱：psychoco@ms15.hinet.net

駐美代表：Lisa Wu（lisawu99@optonline.net）

排 版 者：辰皓國際出版製作有限公司

印 刷 者：辰皓國際出版製作有限公司

初版一刷：2019 年 2 月

I S B N：978-986-191-859-4

定　　價：新台幣 420 元